옛 지도로 세계 읽기

옛 지도로 세계 읽기

2019년 5월 1일 초판 1쇄 인쇄
2019년 5월 8일 초판 1쇄 발행

지은이 | 최창모
펴낸이 | 김영호
펴낸곳 | 도서출판 동연
등   록 | 제1-1383호(1992년 6월 12일)
주   소 | 서울시 마포구 월드컵로 163-3
전   화 | (02) 335-2630
팩   스 | (02) 335-2640
이메일 | yh4321@gmail.com
블로그 | https://blog.naver.com/dong-yeon-press

ISBN 978-89-6447-432-7 93900

옛 지도로
세계 읽기

최창모 지음

동연

책을 펴내며

2005년 추운 겨울, 서울대 규장각에서는 유네스코 세계문화유산으로 등재된 왕조실록과 정조화성행차도 전시회가 열렸다. 우연히 들렀던 그 전시회가 내 연구 인생 10년을 결정짓고 말았다. 그건 한 장의 고지도 때문이었다. 옛 지도와 사랑에 빠져 있던, 참 행복한 세월이었다.

벽면 중앙에 걸려 있던 그 지도는 내 눈과 발을 얼어붙게 만들었다. 나는 고지도에 사로잡혀 꼼짝달싹할 수가 없었다. 나를 초대한 한국사를 전공한 연구원이 열심히 그 지도를 설명하는 동안에 난 아무런 소리도 듣지 못했다. 뭐 눈에는 뭐만 보인다 했던가? 처음부터 내 시선을 사로잡은 것은 오로지 그 지도 속에 그려진 아프리카 대륙과 아라비아 반도 부분이었다.

얼마 후 나는 연구원에게 물었다. 이 지도를 가장 잘 아는 분이 누구시냐고. 그는 제주대학의 아무개 교수가 이 지도 연구로 박사학위를 받았노라고 말했다. 난 바로 그분에게 연락했다. 대뜸 만나자고 했다. 이렇게 인연이 된 한 장의 우리 고지도가 바로 〈혼일강리역대국도지도〉(1402년)다.

그런데 중동학을 전공한 내가 한국사를 넘본다니 그건 매우 조심스런 일이었다. 아니 비난을 받을지도 모를 일이다. 모든 동물세계가 그렇듯이, 남의 영역에 들어간다는 것은 학계의 습성상 쉽사리 받아들일 일이 아니었다. 전략이 필요했다. 나는 조용히 기초 조사에 들어갔다. 지도 관련 국내·외 연구논문들과 책들을 모으고, 조금씩 숨죽이며 읽어나갔다. 우선 내가 확인하여 알게 된 사실 하나는 아무도, 어떤 누구도 이 지도에 나타난 아프리카와 아라비아에 큰 관심을 갖고 있지 않았으며, 아주 일부만 짧게 언급한 정도의 수준이라는 것이었다.

다소 안도의 숨을 내쉰 나는 10년 계획을 세웠다. 전략적으로 이 지도를 연구하기 위해서 외곽부터 공략하기로 마음먹었다. 그건 큰 틀에서 고지도의 역사를 차근차근 훑어 내려가는 지난한 과업이었다.

인류 역사상 최초의 지도 제작자는 누구였을까? 그들은 어떻게 지도를 고안해냈을까? 자신들이 살던 (드넓은) 세계를 지도라는 (좁은) 형식으로 표현하고자 했던 사람들이 (어차피 모든 것을 담을 수 없다면) 지도에 담고자 했던 것은 무엇일까? 그들이 경험한 또는 상상한 세계는 어떤 모양이었을까? 의문을 던지고, 하나하나 해답의 실마리를 찾아냈다.

놀랍게도 최초의 지도는 서남아시아(메소포타미아)에서 제작되었다. 그들은 손바닥만 한 돌이나 토판에 자신들의 세계를 담아놓았다. 뒤를 이어 영토의 경계를 확장한 그리스-로마인들이 자신들이 통치하던 제국을 종이 한 장에 그려 담았다. 불행하게도 이런 고지도들은 모두 사라져버렸지만, 그것들의 중요성을 눈치 챈 중세 이슬람 문명은 가죽이나 천에 지도를 복제해 남겨두었다. 단순하고 추상적인 도형 안에 그들이 이해한 세계를 그려 넣었다.

활력이 넘치던 중세 이슬람 문명은 많은 지식과 더불어 여러 가지 과학 기술을 근대 유럽에 전파했다. 그중에는 지도 제작술도 빠지지 않았다. 교역로를 통해 뻗어나가던 중세 이슬람 세계가 제작한 지도가 인도양을 넘어 '미지의 땅' 중국에까지 미친 것은 그리 놀라운 일이 아니다. 십자군 원정 이후 르네상스 시대에 이르기까지 세계가 확장되고 교류가 활발해질수록 지도 제작에 대한 관심은 더욱 커졌다. 기독교인의 자본과 유대인들의 기술이 합쳐진 지도 제작 사업(인쇄본)은 번창 일로를 걸었다.

나는 수년에 걸쳐 유럽의 여러 도시와 도서관을 넘나들며 중요 지도들을 직접 눈으로 확인했다. 옛 지도의 형태는 물론 그 속에 담긴 수많은 지명까지 어느 정도 연구를 마쳤다. 자! 이제 본격적으로 우리 선조가 남긴 문화유산으로 갈 차례다.

나는 7년에 한 번씩 돌아오는 연구년에 맞춰 연구계획을 수립하고, 〈한국연구재단〉에 해외파견 연구비를 신청했다. 나름 몇 편의 고지도 관련 연구 성과도 쌓여 있었고, 한국사 전공자는 쉽사리 해낼 수 없는 중동학 전공자의 장점을 부각시켰다. 중세 이슬람 세계의 고지도 속에 담겨 있는 아랍어 지명이나 르네상스 유럽이 제작한 지도 속에 표기된 히브리어나 라틴어 읽기는 내가 한국사 전공자들보다 유리하다 판단했다. 그러나 예상대로 연구비 지원 사업에 탈락하고 말았다.

후문에 따르면, 심사자들 중 대부분이 한국사 전공자였고 딱 한 사람만이 중동-이슬람 전공자였단다. 가재는 게 편이라, 그가 힘주어 이 연구의 중요성을 피력하고 제법 핏대까지 올렸다지만 결과는 뻔했다며, 학회에서 만난 그 심사자는 내게 미안하다고 말했다. 연구비도 없이 1년간 영국 옥스퍼드 대학에는 어찌 갈꼬? 고지도 관련 도서관이 따로 있을 만큼 자료가 가득한 옥스퍼드 대학에는 일찍이 서류를 내고 교환 교수 자격을 얻어놓은 상태였기 때문에 취소할 수도 없는 노릇이었다. 하지만 문을 두드리면 열린다 했던가? 한 주 후, 거짓말처럼, 연구재단으로부터 연구비 지원 사업에 선정됐다는 통보를 받았다. 사연인즉 연구비 총액 중 남은 비용이 '아깝게 탈락한' 내게 마지막으로 주어진 것이란다.

2010년 영국으로 떠나면서 먼저 일본 교토에 들렀다. 〈혼일강리역대국도지도〉의 원본이 교토 류코쿠(龍谷) 대학 오미야(大宮) 도서관에 소장되어 있기 때문이다. 여러 달 전에 원본 열람 허가 신청서를 보냈으나 쉽게 허가가 나지 않았다. 도서관 측은 이리송한 답변으로 두 차례나 열람을 거부했다. 세 번째 요청 끝에 겨우 허가를 받을 수 있었다. 추측컨대 당시 문화재 반환 문제로 한일 간에 미묘한 신경전 있던 터라 그게 영향을 끼친 것으로 사료된다.

도서관 특별 전시실로 들어서자, 일반인에게는 아직 한 번도 공개된 적이 없는, 600여 년 전 비단으로 만들어져 벽에 걸도록 제작된 지도가 눈에 들어왔다. 심장이 얼어붙는 듯했다. 이 지도를 보러, 이 지도 속에 담긴 비밀을 찾아내기 위해 쏟았던 시간과 열정, 희열과 감격이 다시 솟구쳐 오르는 듯했다.

당시 류코쿠 대학은 10년에 걸쳐 고지도의 디지털화 작업을 거의 마무리하고, 시험적으로 도서관 내부 전산망을 통해서 검색이 가능한 단계까지 와 있었다. 손가락으로 지명 하나하나를 확인하고 옮겨 적어 지명 목록을 작성했다. 원본과 디지털본을 대조해가며 확인하는 절차를 밟았다. 원본에는 빛바래 흐릿해져 읽기조차 애매모호한 지명을 디지털본은 모두 되살려놓았다. 나는 600여 년간 창고에 잠들어 있던 아름다운 옛 지도와 함께 최첨단 기술로 완벽하게 복원된 화면 속 지도를 한 공간에서 실시간으로 보면서 묘한 느낌에 사로잡힌 채 꼬박 일주일을 도서관에서 보냈다. 시간을 건너온 지도가 내게 무엇인가 이야기하는 듯했다. 그리고 그 기억을 고이 담은 채 영국으로 떠났다.

옥스퍼드에서의 연구를 처음 나는 너무 쉽게 생각했다. 작성해간 고지도의 지명들(한자어)을 15세기 이전에 제작된 중세 이슬람 지도에 등장하는 지명들(아랍어)과 대조하여 동일화(identification)하는 작업이 그리 난해할 거라고는 미처 생각하지 않았다. 그러나 처음부터 난관에 봉착했다. 중세 한자어의 발음과 중세 아랍어의 음가를 정확하게 찾아 라틴어화하는 작업부터가 쉽지 않았다. 옥스퍼드 대학에서 중세 중국어를 가르치다 은퇴하신 원로 교수에게 도움을 청했다. 템스 강 상류 한적한 시골에 살고 계신 선생님을 찾아 자전거를 타고 한 시간을 달리기도 했다. 또, 중세 이슬람 역사 전공 교수와 오래된 펍(pub)에 앉아 서로 발음을 비교해보며 유사한 지명을 찾아 표기하고 수정하기를 반복했다. 하지만 많은 작업이 허사였다. 옛 지도와 나 사이에 벌어져 있는 시간 간격을 메우기에 나는 너무 먼 미래에 와 있었던 것이다.

1년 후, 나는 적지 않은 성과를 들고 귀국했다. 이제는 학계에 나의 존재감을 드러낼 때가 왔다. 〈한국근현대사학회〉에서 발표 기회를 얻었다. 그곳에는 내로라하는 학계의 연구자들은 물론 소위 재야사학자라 불리는 만만치 않은 비전문 일반인들도 가득했다. 회의장의 공기는 냉랭했다. 호랑이를 잡으러 굴로 들어온 사람 심정이 이런 거구나 하는 느낌이 확 들었다. 발표를 마치자마자 질문들이 쏟아졌다. 수많은 화살이 내 몸에 박혔다. 살아나올 수 있을 것 같지 않았다. 공격의 요지는 대강, '외부인이 기존 학계의 정설을 무시한 채 그런 생뚱맞은 주장을 펴면 어쩌라는 거냐?'는 것이었다. 그때 이 분야에서 적지 않은 권위를 가진 겸손한 학자 한 분이, "이번 발표가 기존 학설과 다른 주장을 받아들일 수 없는 학계의 풍토를 반성하는 계기가 된 것 같아 기쁘다"고 일갈함으로써 살벌했던 토론은 막을 내렸다.

이 책은 보잘것없던 지난 10년간의 연구 성과물을 모아놓은 것에 불과하다. 아직도 해야 할, 하고 싶은 연구들이 끝도 없다. 헌데 시간이 다 되었다. 은퇴가 코앞이니 말이다. 기회 있을 때마다 후학들에게 학회장에서나 강의실에서 고지도 연구는 미지의 대륙이다, 아무도 가지 않은 길을 가보지 않겠느냐며 설득도 해보았다. 하지만 누구도 미동조차 하지 않는 것 같았다. 본래 아무도 가지 않은 길을 가는 연구자의 외로움이란 이런 것인가?

　누군가 이 책을 읽고 앞서 간 이들의 발자취를 밟아 더 멀리 더 깊이 나아갈 수 있기를 바란다. 이런 일을 발 벗고 나서주신 도서출판 동연의 김영호 대표에게 고마운 마음을 전한다.

2019년 3월
건국대학교 중동연구소에서
저자 씀

차 례

머 리 글

고지도는 기본적으로 과거가 이해하고 있던 실재 세계를 보여주는 '재현된 시각예술의 한 형태'(이미지)로서, 본질적으로 특정한 사실과 이야기를 공간적/지리적 상황에서 보여주는 '재현된 담화의 한 형태'(언어)로서 역사 이해의 '거울'이자 '텍스트'이다. 고지도에는 당시의 역사-지리적 지식정보뿐만 아니라 과학기술 및 예술성 등이 도상학적 기호와 상징적 이미지를 통해 투영되어 있으며, 더 나아가 그 속에는 한 개인과 사회의 지배적인 사상과 이념, 권력과 신앙 등의 '가치'가 담겨 있다. 특히 세계지도는 지역 간 공간정보의 교류와 당시 사람들의 세계관/세계 인식 혹은 세계 이해의 공적 소통구조를 엿볼 수 있는 '해독이 필요한 시각언어'이다.

기원전 6세기경에 그려진 최초의 바빌로니아 석판지도 이래, 세계에 대한 공간적 이해의 한 방식으로서의 지도 제작은 오늘날까지 이어지고 있다. 현대인은 낯선 도시에서도 똑똑한 내비게이션(GPS)의 길 안내만 있으면 목적지가 어디든 쉽게 찾아갈 수 있고, 인터넷 위성지도를 통한 맛집 찾기나 구글 검색을 통한 3D 길 찾기는 일상이 된 지 오래다. 현대 사회에서 지도의 발달은 문화지도, 경제지도, 기후지도, 생태지도, 인간게놈지도 등으로 확대되고 있다. 그러나 사실 오늘날의 지도는 대체로 한 가지 목적만을 제공한다. 필요에 따라서 하나의 대상만을 추상화하기 때문이다.

그러나 옛 지도의 경우에는 사실과 허구, 현실과 판타지, 지리와 신화, 실재와 이야기, 메타포와 이미지가 뒤섞여 있다. 옛 지도에는 '사실에 입각한 상상'과 '상상에 기반한 사실'이 함께 들어 있다. 옛 지도 중에는 '시각적 백과사전'이라 불릴 만큼 수많은 상상과 다양한 실재를 하나로 묶어 그린 지도가 적지 않다. 한 마디로 옛 지도는 지리적 정보와 이데올로기적 메시지를 예술적인 삽화 형식을 통해 전달하고자 한 그림에 가까운 지도였다. 그런 의미에서 '구상담론(具象談論, representational discourse)의 한 형태'로서의 지도는 하나의 언어로서 자신만의 고유한 지도문법을 지니고 있으며, 상징적 의미를 도구로 한 수사적인 설득 장치라 할 수 있다.

이 책은 모두 5부로 구성되어 있다. 언뜻 보면 각각의 주제 사이에 상호성이 별로 없어 보인다. 발표했던 논문들을 책으로 묶다보니 그런 점이 없지 않다. 하지만 본 결과물은 지난 10년간 계획을 세워 추진해온 작업으로서 '맥락성'을 염두에 두고 실행되었다.

애당초 나는, 15세기 초 조선시대에 제작된 동양 최고(最古)의 세계지도 속에 담긴 '외부세계'가 어떻게 우리에게 들어왔을까? 그들의 세계와 우리의 세계는 어떻게 지식정보를 나누어가진 걸까? 하는 관심에서 지도 연구를 시작했다. 거기서 한 발 나아가 처음 세계지도를 창안하고 발달시킨 이슬람 세계가 문명사적으로 기독교 세계와 더불어 유대교 사회, 나아가 중국을 거쳐 한반도에까지 어떻게 상호 소통하고 교류하면서도 각자의 고유한 사상과 신앙을 지도 속에 표현하고자 했는가? 하는 질문으로 이어진 것이다. 여기에서 우리가 반드시 간과하지 말아야 할 점은 '권력의 언어로서의 지도'가 결코 객관적인 지리 정보에 기초한 '가치중립적인 이미지'가 아니라는 것이다. 옛 지도는 필연적으로 그 시대의 문화적 산물이다.

제1부(이슬람: 고지도의 발전 과정과 세계 이해)에서는 유럽이 아직 소위 '암흑기'였을 때 새로운 모험과 지식의 보고로 넘실거리는 문명의 바다였던 중세 이슬람 세계에서 그리스-로마 시대의 고전시대에 탄생한 지도를 물려받아 단순하고 추상적인 도형 안에 자신들의 세계를 담으려 했던 지도들의 제작과 그 발달 과정을 살펴봤다. 또한 그것들을 근대 기독교 유럽 세계에 소개한 배경과 과정을 소개했다.

제2부(기독교: 예루살렘은 세계의 중심인가)에서는 종교사에서 매우 독특한 지위를 차지하고 있는 '거룩한 도시' 예루살렘이 지도에 어떻게 묘사되어 나오는지에 대해 다뤘다. 특히 기독교 세계에서 예루살렘을 세계의 '중심'으로 이해한 배경은 무엇이며, 그러한 지리적 인식이 의미하는바, 그들이 '그림 지도'에 담고자 한 종교적 신앙, 이념적 견해, 영적 의미를 찾아보았다. 또, 15세기 신대륙의 발견과 함께 중세의 지리적 세계관이 붕괴되고, 인쇄술과 측량기술이 발달하면서 제작되고 인쇄된 '과학 지도'에서는 예루살렘의 지위와 의미가 어떻게 달리 표현되고 있는지 두루 살펴봤다. 지도의 세계는, 결코 지리적 실재를 바탕으로 한 고정불변의 절대 가치가 아니며, 하나의 사회적 산물로서 동시대 역사 이해의 '거울'이라 할 수 있을 것이다.

제3부(유대교: 성지지도와 성서 해석)에서는, 비록 이슬람이나 기독교 세계보다 나중에서야 지도를 만들었지만, 지도 발달사에서 이들과 더불어 한 축을 이루며 지도의 변화와 발전에 기여한 유대교의 성지 지도들을 두루 살펴봤다. 특히 중세 유럽의 유대교 사회 내에서 제작된 대부

분의 지도들은, 성지에 대한 지리적 정보와 지식이 거의 없었던 시대, 주로 랍비문학 학자들이 히브리 성서나 랍비들의 성서주석서에 이해를 돕기 위해 제작하여 삽입한 지리적 정밀성이 전혀 없는 선형(線型) 지도가 주를 이룬다. 다시 말해서 유대교의 지도 제작 목적은 오로지 성서 시대의 역사를 보다 잘 이해하고, 랍비들의 어려운 성서 해석을 좀 더 쉽게 이해할 수 있도록 시각적으로 보여주는 또 하나의 텍스트(이미지) 였다고 할 수 있다.

제4부(조선시대 고지도, 아라비아-아프리카를 품다)는 태종 2년 조선에서 제작된 현존하는 동아시아 최고의 세계지도인 〈혼일강리역대국도지도〉(1402년)에 드러난 아라비아-아프리카에 대한 지명 연구이다. 중국의 서쪽에 중앙아시아, 축국(인도), 이베리아 반도, 유럽 대륙, 지중해 및 아프리카 대륙과 아라비아 반도가 포함된 이 지도는 신대륙 발견 (1492년)보다 무려 90년이나 앞서 만들어졌으며 명나라 정화가 대항해 (1405~1433년)를 떠나기 전에 제작되었다. 공간정보의 교류는 물론 당시 조선인의 세계관/세계 인식의 공적 소통구조를 엿볼 수 있는, 전 세계가 놀라워하고 있는, 높은 가치를 지니고 있는 우리의 자랑스러운 문화유산이다. 이미 한국사학계뿐 아니라 세계 여러 학자에 의해 많은 연구가 이루어졌음에도, 중동학을 전공한 사람이 '새로운' 시각에서 문제 제기를 하고 또 하나의 해석을 내놓은 것은 처음일 것이다. 기존 학계의 수용 여부는 차치하고서.

마지막으로 제5부(지도, 권력의 언어)에서는 대부분의 지도가 특정 집단의 관심과 세계관 및 정치적 목적을 촉진하기 위해 착수되며 따라서 지도는 현저하게 권력의 언어라는 점을, 현대 이스라엘 독립 과정에서 새로 제작된 팔레스타인 지도에 지명을 바꾸거나 지워가는 작업이 어떻게 설계되고 추진되었는지, 그러한 작업을 통해 얻고자 한 정치적 속셈은 무엇이었는지, 그 흔적들을 살펴봄으로써 논증해나가고 있다. 오늘날 문화연구에 따르면 문화는 필연적으로 권력과 관계를 맺는다. 지도가 문화의 산물이라면 지도 또한 권력과의 관계에서 자유롭지 못하다. 이스라엘 국가 건설 과정에서 제작된 히브리어 지도는 새로운 국가 정체성 형성과 유대인의 자기 정체성 확립에 활용되었으며, 동시에 아랍-팔레스타인인들을 '타자화'함으로써 권력이나 토지 소유권에서 배제하려는 계산된 작업이었다는 것을 밝히고 있다.

지도란, 그것이 허구에 바탕을 둔 상상 지도든 객관적 사실에 바탕을 둔 과학 지도든 '상징으로서의 지도'와 '지도에 담긴 담론'은 필연적으로 정치-사회적 맥락을 지닌다. 그런 의미에서 지도란 결코 가치중립적인 생산물이 아니다. 지도는 하나의 정치-사회적 결과물이며, 드러내든지 숨기든지 간에 지도에 담긴 수많은 상징과 이야기 역시 정치-사회적 의미를 지니게 마련이다. 그래서 지도 연구에서 중요한 세 가지 요소, 즉 지도가 어떻게 만들어졌으며(제작자=수집가+편집자), 누가 어떻게 사용했으며(사용자), 지도를 어떻게 해석할 것인가(해석자)—해석은 일차적으로 지도 제작 과정에서 이미 반영된다. 따라서 지도 해석은 일종의 메타과학(meta-science)이 된다—에 관한 연구는 학제 간 통합적(interdisciplinary)으로 이루어져야 한다. 모든 지도가 그 시대의 지식 정보, 과학기술, 문화예술이 어우러져 제작된 종합적인 산물인 까닭에 지도 연구와 해석 역시 그러한 맥락에서 이루어져야 마땅할 것이다.

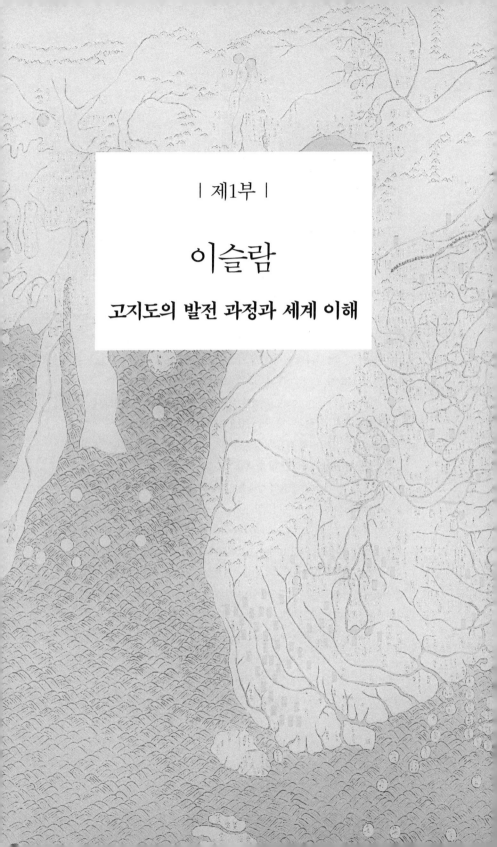

| 제1부 |

이슬람

고지도의 발전 과정과 세계 이해

인류 역사상 최초의 지도 제작자는 누구였을까? 그들은 어떻게 지도를 고안해냈을까? 자신들이 살던 세계를 지도라는 형식으로 표현하고자 했던 사람들이 지도에 담고자 했던 것은 무엇일까? 그들이 묘사한 세계는 어떤 모양이었을까?

지금까지 알려진 바에 따르면 최초의 지도는 그리스-로마 문명에서 탄생했다. 그러나 그리스-로마의 고전 문화유산을 물려받아 발전시켜 근대 유럽에 소개한 이는 중세 이슬람 세계였다.[1] 이슬람 지도 제작자들이 남겨놓은 지도의 발전과정을 살펴보면 그들이 어떤 방식으로 자신들의 세계를 이해했는지 잘 알 수 있다. 고지도는 과거에 존재하던 세계와 지역의 모습을 보여주는 대표적인 시각자료이자 삽화가 든 역사이기에 고지도에는 당시의 지리적 지식, 과학기술, 예술성 등이 반영되어 있기 때문이다. 더 나아가 한 사회의 지배적인 사상과 관념, 종교적 믿음 등도 그 속에 담겨 있으며, 지역 간 문화교류를 보여주는 지표가 되기도 한다.

중세시대 지구는 중심이 동일한 투명한 천구(天球)들로 이루어진 우주의 한가운데에 있었다.[2] 또한 가장 낮은 지점에 있었을 뿐만 아니라 변화와 탄생, 죽음과 멸망의 현장이었으며, 그로 인해 슬픔과 상실의 현장이기도 했다. 천구의 고도가 하나씩 올라갈 때마다 신성의 상징인 더 위대한 빛을 향해 앞으로 나아갈 수 있었다. 달의 천구 너머 그 위쪽으로는 변화와 죽음이 없을뿐더러 빛과 기쁨만이 가득했다. 이와 같은 고전적인 인식은 중세의 이슬람과 기독교 세계 양쪽 모두의 우주관을 형성했다. 14세기의 단테는 『신곡』(La divina commedia)에서 이런 우주 체계를 시적이고 철학적으로 묘사했다. 그의 묘사야말로 지금까지 가장 완벽하고 설득력 있는 중세 우주론으로 꼽힌다. 베아트리체가 단테에게 말한다. "당신 발밑에 있는 우주가 얼마나 광활한지 보세요. 밝은 천구 위에 또 다른 밝은 천구가 있어요." 그러자 아래를 내려다본 단테가 이렇게 말한다. "나는 저 아래에 있는 일곱 개의 천구를 봤소. 그리고 우리 지구도 봤죠. 우주에서 보니 지구는 보잘것없이 작을뿐더러 너무 타락했더군. 그런데 나는 이런 슬픈 장면을 보고도 웃어야 한다오."[3]

우주의 가장 아래에 위치한 지구의 형태는 기독교든 이슬람이든 신학적인 제약을 일부 받고 있었다. 중세 지리학자들은 성서가 "지구 위에 물이 있고 지구 아래 물이 있으니"(창세기 1:7), "땅덩어리를 허공에 매달았다"(욥기 26:7), "지구 표면의 단지 7분지 1만이 물로 덮여 있다"(에스드라 2서 6:42), "지구의 네 모퉁이"(요한계시록 7:1) 등 말하고 있는바 그 말의 뜻을 정확하게 이해하고자 노력했다. 이와 마찬가지로 꾸란에서는 지구를 묘사하기를 "양탄자처럼 넓게 퍼져 있고 산들에 의해 굳게 제자리를 지키고 있으며"(13:3; 15:19), "일곱 개의 천구들에 대응하는 일곱 개의 지구들 중 하나다"(65:12)라는 정도로만 표현하고 있다. 다른 행성들에 대해서는 구체적으로 나와 있지 않다.

이슬람 세계에서는 최적의 종교 의식의 때를 결정하는 데 우주의 운동, 즉 시간은 필수적인 영향을 끼쳤다. 태음력을 사용한 이슬람력은 단식 월인 라마단(Ramadan)을 비롯한 달의 시작일을 새로운 초승달이 처음 보인 날로 정한다. 하루 다섯 번 행하는 기도 시간은 일몰과 일출로 정하고 있다. 따라서 이슬람 사원 첨탑에서 이 기도 시간을 알리는 임무를 맡은 무에진(muezzin)에게 날짜와 장소에 따라 각기 다른 시간 계산과 천문학적 지식은 필수였다. 더구나 메카의 카바(Ka'bah) 성소를 향해 기도할 때, 지리학과 기하학은 이슬람 종교 의식에서는 필수 요소였다. 이러한 필요는 도표와 지도, 도구들의 발명으로 이어졌다.[4]

기독교 세계에서도 부활절 축일을 비롯하여 해마다 바뀌는 종교 축일 때문에 천체 운동을 자세히 이해해야만 했다. 서방교회는 부활절의 날짜를 춘분의 만월이 지난 후 다가오는 첫 번째 화요일로 선포하고 있는데, 그때는 연중 빛이 최대인 날로서 월광이 열두 시간 지속된 그 다음 날에는 열두 시간 동안 일광이 지속되는 날이었으므로, 이것이 어긋나지 않도록 세심하게 날짜를 정해야 했다. 정확한 부활절 날짜를 정하려면 반드시 세 가지 역(曆), 즉 태양력과 태음력 그리고 부활절 주간인 일주일이 조화를 이루어야 했다. 예컨대 부활절 달은 황금수(서기 연수에 1을 더하여 19로 나눈 나머지 수)와 태양력과 태음력의 1년의 날수 차이(약 11일)로 계산하는데, 이는 천문학상의 만월과 반드시 일치하지 않으며, 만일 이 만월이 일요일일 경우 그 다음 일요일이 부활절이 된다. 이렇게 여러 시간을 고려하여 부활절 날짜를 정하는 과학을 콤푸투스(computus)라고 불렀다. 중세의 과학은 종교적 교리와 삶을 일치시키기 위해 봉사하는 학문이었을 뿐만 아니라, 질문을 던지고 새로운 모델을 만들고 기독교 신앙에 맞게 완벽한 우주의 그림을 그렸던 것이다.

이처럼 중세의 이슬람과 기독교 세계의 학자들은 그리스의 우주론을 기초 삼아 모든 면에서 더할 나위 없이 만족스러운 우주론을 세웠다. 그러나 너무나 만족스러웠던 탓에 17세기에 그들이 그때까지 주창했던 우주론이 완전히 무너졌을 때, 모든 이가 영적으로나 정신적으로 심각한 혼돈 상태에 빠졌으며, 아직도 사실상 그 충격에서 완전히 벗어나지 못하고 있다.

중세 지도의 발달과 세계 이해

중세 이슬람의 영향

최초의 세계지도는 그리스인과 로마인들이 만들었다고 알려져 왔다. 로마제국이 그들의 영토를 이미 알려진 세계의 경계를 넘어 그 이상까지 확장했기 때문에 그들에게 세계지도는 당연한 산물이었다. 이미 일부 학자들은 로마가 지도를 사용하지 않고서는 그 거대한 제국을 효과적으로 통치하기란 불가능했을 것이라고 주장해왔다. 불행하게도 고대의 이런 지도들은 존재 여부에 관한 기록만 남아 있을 뿐[5] 실물을 찾기 힘들다(고지도의 역사는 곧 지도의 보존과 유실의 역사라 할 수 있을 것이다).

현재 우리가 확인할 수 있는 고대 로마시대의 세계지도는 살루스티우스(Sallustius, 기원전 86~35/34년)의 역사서와 루카누스(Lucanus, 39~65년)가 쓴 폼페이우스와 카이사르의 내전에 관한 서사시에 삽화 형태로 제작된 것뿐이다(고대사회의 지도는 주로 코덱스나 책 속에 삽화로 그려 넣었는데, 큰 두루마리 종이로 제작한 지도는 보관과 이동이 어려웠기 때문일 것이다. 적어도 중세 이전까지 '지도'(map)라는 단어 대신에 *mappa*, 즉 '옷'(cloth)이나 *carta*, 즉 기록(document)이라는 단어를 사용했다).[6] 그러나 이마저도 고대 저작을 실증하기 위해 9세기 이후 사본으로 복제되어 만들어진 것이다[지도 1].

중세지도는 대체로 4가지 형태로 구별된다.[7] 'T-O지도'라고 불리는 첫 번째 형태의 지도에는 대륙별로 분류된 지명들의 목록이 들어 있는데, 단순하고 추상적인 도형 안에 세계를 세 대륙—아시아, 아프리카, 유럽—으로 구성된 하나의 원으로 보여준다. 세 대륙 중 가장 큰 아시아가 대부분 지도의 반 정도를 차지하며, 유럽과 아프리카가 나머지 부분을 할애하여 차지한다. 그리고 이들 대륙은 지중해와 나일 강과 돈 강으로 이루어진 세 수역이 나누고 있다. 또한 지도를 멋지게 꾸미기 위해 잘 알려진 도시들과 나라들이 삽입되었다.

이와 비슷한 두 번째 형태의 한 지도는 일명 '목록 지도'(list maps)라 부르는데, 대륙별로 가장 중요한 지역의 지명들을 적어놓았다. 기본적인 지도의 뼈대 위에 각 지방의 지명을 적어 넣은 것인데, 아시아 지역에는 India, Parthia, Asiria, Media, Persia, Mesopotamia, Siria, Iudea, Samaria, Galilea, Nabathea, Bactria, Armenia, Cappadocia, Galacia 등의 명칭을 포함해 40개 지역이 추가로 들어가 있다.

세 번째 형태는 '띠지도'(zonal map)라 부르는데, 세부적인 지리를 거의 넣지 않은 채 지역의 경계만을 표시하고 있다.

네 번째 형태 지도는 '상세 지도'로 도시와 바다, 산, 지역, 유목민 등 지역 이름이 구체적이고 세밀하다.

중세 이슬람 사회에서 9세기는 활력 넘치는 문화적 개화기로서, 당대의 이슬람 학자들은 그리스 시대에 집필된 과학 저작들 대부분을 자신들의 모국어인 아랍어로 접할 수 있게 되었지만, 라틴 사회의 저작들은 예외였다. 즉, 그리스 사상들은 로마와 초기 기독교도 저자들을 통해

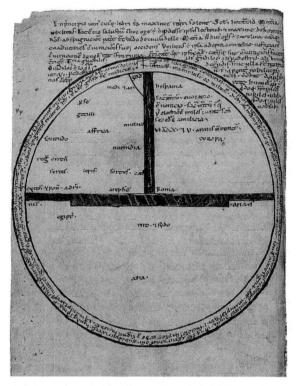

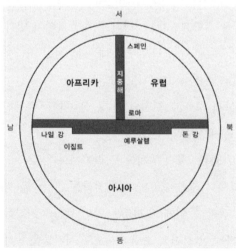

〔지도 1〕 살루스티우스의 『유구르타 전쟁』에 실린 지도로 대부분의 지명이 아프리카의 서쪽 상단부에 주로 위치해 있다. MS. Rawl. G. 44. fol. 17v(폴랑드르어, 11세기)

서방의 라틴 사회에 전해진 반면, 이슬람 세계에서는 그들이 직접 그리스의 유산을 물려받았다.

사실 모든 그리스 과학 저작들과 아리스토텔레스의 저서들이 9세기에 아랍어로 번역되었기 때문에, 그 이후로 중세의 아랍어 언어권에서 이러한 저서들을 대부분 접할 수 있게 되었다. 750년경 이슬람이 수도를 다마스쿠스에서 바그다드로 옮기면서 바그다드는 그리스 의학과 과학 저술들의 연구와 번역의 중심지가 되었을 뿐만 아니라, 이들 분야와 관련된 초창기 아랍인들의 논문 저술 중심지가 되었다.

바그다드에서 8세기 중반부터 10세기 내내 번성했던 그리스어를 아랍어로 번역하는 열풍은 그리스 과학과 관련된 모든 자료를 그들의 언어로 번역하는 개가를 올렸다. 시간 계산의 필요성과 천문학적 필요성은 당시 저술가들과 종교학자들 그리고 시인들을 비롯한 모든 분야의 엘리트 학자들에게 바그다드 궁정의 전폭적인 후원을 받는 계기로 작용했다. 특히 하룬 알-라시드(Harun al-Rashid, 786~809년) 시대와 칼리프 알-마문(Caliph al-Ma'mun, 813~833년) 시대에 절정을 이뤘다.

이와 같은 유산은 비록 아랍어가 공통어였고 이슬람교가 지배 신앙이었지만 일군의 이슬람 학자들뿐만 아니라, 그리스어와 시리아어, 페르시아어와 히브리어와 같은 다양한 언어에 통달했던 비이슬람교도 학자들의 노력으로 더욱 정교해졌고 광범위하게 퍼져나갔다.

기원후 800년경 아랍어로 번역된 논문들 중에는 기원전 약 300년경에 알렉산드리아에서 쓴 유클리드(Eucleides, 기원전 300년경)의 『기하학 원본』(Stoicheia)과 아르키메데스(Archimedes, 기원전 290~212/211년)의 기계학 논문들, 그리고 천문학, 지리학, 점성학, 화성학, 광학과 관련해 기원후 2세기 초 알렉산드리아에서 자란 프톨레마이오스

(Klaudios Ptolemaios)가 쓴 저작들이 포함되었다. 프톨레마이오스의 저서들 중에는 『알마게스트』(*Almagest*)8)와 『지리학 안내』(Γεωγραφική ύφήγησις, *Geographilo hyphegesis*)9)가 포함되어 있었는데, 『알마게스트』는 수리 천문학의 토대를 세운 텍스트로서 16세기와 17세기에 코페르니쿠스와 갈릴레오의 시대가 오기 전까지 서구의 모든 천문학 사상을 지배했다. 『지리학 안내』는 15세기 초까지도 서유럽에는 알려지지 않았다.10)

12세기에 서유럽에서는 아리스토텔레스를 재발견하려는 분위기가 한창이었다. 이는 아리스토텔레스가 플라톤적 우주 구조를 자기 사상의 토대로 믿어온 철학자로 소개되었기 때문이다. 그러나 13세기 초 아리스토텔레스의 저작들이 범신론적이라는 비난과 함께 중세 기독교 대학들은 그의 저작들을 가르치지 못하도록 여러 차례 금지했으며, 1231년에 교황 그레고리우스 9세(Gregorius IX)는 그의 저작들에 나타난 이교도적인 요소들을 제거하라는 칙령을 내리기까지 했다. 물론 이슬람 사상가들은 '세계는 영원불변의 존재이며, 시간은 무한하다'는 아리스토텔레스의 견해에 전적으로 동조했다.

라틴어로 번역된 많은 아라비아의 주석서와 논문들뿐만 아니라 그리스 저작이 다시 활기를 띠면서 서유럽의 과학 이론 발전에 엄청난 활력이 생겼다. 이와 때를 같이 해서 서유럽에 여러 개의 대학이 설립되었고, 이들이 크게 성장함에 따라 새로운 사상들이 전파될 수 있는 제도적 기반이 만들어졌다. 이슬람 세계와 기독교 세계 양쪽 모두에서 이루어진 세밀한 천문학적 관측들이 결과적으로는 프톨레마이오스식 체계의 밑거름이 되어 결국 코페르니쿠스적 대변혁에까지 이르게 되었다.11)

칼리프 알-마문의 세계지도

압바시드 시대의 형성과 함께 알-만수르(al-Mansur, r.136~158/754~ 775년)의 이라크에서는 문학과 과학이 중흥하기 시작했다. 사산 왕조와 비잔틴 제국이 이를 자극했기 때문이다. 인도의 천문학이 소개되고 인도 학자들이 바그다드에 초대되면서 많은 저술이 아랍어로 번역되기에 이른다. 이슬람 시대 이 역할을 담당한 엘리트 집단에 의해 새로운 지식의 보고가 활짝 열린 것이다. 천문학 자료인 인도의 「싯단타」(siddhanta)가 아랍어 「신드힌드」(sindhind)로 탄생한 것도 이 무렵이다. 몇몇 지리적 개념이 인도에서 들어왔는데, 가장 중요한 것이 지구의 쿠폴라(Cupola)와 우자인(Ujjain)의 자오선(meridian) 개념을 사용한 것이다. 이 개념은 고스란히 중세 유럽의 학문세계로 건너간다.

인도 과학의 영향과 더불어 페르시아의 여러 개념이 아랍 세계에 전달되는데, 아랍 지리학과 문학에 페르시아의 영향은 그리 크게 남아 있지 않으나 지형을 표시하는 방법이나 키슈아르스(kishuars) 속에 세상에 살고 있는 세계의 영역을 분할하는 개념은 그들의 영향이라 할 수 있다. 페르시아어 kishuars 혹은 '지역'은 모두 7개인데―이는 그리스에서도 climata를 7개로 나누고 있다―아랍어로는 이를 이클림(iqlim; 복수로는 aqalim)이라 부른다. 중앙의 원을 주변으로 6개의 원이 그려져 있는데, 중앙은 이란이 자리하고 있고 인도, 중국과 티베트, 야주쥬와 마주쥬, 비잔티움, 이집트와 모로코, 하자즈와 에티오피아가 각각 분할되어 둘러싸여 있다.

중세 이슬람 세계에서 초기 지도 제작 분야가 발전할 수 있었던 중요한 요인은 바그다드를 통치했던 칼리프 알-마문의 적극적인 후원 때문이었다.12) 학자들에게 둘러싸인 그는 여러 학자에게 천체 자오선의 한 경위도에 해당하는 지구의 표면 거리를 직접 측정하라고 주문했다. 그는 이런 방식으로 그리스 측정 단위인 스타디온(stadion)과 비교해 아랍인들이 사용하는 마일(mil, mile)을 상세하게 정의했다.

알-마문의 영향으로 이슬람 학자들이 이룩한 또 다른 업적은 바로 대형 세계지도를 제작한 것이다. 물론 지도의 제작에 순수한 학문적인 목적보다는 그가 알고 있는 모든 세계를 원만히 통치하려는 정치적인 의도가 더 강했다. 불행하게도 대부분의 지도가 현재 남아 있지 않기 때문에 알-마문이 어떤 형태의 지도를 완성했는지에 대해서는 추측들이 난무한다.13) 마리누스의 제안대로 직사각형이었는지 아니면 원형이었는지, 혹 프톨레마이오스가 제안한 비직선(非直線) 투사법을 기초로 만들었는지는 알 수 없다. 다만 알-마수디(al-Masudi)가 남긴 다음의 기록을 통해 그 면모를 짐작할 수 있을 뿐이다.

나는 여러 색깔로 칠해진, 텍스트는 없는, 분할지도를 보았다. 내가 본 것 중에서 마리누스의 Jughrafiya〔Geography〕와 지구를 분할해놓은 Jughrafiya의 주석, 그리고 알-마문이 당시 학자들에게 명령하여 구체(球體)와 별과 땅과 바다와 사람의 거주지역과 비거주지역, 정착지, 도시 등을 포함하는 *al-surah al-ma'munifyah*가 단연코 으뜸이었다. 프톨레미의 *Geopraphy*, 마리누스의 *Geography*, 혹은 기타 다른 어떤 것보다도 나았다.14)

발히 학파의 지도[15]

이슬람 지도 모음집에 남아 있는 가장 오래된 지도는 이스탄불에서 발견된 1086년(r.479년)에 제작된 아부 알-카심 무함마드 이븐 하우칼(Abu al-Qasim Muhammad ibn Hawqal)의 텍스트『지구의 그림』(*Kitab surat al-ard*)이다. 그 다음 오래된 것으로 고타(Gotha)에 보관된 1173년 (r.569년)에 제작된 아부 이샤크 이브라힘 이븐 무함마드 알-파리시 알-이스타크리(Abu Ishaq Ibrahim ibn Muhammad al-Farisi al-Istakhri, ? ~951년)의『길과 지역에 관한 책』(*Kitab al-masalik wa-al-mamalik*)이다. 이 지도는 1839년 묄러(Moeller)가 복사본을 제작하면서 서유럽 학자들에게는 이스탄불의 것보다 훨씬 잘 알려지게 되었다.

여러 유럽 학자의 연구 성과에 따르면, 이 지도들은 발히를 비롯한 그의 후계자들인 알-이스타크리, 이븐 하우칼, 알-무카다시(al-Muqaddasi) 등 모두 세 사람의 지도 제작자의 작업으로 이루어진 것이다. 지상의 여러 모습을 담는 지도 제작법을 통해 여러 가지 새로운 독특한 접근 방식을 확인할 수 있는데, 훗날 유럽 학자들은 이것들을 바로 지도 제작자 '발히(*Balkhi*) 학파'의 제작법이라고 불렀다.

발히 학파라는 명칭은 이란의 북동부 지역인 발흐(Balkh)에서 비롯되었다고 알려져 있지만, 실제로는 일생을 바그다드에서 저술활동을 하며 지내면서 이러한 지도 제작 방법을 최초로 제안한 아부 자이드 알-발히(Abu Zayd al-Balkhi, ?~934년)의 이름을 딴 것이다. 알-발히의 저작들 중 어떤 사본도 남아 있지 않지만, 그의 후계자 세 명의 저작들은 지금까지 온전히 보존되어 있다. 그들의 저작에는 각각 세계지도 한 장씩과 23개의 지역별 지도가 첨부되어 있는데, 지도마다 짧은 주석을 달아놓았다. 이들이 제작한 지도들은 모두 서로 밀접하게 연관되어 있으

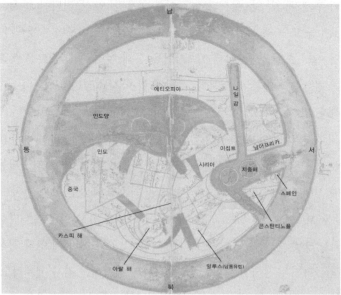

〔지도 2〕알-이스타크리의 『길과 지역에 관한 책』 페르시아어 번역본에 실린 발히 학파의
세계지도. MS. Ouserley 373, fols.3b-4a(1297년, 이슬람력 696년)

며, 독특한 직선 모양과 추상적인 지도 제작 방식의 특성이 잘 드러난다.

이 세계지도[지도 2]는 발히 학파의 알-이스타크리의 저서인 『길과 지역에 관한 책』을 번역한 페르시아인 번역가가 1297년에 그린 지도다. 지도 꼭대기가 남쪽을 향하고 있으며, 인간 세계를 넓은 띠 모양의 바다가 둥글게 에워싸고 있다. 아프리카는 서쪽 방향으로 확장되어 있어 남쪽의 사분면 거의 전체가 육지에 해당한다. 해안 형태가 거의 유사한 두 개의 바다는 세계의 중심을 흐르는데, 인도양은 동쪽에서 시작하고 지중해는 서쪽에서 시작한다. 나일 강은 아프리카에서 시작해 직선 수로를 통해 북쪽으로 흘러 지중해로 들어간다.

10세기에 활동했던 발히 학파 소속의 네 명의 지리학자는 그 당시 이슬람이 지배하고 있던 세계의 민족들과 생산품, 그리고 그 지역 관습에 대해 상세히 기록했다. 이들은 지도에 단지 이슬람 제국만 표시했을 뿐, 비이슬람권 세계에 대해서는 전혀 관심이 없었다. 비이슬람권 영토는 단 한 곳도 표시하지 않았다. 경계선 역시 천문학적 방법으로 정한 '지방'들로 나뉜 것이 아니라 정치적 목적에 따라 구분되었다.[16]

이런 특성을 잘 드러내는 지도는 알-이스타크리가 만든 시리아 지도이다[지도 3]. 이 지도에서 원형이나 다각형 모양으로 표시된 정류지 사이의 거리는 모두 균등하다. 또한 지도 도안에는 수직선과 수평선 그리고 90도의 각과 원의 호만이 사용되었으며, 산맥을 나타내는 톱니 모양의 띠를 제외하면 지표면의 모든 지리적 세부 사항이 생략되었다.

후기 지도의 발전[17]

기원후 1100년경 이슬람의 지도 제작은 그리스의 영향과 발히 학파의 영향을 모두 이어 받는다. 두 지도 제작 시스템의 결합은 각각의 영향이

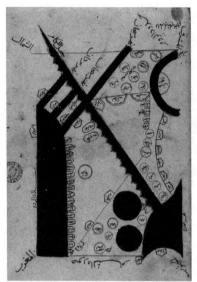
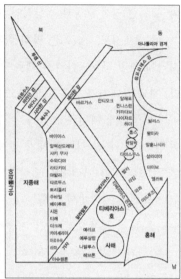

〔지도 3〕『길과 지역에 관한 책』의 페르시아어 번역본에 실린 발히 학파의 시리아 지도. MS. Ouseley 373, fol. 33b(1297년, 이슬람력 696년)

남아 있으면서도 결합된 새로운 형태의 지도 제작으로 드러난다. 프톨레미의 지식을 지도 제작에 반영한 최초의 발히 학파의 지도 제작자는 이븐 하우칼이었다. 그는 지중해를 지도의 중심에 자리해 놓았으며, 지중해 주변에 이슬람 제국의 서쪽 부분을 표시함으로써 유럽의 존재를 알고 있던 최초의 사람이 되었다. 비록 그는 여러 단어를 표시하지는 않았지만, 유럽 지역 안에 초기 저자들이 하지 못한 아랍어 텍스트와 지도를 그려 넣었다.

11세기 초에 활동했던 다재다능하며 수학과 천문학에 독창력이 뛰어난 '당대 최고 학자' 알-비루니(al-Biruni, 973~1048년)는 술탄 마수드에게 헌정하는 천문학 논문『마수드 정전(正典)』(al-Qanun al-Masudi)

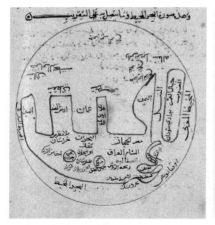
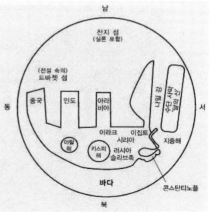

〔지도 4〕육지와 물의 분포를 표시한 알-비루니의 스케치. MS. Pococke 350. fol. 73b(1539년, 이슬람력 945년)

에서 육지와 물의 분포를 표시한 다소 투박한 세계 약도를 만들었는데, 이것이 이후 제작되는 세계지도들에 지대한 영향을 끼쳤던 것 같다. 프톨레미와 마리누스의 투영법에 비판적이었던 비루니는 이 약도에서 나일 강을 아프리카를 두 부분으로 가르는 광대한 하천으로 그렸는데, 이 것은 일부 후기 지도에서 등장하는 아프리카 남부 지방을 갈라진 모양의 반도로 그리는 방식의 원조가 아닐까 생각된다.

게다가 이 시기에 제작된 대다수의 세계지도에서 아프리카 대륙이 남반구를 차지하고 있는 형상인 데 반해, 이 지도에서는 아프리카가 중국 방향인 동쪽으로 확장되어 있지 않은 점 또한 주목할 만하다. 이 지도에서는 인도양이 남반구의 대부분을 차지할 정도로 확장되어 있어 그 결과 아프리카 대륙이 많이 축소되어 있다〔지도 4〕.

중세의 이슬람 세계 지도 제작 방식에 관해서는 11세기 초반(약 1020

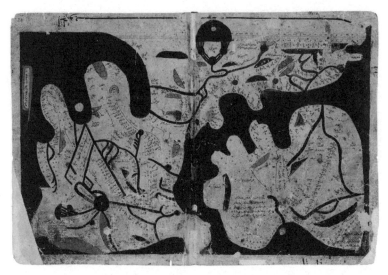

〔지도 5〕약 1020년~1050년 사이에 편찬된 작자 미상의 『과학의 진기한 것들…』에 나오는 직사각형 세계지도. MS. Arab.c.90. fols. 23b-24a(12-13세기)

~1050년 사이) 이집트에서 편찬된 한 작자 미상의 아라비아 논문인 『과학의 진기한 것들과 경이로움에 관한 글』(*The Book of Curiosities of the Sciences and Marvels for the Eyes*)[18])에서 찾을 수 있다. 이 책에서는 두 장에 걸쳐 유성(流星)의 출현과 연관된 사건을 상세히 다루기도 하는데, 설명과 함께 그림을 함께 그려 넣기도 했다.

　『과학의 진기한 것들과 경이로움에 관한 글』에 실린 직사각형의 세계지도는 이슬람 세계의 또 다른 지도 제작 전통으로, 이전까지의 지도들과는 확연히 다를 뿐만 아니라 최근까지도 완전하게 밝혀지지 않은 여러 특징을 보여준다〔지도 5〕. 지도 꼭대기에 세심하게 그려 넣은 눈금자는 10세기 말 무슬림 지도학자 수흐랍(Suhrab)이 제시한 도면 제작 방식의 세계지도를 연상시킨다.

비록 이 지도 눈금은 수학적으로 계산되어 그려진 것이 아니기 때문에 훨씬 더 세심하게 제작된 원래의 지도를 어설프게 복사하거나 스케치한 것일 수도 있다. 더구나 이 지도에는 수백 개의 지명이 적혀 있으나, 상당수 유럽의 북동부 지역과 아시아의 여러 지역이 빠져 있기 때문에 사실상 완벽한 세계지도라고는 할 수 없다.

이 지도에서 나일 강의 원천이라고 여겨지던 '달(月)의 산'(jabal al-qamar, Mountain of the Moon)은 눈금의 정중앙에 그려져 있으며, 어둠침침한 동쪽 윗부분은 녹색 바다이다.19) 유럽은 오른쪽 하단에 아주 광활한 이베리아 반도가 있는 대륙으로 묘사되었다. 지중해에는 섬이 전혀 보이지 않는데, 아마도 그 이유는 같은 책에 실린 다른 지도들에서 지중해와 시칠리아 섬, 키프로스 섬만을 중점적으로 다뤘기 때문일 것이다. 지도의 좌측 가장자리에 표시되어 있는 갈색 대륙에는 다음과 같이 글이 명기되어 있다.

"이곳에는 보석의 섬이 있는데, 이 섬의 산은 마치 바구니처럼 섬을 에워싸고 있다."

보통 인도네시아나 포르모사(Formosa, 타이완의 옛 칭호)로 해석되는 이 섬은 인간 세계의 최동단 경계 지역으로 간주되었다. 이 지도의 좌측 하단 구석에는 알렉산더 대왕이 곡(Gog)과 마곡(Magog)을 감금하기 위해 세웠다는 전설의 성벽이 그려져 있다.20) 또한 왼쪽 하단 사분면 지역에 거무스름한 원으로 표시된 카스피 해로 많은 지류가 합류하는 모습과, 그 지류들 중 하나가 곡과 마곡의 산 지역에서 흘러나오는 형상도 볼 수 있다. 이슬람권의 지도 제작자들은 유럽의 지도 제작자들과는 달리 항상 카스피 해를 연해(沿海)로 표시했다.

이 책의 저자가 여행과 무역에 관심이 많았다는 것을 분명하게 보여주는 대목들이 있는데, 저자가 임의로 지도 상단에 표시한 여러 교역로와 여행 경로들이 바로 그것이다. 예를 들면 스페인에 표시된 빨간 점들로 이루어진 긴 일직선은 톨레도 근처에서 시작되어 리스본을 거쳐 코르도바를 지나 남쪽 해안 지역에까지 이른다.

또 다른 여행 경로는 쿠파(Kufa, 이라크의 카르발라 남부 지역)에서 다마스쿠스에 이르며 다른 방향으로는 쿠파에서 메카로 이어진다. 이외에도 또 다른 여행 경로를 지도 안에 담기 위해 튀니지 해안 지역의 길이를 실제보다 늘이기까지 했다.

작자 미상의 『과학의 진기한 것들』에서 발견된 원형 세계지도[지도 6] 또한 이와 사실상 거의 동일한 모양이지만 이 지도는 이보다 1세기 앞서 제작되었다. 이 지도에서 인간 세계는 '에워싸고 있는 바다'를 나타내는 검은 고리로 둘러싸여 있다. 남쪽이 지도 꼭대기에 표시되어 있으며 아프리카 대륙은 동쪽까지 확장되어 있어 사실상 남반구 전체를 차지한다.

활모양으로 굽은 일곱 개 동심호(同心弧)는 전통적인 일곱 '지방'을 가리키며 최상단에 있는 호(弧)는 적도를 나타낸다. 인도양은 동쪽으로 나 있는 좁은 입구를 제외하고는 육지로 둘러싸여 있으며, 상단 해안 지역을 따라 서 있는 우산처럼 생긴 작은 구조물 네 개는 인도양으로 흘러드는 강물의 원천지인 산들을 나타낸다. 동쪽으로는 와꾸와꾸(Waq-waq)의 땅이 있으며, 왼쪽 하단 지역에는 곡과 마곡의 침입을 막는 성벽이 보인다. 카스피 해는 지도 중앙에 가늘고 긴 타원형으로 표시되어 있다. 지도의 훼손된 오른쪽 하단 부분을 보면 영국이 아랍어로 잉킬타

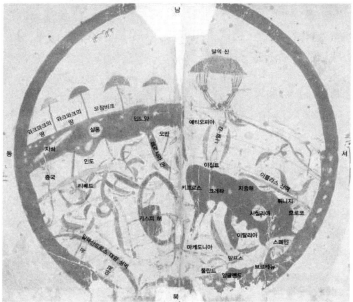

〔지도 6〕『과학의 진기한 것들』에 등장하는 원형 세계지도. MS. Arab. c.90. fols. 27b-28a
(12-13세기)

라(Inqiltarah 혹은 Inghiltrah), 즉 앵글족의 영토(Angle-Terre)라는 명칭으로 표기된 작은 타원형 섬으로 그려져 있다. 아마도 이런 명칭으로 영국을 묘사한 최초의 사례가 아닌가 싶다.

『과학의 진기한 것들』의 저자는 특히 지중해 동부 지역에 대해 해박했던 것 같다. 시칠리아 섬 지도 외에도 키프로스 섬 최초의 지도로 알려진 그림 지도가 바로 그 예이다. 이 지도는 섬 안에 있는 항구 27개에 대한 상세한 정보를 제공한다. 그렇기에 비잔티움(Byzantium)과 지중해의 이슬람권 지역 간 상업 중심지로서 갖는 이 섬의 중요성을 말해주는 사실상의 기록 문서라 할 수 있다. 또한 해안 도시를 그린 지도 두 개가 있는데, 바로 튀니지의 도시인 알-마흐디야(al-Mahdiyah) 지도와 나일 삼각주의 상업 도시인 티니스(Tinnis) 지도이다.

또한, 이 책에는 지중해 전체를 담은 독특한 지도가 들어 있는데[지도 7], 타원형의 진녹색 바다로 그려진 지중해에는 직사각형으로 표시된 시칠리아 섬과 키프로스 섬을 비롯하여 120개의 섬으로 가득 차 있다. 지중해를 에워싸고 있는 주변 공간에는 대륙에 위치한 121개의 정박 지역이 표시되어 있으며, 지중해 동부 지역의 여행 경로를 알려주는 바람과 경계표에 대한 정보가 들어 있다. 그중 지브롤터 해협은 타원의 맨 왼쪽에 붉은색의 가는 선으로 표시되어 있다. 이 지도의 실용성은, 기독교권인 서방과 이슬람권인 스페인을 제쳐두고 거의 관심 밖이라 할 수 있는 비잔틴 지역과 이슬람권인 지중해 연안 지역을 중점적으로 다루었다는 점에서 찾을 수 있다.

지중해 동부 지역에 대한 저자의 관심은 '비잔티움 만(灣)' 지역을 담은 약도로 인해 더욱 구체화된다. 이 약도는 에게 해의 28개 항구로 인도하는 항해 안내서 역할을 한다. 에게 해 안내서인 이 약도의 첫 시작

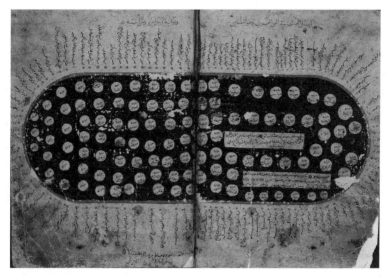

〔지도 7〕『과학의 진기한 것들』에 나오는 지중해 지도. MS. Arab. c.90. fols. 31b-32a(12-13세기)

점은 로도스 섬 반대쪽의 터키 연안의 만 인접지역이다. 1970년대에
이 지역에서는 『과학의 진기한 것들』의 제작 시기와 같은 연대인 약
1025년도 것으로 추정되는 난파선이 발견되었다. 이 책의 저자가 이집
트 출신이라는 것이 거의 확실하듯이, 이 배 역시 이집트 것으로 밝혀졌
다. 최근에 발견된 이 책의 원고는 난파선에서 입수한 정보를 뒷받침해
줄 뿐만 아니라, 11세기 초에 대부분 비잔틴 제국 치하에 있던 지중해
동부해안에서 인도양을 거쳐 아시아까지 성행하던 아라비아 무역의 경
향에 대해 새로운 정보를 제공한다.21)

한편, 중세 이슬람 지도들 가운데 가장 유명한 지도는 '알-이드리시
의 원형 세계지도'일 것이다. 이 지도는 1154년 모로코의 지리학자인
알-이드리시(Abu Abdallah Mohammad ibn Muhammad ibn Abdallah

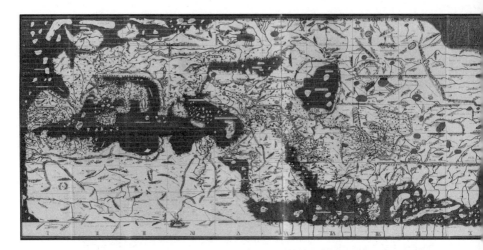

〔지도 8〕 알-이드리시의 세계지도(1192년)

ibn Idris, al-Sharif al-Idrisi, 1100~1165/66년)[22]가 시칠리아의 노르만족 왕이었던 루지에로 2세(Ruggiero II, 1095~1154년)를 위해 만든 지리학 개론서에 수록된 것이다. 코르도바에서 교육 받은 그는 불과 16세에 북아프리카와 스페인, 포르투갈, 프랑스, 영국 및 소아시아를 여행한다. 이 지도들은 실전 경험이 없는 여행자들을 위해 그가 쓴 책인 『세계의 여러 지역을 횡단하려는 사람의 즐거운 여행』(*Kitab nuzhat al-mushtaq fikhtiraq al-afaq*)에 수록된 것들이다〔지도 8〕.[23] 이 책의 핵심은 지상의 인간 세계를 모두 포괄하고 있는 70여 개의 지역별 지도인데, 이 지도에는 '신라'(Sila)가 섬으로 표기되어 있다.[24]

이드리시는 발히 학파의 지도 제작 방식을 따르기보다는 고전적인 프톨레마이오스의 규정대로 위도상으로 구분한 전통적인 일곱 개의 '지방' 각각을 열 개의 소지역으로 나누었다. 비록 이 지도에서 프톨레

〔지도 9〕1570년 북부 아프리카에서 발굴된 작자 미상의『발명과 역사에 관한 글』이라는 제목의
아라비아 논문집에 나오는 세계지도. MS. Laud Or.317, fol. 10b-11a.

마이오스의 투사 원리와 좌표 사용법을 차용한 흔적은 찾아볼 수 없으
나, 천문학적으로 규정된 '지방' 체계와 동쪽으로 확장된 아프리카 대륙
에 대한 개념을 이 지도의 기초로 삼았다는 점에서 볼 때 프톨레마이오
스의 영향을 무시할 수 없다. 13세기 말 이것이 라틴어로 번역되면서
이드리시 지도의 영향력은 서구세계에 급속도록 퍼져나갔다.25)

마지막으로, 1570년 북아프리카에서 출간된『발명과 역사에 관한
글』이라는 제목의 작자 미상인 아랍인의 논문집을 보면, 여러 종류의
지도 제작 전통이 혼합되어 표현된 지도를 발견할 수 있다〔지도 9〕.

이 지도는 꼭대기가 남쪽이 아니라 동쪽으로 표시되어 있다. 이 지
도에 나타나는 특징들은 여러 전통이 혼합되어 생겨났다. 예를 들면 막

힘없이 트인 인도양과 두 갈래진 모양의 아프리카 남부 해안은 알-비루니의 11세기 대륙 약도를 반영한 것이 특징이다. 또한 북반구의 일반적인 모양과 일곱 곳의 '지방'을 나타내는 일곱 개의 동심호, 그리고 곡과 마곡을 차단하는 성벽과 영국을 뜻하는 잉킬타라라는 명칭이 표시된 작은 사각형 섬 모두『과학의 진기한 것들』에 수록되어 있기에, 이런 특징들이 알-이드리시와 관련된 원형 세계지도를 떠오르게 한다.

인도양의 해안 모양과 동쪽으로 확장된 아프리카, 그리고 육지로 둘러싸여 있는 카스피 해와 아프리카와 아시아의 지명들처럼, 이슬람권 지도에서 분명하게 나타나는 특징 중 일부는 1321년에 피에트로 베스콘테가 그린 지도에서도 역시 확인할 수 있다.

이런 특징들을 미루어볼 때 분명 이슬람 세계의 지도는 14세기 초반 이탈리아에서 널리 접할 수 있었을 것으로 추측된다. 그런데 이 지도를 입수했을 가능성이 높은 사람은 아마도 동방을 광범위하게 여행했던 사누도가 아닐까 싶다.

베네치아의 프라 마우로(Fra Mauro)의 거대한 세계지도처럼 15세기의 많은 유럽 지도는 아라비아식으로 꼭대기에 남쪽을 표시했다. 이와 반대로 1570년 북아프리카에서 제작된 아라비아 지도는 꼭대기를 동쪽으로 향하고 있어 이 지역에서는 일부 유럽의 영향을 받았음을 보여준다. 이러한 예를 보건대, 지중해를 사이에 둔 북쪽 지역과 남쪽 지역 간의 지적 산물의 교류가 일반적으로 알려진 것보다 훨씬 빈번하게 이루어졌을 것이다.

지도, 세계를 인식하는 도구

중세 기독교 세계는 그리스-로마 문명으로부터 이론적인 측면뿐만 아니라 실용적인 측면에서도 하늘과 지구를 설명한 일반적인 과학 지식을 많이 물려받았다. 중세 이슬람 세계는 인도와 페르시아 문명뿐만 아니라 비잔티움을 통해 그리스-로마의 유산을 이어받았다.

중세의 두 세계는 고전적인 유산을 물려받았을 뿐만 아니라, 각자 자신들의 세계에 알맞게 개주(改鑄)했다. 특히 9세기경 아랍인들은 프톨레마이오스와 아리스토텔레스의 저작을 포함한 그리스 과학 저작 전부를 직접 접할 수 있었다.

12세기에 주로 스페인에서 이루어진 이슬람 문화권과 기독교 문화권의 교류 덕분에 서방세계에 더 많은 지적 보고가 유입되었으며, 아랍어로 된 논문들을 비롯해 새로 번역된 저작들은 엄청난 호응을 얻었다.

중세의 이슬람 지도는 지형이나 정확한 거리를 표시하는 일에 거의 관심을 기울이지 않았기 때문에 추상적인 구성을 보였다. 프톨레마이오스가 정교하게 만든 좌표 리스트는 별점을 치고 키블라(Qibla)를 맞추는 데 사용된 반면, 천문학적으로 정해놓은 일곱 개의 '지방'에 따라 구성된 지도를 만드는 데는 사용되지 않았다.

지형들은 발히 학파의 지도나 이보다 1세기 후에 나온 타원형의 지중해 지도처럼 대체로 기하학적이고 추상적인 형태로 표시되어 있다. 바꿔 말하면 이 지도들은 시칠리아와 키프로스의 최초 지도들처럼 그림으로만 구성된 여행 안내서였다.

또, 중세 이슬람의 지도들은, 중세 초기 기독교 세계의 지도와는 달리 신학적인 내용이 전혀 없고 무역과 통치 같은 세속적인 목적에 더 초점을 맞췄으며, 또는 여행가들을 위한 이론뿐인 여행 안내서 역할을 했다. 중세 이슬람 지도에는 많은 유럽 지도에서 흔히 볼 수 있는 멋진 삽화 장식도 없으며 이슬람의 역사적 사건들 또한 표시되지 않았다.26)

이 사실을 미루어볼 때 이슬람권 지도들은 철학적인 목적이 아닌 실용적인 목적에 엄격히 맞춰 그려진 것 같다. 중세 이슬람 고지도는 그렇게 자신들의 세계를 인식하는 방식으로 제작되었음을 잘 드러내준다.

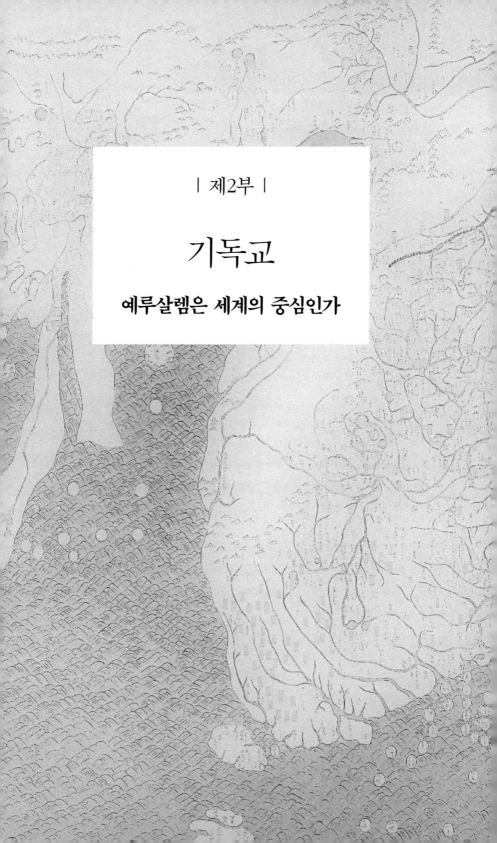

| 제2부 |

기독교

예루살렘은 세계의 중심인가

예루살렘아, 내가 너를 잊는다면,

내 오른손도 수금 타는 재주를 잊을 것이다.

내가 너를 기억하지 않는다면,

내가 너 예루살렘을 내가 가장 기뻐하는

그 어떤 일보다도 더 기뻐하지 않는다면,

내 혀가 입천장에 붙을 것이다.

— 시편 137편 5-6절

예루살렘은, 두루 알듯이, 세계 3대 유일신교인 유대교, 기독교, 이슬람의 성지로서 종교사에서 매우 특별한 지위를 차지한다. 예루살렘에는, 공간적으로나 시간적으로, 수많은 순례자의 기도만큼이나 역사 속에서 수많은 눈물과 피가 뿌려졌다. 예루살렘을 일컫는 도시 이름에서조차 그 오랜 역사의 흔적을 찾을 수 있다—Urshim(이집트), Jebus(가나안), Yerushalem(히브리 성서), Hierosolyma(그리스), Aelia Capitolina(로마), Bayt al-Maqdas 혹은 Muqaddas, al-Quds, Urshalim(아랍어), Qods Sharif(투르크), Jerusalem(영국), Yerushalayim(이스라엘) 등. 예루살렘의 정서적 매력은 수많은 산문과 시, 음악과 영화 등 예술로 승화되어 다음 세대에게 막대한 영감을 불어넣고 있다. 그 가운데에서는 옛 지도를 빼놓을 수 없다.

지도는 정신세계와 물질세계 사이의 중개자로, 일종의 언어와 같은 커뮤니케이션의 미디어로서 문화와 문명에서 매우 중요한 역할을 해왔다.[1] 또한, 지도는 본질적으로 특정한 사실과 이야기를 공간적(지리적) 상황에서 시각예술로 보여주는 역사이해의 한 방법이다.[2]

맨 처음, 지도는 그림처럼 허구였다. 사실상 옛 지도는 모두 실재(reality)와 판타지(fantasy)의 결합으로 재생된 것들이었다. '메타포' 혹은 '이미지'로서의 고지도는 세계를 지리와 신화, 즉 실제와 비실재의 혼합으로 인식했다. 그런 의미에서 지도 제작자는 축적된 지리적 정보(지식), 기술적 노하우(과학), 문화-예술적(예술)

이해를 바탕으로 인문적 상상력(인문)까지 고루 갖춘 자였다. 여기에 형태와 디자인, 색채를 덧입혀 지도는 완성된다. 시각 이미지로서 옛 지도가 주는 강렬한 인상은, 설령 여러 가지 오류가 발견된다 하더라도, 그것이 주는 폭넓은 상상력과 통찰력, 매혹적인 표현력과 구성력에서 비롯된 것이리라.

특히 기독교 세계에서 예루살렘은, 성지(聖地) 곧 '거룩한 도시'로서의 공간적 지위 때문에 오랜 기간 지도 제작자들에게 더욱 중요한 관심의 대상이었다. 예루살렘의 이야기와 역사를 삽화와 지도를 통해 표현했던 사람들이 남긴 메시지와 영감은, 비록 그것이 성서에 근거한 해석이든, 직접적인 방문을 통한 체험적인 지식에 의거한 것이든, 여행자나 군인 및 상인 들의 증언에 의한 것이든, 혹은 그것이 전통이나 상상에 의존한 것이든 간에, 지도 제작자들 자신과 동시대의 사상과 종교적 신념을 반영하고 있다.

따라서 예루살렘의 옛 지도는 당시의 모습뿐만 아니라 당시에 살았던 사람들의 생각을 수천 수백 년이 지난 오늘에 이르기까지 생생하게 전해주고 있다는 점에서, 이 도시의 역사와 의미를 찾는 데 아주 중요한 이해의 열쇠가 된다.

15세기 후반 예루살렘 지도가 처음으로 목판 인쇄되기 시작한 이래 19세기 중엽까지 적어도 500여 개의 예루살렘 지도가 제작되고 인쇄되었다.[3] 17세기 인쇄술이 발달하기 시작하면서, 또한 19세기 측량기술이 지도 제작에 처음으로 반영되면서 보다 많은 '과학적인' 지도가 제작되었다. 그러나 그보다 훨씬 이전에도 예루살렘은 교회 바닥의 모자이크 방식으로, 또한 양피지나 책 속의 삽화 형식으로 다양한 '예술적인' 지도를 통해 묘사되었다.[4]

물론 대부분의 예루살렘 옛 지도가 현대 지도처럼 실용적인 목적으로 만들어진 것은 아니었다. 19세기 초까지만 해도 예루살렘 지도는 척도나 축척(縮尺) 혹은 원근법 없이 그려졌으며, 방위(方位)나 방향도 시대마다 서로 달랐다. 따라서 여행자들이 길 찾기에 도움될 만한 지도가 아니다.

다만 '거룩한 도시'라는 예루살렘의 유일한 지위를, 순수한 지리적 관점에서라기보다는 지도 제작자 자신들만의 고유한 종교적 관심과 이념적 견해와 영적 의미에 초점을 맞추어, 매력적으로 보여주고자 했다는 데 그 특징이 있다. 바로 그러한 목적 때문에 예루살렘의 고지도는 오랫동안 계속 그려졌는지도 모를 일이다.

이 글에서는 비잔틴 시대부터 19세기까지 기독교인 지도 제작자들이 남긴 몇몇 주요 성지 지도 속의 예루살렘 옛 지도들을 통해 그들이 남겨 보여준바 팔레스타인의 지리적(공간적) 이해, 특히 각 시대에 따라 지리적 세계 이해가 변화해가면서 예루 살렘의 지위와 의미가 어떻게 달리 표현(해석)되어왔는가를 두루 살피는 데 일차 목적이 있다.

각각의 지도에서 예루살렘은 어떻게 묘사되었는가, 예루살렘을 중심으로 한 세계 이해는 언제 어떻게 시작되었는가, 이러한 '거룩한 지리'(sacred geography)로서 의 '거룩한 도시' 이해는 지도 속에서 어떻게 구체화되었는가, '발견의 시대'의 도래와 인쇄술의 발달은 지도에서 예루살렘의 지위와 형태를 어떻게 변화시켰는가 하는 점 등에 초점을 맞춰나갈 것이다.

아울러 이 글은 유대교나 이슬람에서 제작한 지도에서 예루살렘의 지위와 의미가 어떠했는가, 각각의 예루살렘 지도에서 다른 종교의 건축물이나 상징물에 대한 묘 사는 사실상 어떠했는가를 비교할 수 있는 토대 연구가 될 수 있을 것이다.

지도 이전의 지도 – 비잔틴 시대의 모자이크 지도

옛 지도에서 예루살렘이 그려지기 이전부터 사실상 예루살렘은 지도 제작사에서 매우 중요한 위치를 점유하고 있었다. 예루살렘 도시가 하 나의 도면(圖面)으로 묘사된 텍스트상의 구절이 히브리 성서 에스겔서 에 최초로 등장한다.

> "너 사람아, 너는 이제 흙벽돌을 한 장 가져다가 네 앞에 놓고, 한 성읍
> 곧 예루살렘을 그 위에 새겨라"(에스겔서 4:1).

이 성서 구절은 토판(土版)에 글씨를 새겨 넣어 기록하던 메소포타미아의 오랜 전통처럼, 바빌론 포로생활을 청산하고 다시 돌아가 재건할 새 예루살렘 도시의 설계도면을 채 마르지 않은 흙벽돌에 그려 넣는 장면을 연상시킨다.

또, 기원전 6세기 바빌로니아에 포로로 잡혀간 예언자 에스겔은 자신의 책에서 훗날 고국으로 돌아가 국토 전체를 비롯하여 예루살렘의 성전을 어떻게 구획·재건할지 실측적(實測的)으로 설계하고 있는데,[5] 그는 예루살렘을 세계의 중심에 놓겠다는 계획—"이것이 예루살렘이다. 내가 그 성읍을 이방 사람들 한가운데 두고, 나라들이 둘러 있게 했다"(에스겔서 5:5)[6]—을 처음으로 밝히고 있다. 이는 훗날 지도 제작사에 길이 남을 만한 '예루살렘 중심적 세계 이해'(Jerusalem, the Center of the World)의 기초 설계도가 되었다.

그러나 70년 예루살렘이 로마에 의해 다시 멸망하고, 132년 제2차 유대 반란 직후 예루살렘은 더 이상 유대인의 도시가 아니었다. 하드리안 황제는 이 도시의 이름을 엘리아 카피톨리나(Aelia Capitolina)로 개명하고 로마 도시로 만들었다. 그 후 325년 니케아 종교회의는 기독교를 로마제국의 국교로 받아들였는데, 기독교가 물려받은 예루살렘은 로마의 도시였다.

사실상 '성지'(terra sancta)는 콘스탄틴 황제와 그의 어머니 헬레나로부터 시작되었다. 황제는 예루살렘에 새로운 지위—"엘리아(Aelia)의 주교에게 그 지방(팔레스타인)의 모든 권리와 함께 (로마의 주교에) 버금가는 명예를 부여했다"—를 부여했으며, '교회의 어머니' 헬레나는 교회사가 유세비우스(Eusebius)의 언급대로 예루살렘을 방문하여 예수의 흔적이 닿았던 장소—예루살렘, 베들레헴 등—에 기념교회를 세워 거룩하게 만들어갔다.

그 후 기독교 신앙에 고무된 이들이 성지 곳곳에 수많은 기념교회를 세웠다. 특히 예루살렘은 정치나 경제의 수도가 아니라 거룩한 순례자의 도시 혹은 '십자가의 도시' 자체였다.[7]

종교적 감정에 고무된 많은 순례자가 성지를 찾게 되면서 이들에게 제공할 여러 지리적(공간적) 안내가 요구되었다. 일차적으로 새로 지어지는 기념교회가 실질적으로 그 역할을 담당했다. 가장 최초의 성지 지도가 팔레스타인 주변에 건설된 비잔틴 시대(332~638년)의 기념교회의 장식 예술―건물의 바닥 모자이크나 벽 프레스코―에서 구체화되는 까닭도 여기에 있었다.

특히 예루살렘의 이미지는 매우 중요했다. 일정한 형식에 맞춰 돌을 잘게 잘라 이어 붙여 만든 모자이크 제작에 탁월한 기술을 발휘한 장인들은 도시나 마을, 강이나 바다 등을 여러 가지 색채를 이용하여 자유자재로 표현했다.[8] 비록 그것들이 도시나 건물을 비율에 맞춰 정확하게 묘사하지 않는다 하더라도, 오히려 그것이 비잔틴 시대의 교회가 이해하고 있는 예루살렘의 지위나 의미를 충분히 반영해주는 것임을 알 수 있게 해준다.

마다바 지도(6세기)

예루살렘을 가장 선명하게 보여주는 대표적인 최초의 지도는 1890년 요르단의 한 마을에서 별견된 6세기(560~575년)에 만들어진 비잔틴 시대 교회 바닥에 있다. 모자이크로 장식한 마다바 지도(Madaba Map, 〔지도 1〕)[9]에는, 안타깝게도 여러 부분이 파괴되어 전체를 볼 수 없다 하더라도, 6세기 성서의 세계(팔레스타인을 비롯하여 이집트의 나일 델타,

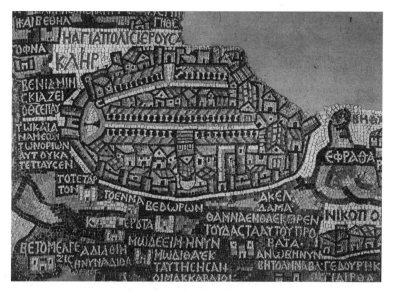

[지도 1] Jerusalem in the Madaba Mosaic Map, 6세기, Jordan

요르단 사막에서부터 지중해 연안, 그리고 시리아에 이르는 지역 등)를 보여주는 상세한 그림들이 150여 개의 그리스어 지명과 함께 등장한다. 4세기 유세비우스가 쓴 『성서지리사전』(*Onomasticon*)이나 히에로니무스를 비롯한 여러 역사가가 남긴 지리 정보를 참고하여 당시의 신앙과 예술 및 과학-기술이 집합적으로 동원된 걸작으로 꼽히는 모자이크 지도의 중앙에는 아름다운 예루살렘의 이미지가 나타난다.

성곽으로 둘러싸인 '거룩한 도시 예루살렘'(ΗΑΓΙΑ ΠΟΛΙC POUCA [Λ HM)에는 확인 가능한 교회만 해도 약 30개나 된다. 여러 개의 탑과 적어도 3개의 성문이 묘사되어 있는데, 그중 가장 큰 문이 오늘날 다마스쿠스 문으로 지도의 왼편(북쪽) 끝에 있다. 성문 바로 안쪽으로 광장이 있고, 광장에서 원주(圓柱)가 길게 늘어선 카르도(Cardo)가 도시의 중앙을 가로지른다. 도시의 하단 중앙에 황금 지붕을 한 성묘교회가 매우 크게 사실적(寫實的)으로 자리 잡고 서 있으며, 곳곳에 비잔틴 시대의 여러 대표적인 교회—부활교회(Anastasis Church)의 바실리카와 콘스탄 틴의 성당, 유스틴 황제의 새교회(Nea Church), 시온 산 교회(Mt. Zion Church) 등—이 표시되어 있다. 중요한 건물들은 크게 확대하고 상대 적으로 덜 중요하다 여기는 것들은 작게 그려 넣는 방식으로 표현했다. 오른편 위에 성전산으로 통하는 황금 문이, 성묘교회 오른편으로 다윗 의 문과 탑이 보인다.10)

상대적으로 당시 폐허로 남아 있던 성전산은 무시되어 작은 집들이 대신한다. 예루살렘을 세부적으로 그린 최초의 이 모자이크 지도가 보 여주고 싶은 것이 무엇이었는지 잘 암시한다.

6세기 또 다른 모자이크 지도로는, 출애굽 과정에서 모세가 가나안 땅을 보며 마지막으로 설교한 장소로 알려진(신명기 34:1-6), 느보 산 (Mt. Nebo) 기념교회의 바실리카에 그려진 예루살렘 성전 지도를 들 수 있다. 요르단 동편의 길르앗 산의 중앙에 제라시와 거라사가 아름다운 모자이크 장식으로 그려져 있고, 이집트의 알렉산드리아도 지도에 삽화 로 들어가 있다.

또, 1986년 요르단 북쪽 움 에르-라사스(Umm er-Rasas)에서 발굴 된 8세기 교회 모자이크 바닥에도 가이사랴, 네아폴리스(사마리아), 세 바스티아(세겜), 아스글론, 가자, 예루살렘 등의 팔레스타인 도시들을 비롯하여 트랜스 요르단(마다바 등), 이집트(알렉산드리아 등)의 여러 도 시가 그려져 있다. 예루살렘은 그리스어로 '거룩한 도시'라 명기했는데, 도시의 중앙에는 성묘교회가 크고 아름답게 묘사되었다.11)

그 외에도 4세기 초기 비잔틴 시대 로마의 산타 푸덴지아나 교회

(Church of Santa Pudenzianna)의 앞면 천장 모자이크에는 성곽으로 둘러싸인 매우 로마적인 화려한 예루살렘이 그려져 있다. 또한 로마에서 가장 큰 바실리카로 알려진 라테라노의 샌 지오바니 성당(Cathedral of San Giovanni in Laterano)에는 예루살렘과 베들레헴을 채색 모자이크로 그려 넣었다.

5세기 로마에 세워진 산타마리아 매기오르 교회(Church of Santa Maria Maggiore)의 모자이크에도 성문에 십자가를 매단 예루살렘과 이스라엘 백성들에 의해 무너지는 여리고 성이 그려져 있다. 예루살렘과 베들레헴은 늘 함께 등장하는데, 밀라노의 샌 로렌조 바실리카(Basilica of San Lorenzo)와 로마의 베드로 대성당, 라벤나의 성 비탈(St. Vital of Ravenna)에게서 공히 나타난다. 대부분 이 교회의 지도들은 그림에 가깝다. 그러나 흥미롭게도 7세기부터 12세기에 걸쳐 무슬림의 통치하에서 예루살렘 지도는 단 하나도 출현하지 않는다.[12]

'지구의 배꼽' — 십자군 시대의 예루살렘

비잔틴 시대부터 이어지던 성지 순례의 전통은 1099년 고드프리 드 부용(Godfrey de Bouillon)이 이끄는 십자군 원정대가 예루살렘을 정복하고 십자군 왕국의 수도로 삼으면서 유럽 기독교인들에게 본격화된다.

종교적 열정을 품은 이들이 많은 위험과 비용을 무릅쓰고 멀리 여행을 갈 때, 여행 전 미리 알아야 할 준비 사항—교황(교회)의 여행 허가증, 비용, 각 구간의 교통수단(주로 갤리선과 당나귀), 순례자의 복장 및 준비물, 성지 도착 전에 사망할 경우의 보상책, 욥바에 도착하여 상륙

허가 받는 법, 순례를 마친 뒤 증명서 받는 법 등—을 비롯하여 먼저 다녀온 자들이 들려주는 수많은 이야기와 지리적 정보—날씨, 항해 중 발생하는 위험과 해적 출몰, 배 안에서의 음식 및 잠자리 등 각종 불편 사항, 교회와 수도원과 여관 정보, 여행 중에 만나게 될 원주민의 복장과 관습 및 각종 진기한 동물과 식물 등—는 성지 순례를 준비하는 자들과 혹 사정이 허락하지 않아 떠나지 못한 이들에게 큰 관심거리였다.13) 그 가운데서도 성지 지도만큼 유용한 대용품은 없었을 것이다.14)

성지 순례를 다녀온 유럽의 기독교인들이 자신들의 여행서 속에 삽화 형식으로 넣기 위해 만든 예루살렘 지도가 보여주는 인상적인 묘사들은 그들이 본 현세의 예루살렘이라기보다는 차라리 지도 제작자의 마음과 영감 속에 품었던 일종의 묵시문학적 '판타지'였는지도 모를 일이다.

히브리 성서에 750회 이상 언급되는 예루살렘이 '지리적으로' 세계의 중심이라는 사상은, 앞서 언급한 대로 문헌적으로 히브리 성서 에스겔서에 처음으로 등장한다. 이러한 사상은 유대교 전통으로 이어지면서 점차 구체화되는데, 예루살렘을 '지도적 이미지'로써 지구의 '배꼽'—그리스 문학에서 델피를 세계의 배꼽으로 언급하고 있는 것을 알고 이를 수정이라도 하려는 듯, 하스모니안 왕조에 대한 상징적 의미로서 정치적 선전을 목적으로—으로 분명하게 지칭한 최초의 기록은 기원전 2세기 희년서(Book of Jubilees)에 나온다.15)

홍수 이후 노아의 세 아들이 세계를 나누어 차지하는 장면에서 다음의 구절이 등장한다.

"그리고 그(노아)는 에덴동산이 지성소이자 주의 거처이고, 시내 산이 광야의 중심이며, 시온 산이 지구의 배꼽의 중심인 것을 알고 있었다. 이 세 곳은 거룩한 곳으로서 서로 마주보도록 창조되었다"(희년서 8:19).

아울러 5~6세기 탈무드에 상술(詳述)된바 "배꼽이 사람의 중심에 있듯이, 이스라엘 땅(*Eretz Israel*)은 세계의 배꼽에 있다. 성경에 쓰여 있는 대로 '그들 한가운데 두겠다'(에스겔서 37:28). 이스라엘 땅은 세계의 중심에 있다. 예루살렘은 이스라엘 땅의 중심에 있다. 성전은 예루살렘의 중심에 있다. 지성소(*beikhal*)는 성전의 중심에 있다. 법궤는 지성소의 중심에 있다"(*Midrash* Tanhuma, Kedoshim 10; *Midrash* Tehilim 50,1)로 이어진다. 그러나 흥미롭게도 유대교에서는 이 개념이 지도나 그림으로 직접 표현된 적은 없다.16)

또한, 이슬람 전통에서도 "너의 얼굴을 거룩한 모스크 쪽으로 돌려라. 네가 어느 곳에 있든지 너의 얼굴은 그곳을 향해 두어라"(*Quran* 2, 144)는 꾸란의 말씀에 근거하여 일찍이 예루살렘 중심적 세계관의 흔적을 엿볼 수 있다.

그러나 시라(Sira)와 하디스(Hadith) 혹은 알-람리(al-Ramli) 같은 몇몇 이슬람 사상가의 언급을 제외하면 첫 키블라(*qibla*)로서 그것이 예루살렘을 지칭했다는 근거는 꾸란 어디에서도 찾기 어려운 것이 사실이다. 더구나 이슬람 세계에서 그러한 사상이 지도로 표현된 적이 없다.17)

성서에 근거한 이 사상은 오히려 중세 기독교 유럽 세계에서 종교적 열의에 고무된 지도 제작자들에 의해 예루살렘을 서서히 지구의 중앙, 즉 '배꼽'에 올려놓기 시작했다.18)

11세기 말 로베르투스 모나쿠스(Robertus Monachus, 1095~1098

년)는 "예루살렘은 세계의 중심"("*Iberusalem umbilicus est terrarum*")이라고 말한 바 있으며, 당시 적어도 예루살렘은 '하나님의 도성' 또는 '그리스도의 지상 왕국'이었다. 이처럼 예루살렘의 '지구의 중심'으로서의 유일성은 유대인의 기억이 기독교인의 것이 되고, 기독교와 유대교의 기억이 이슬람의 것이 되는 순환과정을 거친다.[19] 그러나 지도상에 예루살렘을 세계의 중심에 그려 넣은 것은 적어도 13세기 예루살렘을 제1의 영적 중심으로 여기기 시작한 십자군 원정 이전까지는 널리 적용되지 않았다.

중세 초기 유럽에서 몇몇 기독교인 지도 제작자에 의해 제작된 고도로 양식화된 세계지도(*mappa mundi*)는 대부분 소위 오르비스 테라룸(*Orbis Terrarum*)이라 불리는 T-O지도[20] 형태를 띠고 있는데, 커다란 원(O) 안에 T자로 나뉜 3개의 대륙을 단순하게 그려 넣었다. 위쪽(동쪽)에 아시아가, 아래 왼쪽에 유럽이, 아래 오른쪽에 아프리카가 각각 나뉘어 있다. 각 대륙은 주로 지중해와 나일 강을 경계로 삼는다.

어떤 경우에는 지중해를 T의 가운데 줄기에 놓고, 왼편에는 헬레스폰트(Hellespont: 다르다넬스Dardanelles 해협의 옛 그리스 명)를, 오른편에는 나일 강을 횡선(橫線)으로 각각 그려 놓았다.

이런 방식의 세계지도는 630년 세빌리아의 대주교 이시도로(Isidoro of Seville)가 남긴 소위 T-O 지도의 영향에서 기인한 것으로[21] 아시아와 유럽과 아프리카 세 대륙은 각각 노아의 세 아들을 대표한다. 꿈의 여행의 목적지는 파라다이스[22]로서 지도의 맨 꼭대기(동쪽)에 그려져 있으며, 그곳은 반드시 예루살렘을 거쳐야 도달할 수 있다.

T-O 지도 형태는 중세 유럽의 기독교인들을 통해 수백 년간 유럽 기독교 세계에 널리 퍼져 나갔는데, 13~14세기 십자군 시대에 절정에

이른다. 십자가 형태로 지역을 나누고 지명이 표기된 T-O형 지도들 대부분은 예루살렘을 지도 중앙의 원 안에 그려 넣었다.

서서히 지리적으로 예루살렘이 세계의 중심이라는 종교적 개념에 입각하여 개괄도가 등장했는데, 몇몇 원형 지도는 매우 도식적인 데 반해 다른 지도는 매우 예술적으로 상세하게 그렸다. 원 둘레에 성벽이나 탑을 그려 넣기도 했고, 성문이나 골짜기, 주요 도로나 성채, 교회도 구별할 수 있을 만큼 구체적으로 그려 넣었다.23)

12세기 기독교 왕국에서 대표적인 지도들로는, 20세기 초 유럽의 여러 도서관에 흩어져 보관되어 있는 지도 목록을 정리·출판한 독일 학자 뢰흐리흐트(R. Röhricht)24)의 공헌이 매우 큰데, 프랑스 캄브라이 도서관(Library of Cambrai) 소장의 1150년 지도, 브루셀의 벨기에 왕립도서관(Royal Library of Belgium) 소장의 성지 지도, 네덜란드 헤이그 도서관(Library of the Hague) 소장의 1170년판과 1180년판에 실려 있는 석 장의 지도 삽화, 그리고 독일 스투트가르트 도서관(Library of Stuttgart)에 소장된 12세기 지도 등을 꼽을 수 있다.

그 외에도 1224년에 제작된 북부 독일 엡스토르프 수도원(Mona-stery of Ebstorf)의 세계지도와, '시편 지도'(Psalter Mappa Mundi), 잉글랜드 서부의 헤리퍼드(Hereford) 성당에 보존되어 있는 1283년경에 그려진 헤리퍼드 세계지도의 예루살렘을 빼놓을 수 없을 것이다.25)

캄브라이 지도(1150년)

다이아몬드 형태의 장사방(長斜方) 형으로 제작된 캄브라이 지도는, 동남쪽이 지도의 위로 향해 있는데, 예루살렘과 그 주변에 대한 사실적인 정보들, 예컨대 성문이나 주요 교회 및 도로 등을 세밀하게 그려 넣었다

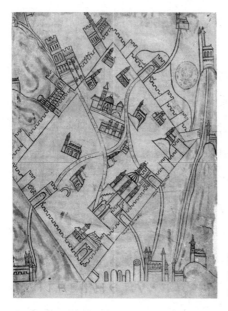

〔지도 2〕 Map of the city of Jerusalem, before 1167, Bibliotheque Municipale, Cambrai, France

〔지도 2〕.

　이 지도에는 예루살렘이 성문과 탑이 있는 사각형 성벽으로 둘러싸인 채로 탑 왼쪽에 다윗의 탑(Turris David)과 오른쪽에 다윗의 문(Porta David)이 나란히 서 있는데, 다윗의 문에는 우람한 쇠 빗장이 선명하게 그려져 있다. 다윗의 탑 왼편으로는 왕궁(Curia regis)이 있고, 십자군 왕의 의자가 있다.

　이 문에서 베들레헴과 헤브론으로 가는 두 개의 중요한 길이 표시되어 있다. 다윗의 문을 따라 성 안쪽에 나 있는 도로를 따라 올라가면 성전 길(Via Templi)과 만나는데, 길 끝에 주님의 성전(Templum Domini)에 도달한다. 성 밖으로 통하는 '미문'(Porta speciosa)은 신약성서에 나오는 문이다. 시온 산 길(Via Montis Syon)을 따라 남쪽 성벽에 이르면 시온 산 문(Porta Montis Syon)이 나오는데, 성문을 나가면 성 마리아 교회(Ecclesia S. Marie Montis Syon)가 나온다. 오늘날 다윗의 무덤이 있는 곳쯤이다.

시온 산 길 중간쯤에 성 사바 교회(Ecclesia S. Sabe)가 자리하는데, 4세기 유다 광야에서 살았던 유명한 수도사 사바를 기념하는 교회인 듯하다. 성묘교회(Platea Sepulcri)는 골고다 언덕에 위치하고, 그 바로 옆에 성 살바도르 교회(Ecclesia S. Salvatoris)가 있다.

이와 달리 캄브라이 지도에는 다른 지도에서는 별로 중요하게 다루지 않는 동방교회를 그려 넣거나 라틴 이름이 아닌 그리스어식 이름을 사용하거나 도시의 실제 모습을 그려 넣고 있다. 이는 이 지도의 제작자가 예루살렘과 그 주변에 대해 매우 친숙하거나 그들 정보에 상당히 밝았음을 말해주는 것으로 해석된다.

헤이그 지도(1170/1180년)

네덜란드 헤이그 도서관(Library of the Hague) 소장의 십자군 시대의 예루살렘 지도(1170년 판)에는 예루살렘이 성지의 여러 도시와 여러 지형의 작은 이미지들에 둘러싸인 채로 중앙의 큰 원 안에 그려져 있다〔지도 3〕.

전형적인 T-O 지도로서 사물들의 크기와 비율은 전혀 고려하지 않은 채로 빈 공간들을 도시와 삽화로 채워 넣었다. 성 안팎에는 라틴 십자가가 표시된 수많은 기념교회로 가득하다.

〔지도 3〕 Map of Crusader Jerusalem, 1170, Konninkljike Bibliotheek, Hague

도시는 동서남북을 가로지르는 두 개의 큰

도로로 나뉘어 있고, 스테반 문이 왼쪽(북쪽)에, 시온 문이 오른쪽(남쪽)에, 다윗 문이 아래쪽(서쪽)에, 성전 산이 위쪽(동쪽)에 각각 배치되어 있다. 주요 종교적인 장소들은 십자군들의 이름과 함께 그려져 있고, 몇몇 순례자 그룹이 각자의 길에서 여러 기념교회를 향해 가고 있거나 무릎을 꿇고 기도하는 모습도 눈에 띤다. 지도 하단에는 말 탄 십자군이 무슬림 군대를 뒤쫓는 그림이 커다랗게 그려져 있다.

엡스토르프 지도(1224년)

1224년에 제작된 북부 독일 엡스토르프 수도원(Monastery of Ebstorf) 세계지도26)에는 예루살렘이 확실하게 세계의 중심에 놓여 있는데, 성벽으로 둘러싼 예루살렘 안에는 부활하신 그리스도의 이미지를 그려 넣었다(지도 4).27)

지도 상단에는 4개의 강이 흐르는 에덴동산을 비롯한 창세기에 나오는 여러 장면이 그림으로 그려져 있으며, 지도의 중요 지역마다 성서에 나오는 동물들을 각각 그려 넣었는데, 팔레스타인 지역에는 낙타가 크게 그려져 있다. 지리적 배경이나 정확성은 이차적인 것으로서 중세 교회의 신앙, 영성, 윤리의 틀을 기반으로 하여 자연사, 신화, 전설 등을 망라한 채 제작된 시각적 백과사전이라 할 수 있을 것이다.

두 개의 강이 흘러 갈릴리 호수에 들어온 물은 요르단 강을 거쳐 사해로 흘러 들어가는데, 갈릴리 호수의 배 위에서 설교하고 있는 예수의 모습이 매우 이채롭고, 사해에는 높은 탑의 화려한 도시들이 표시되어 있는데, 죄로 멸망한 소돔과 고모라를 가리키는 것 같다. 특히 이 지도에는 십자군의 악고(Acco, Accaron)가 성곽도시로 등장한다.

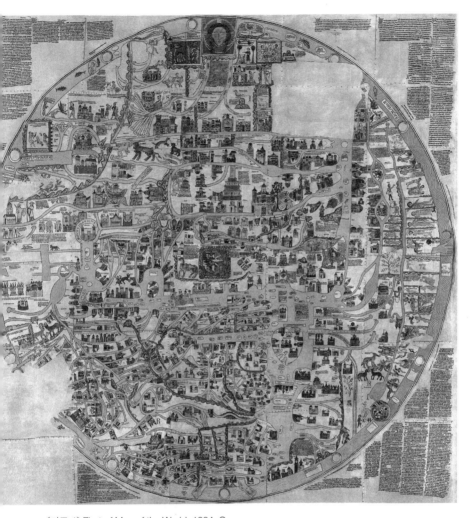

(지도 4) Ebstorf Map of the World, 1224, Germany

시편 지도(1250년)

1250년경 제작된 시편 라틴어 필사본(Latin Manuscript of the Psalms: 대영박물관 소장)에 나오는 매혹적인 세계지도는, 라틴어 필사본의 시편 부분에 붙어 있어 '시편 지도'라 불린다. 예루살렘이 세계의 정중앙에 위치하고 있으며, 그 주변으로 대륙이 송이를 이루고 있다. 이 지도에는 시편 74편 12절의 "하나님은 옛적부터 나의 왕이시며, 이 땅에서 구원을 이루시는 분이십니다"라는 글귀가 새겨져 있다.

지도에는 3개 대륙이 그려져 있는데, 하단 왼편이 유럽이고, 오른편이 아프리카이며, 윗부분에 아시아가 놓였다. 중앙에 두 개의 원으로 둘러싸인 곳이 예루살렘이다. 예루살렘 오른쪽에 시온 산이 있으며, 그 오른쪽에 베들레헴이 있다. 베들레헴 위에 기드론 계곡이, 오른쪽 위에 여리고가, 그 다음에 요셉의 우물이 있고, 동쪽에서 서쪽으로 요르단 강이 흐르는데, 레바논 산에서 발원하는 '요르'(Jor)와 '단'(dan) 두 개의 물 근원이 각각 표시되어 있다. 요르단 강은 티베리아 호수로 흘러 들어오는데, 호수에는 한 마리의 고기가 그려져 있다.

호수 윗부분에는 탈무드에 나오는 게노사르(Genesar)가, 그 기슭에는 티베리아(Tiberias)와 벳세다(Bethsaida), 그 다음에 코라신(Korazim)의 이름이 보인다. 호수로부터 요르단 강은 사해로 흘러 들어간다. 지중해 해안 쪽으로는 악고와 가이샤라가 보이며, 해안을 따라 섬 몇 개가 떠 있다.

헤리퍼드 지도(1283년)

기본적으로 당시의 지리적 지식을 교류를 통해 서로 공유했다고 볼 수 있는 증거는 없지만, 엡스토르프 지도 및 시편 지도 매우 유사한 지도가 잉글랜드 서부의 헤리퍼드 성당(Hereford Cathedral)에 보존되어 있다〔지도 5〕.28)

1283년경에 그려진 헤리퍼드 세계지도는 현존하는 세계 고지도 가운데 가장 큰 지도(158×133cm) 중 하나다. 엡스토르프 지도와 마찬가지로 전형적인 T-O 지도로 예루살렘이 지도의 중심이며, 위쪽이 동편이다. 위쪽의 아시아를 비롯하여 오른쪽의 아프리카가 지도의 상당 부분을 차지하며, 왼쪽에 유럽이 위치한다. 아프리카와 유럽의 이름의 위치가 뒤바뀌어 필사상의 오류가 확연하다. 성지가 지도의 육지 중 약 1/6 가량이나 차지할 정도로 크게 그려져 있다.

바퀴 모양의 원 중앙에 위치한 예루살렘 주변으로는 올리브 산, 여호사밧 골짜기, 베들레헴이 자리하고 있다. 해안 평야지역에는 게라르(Gerar), 가자, 아스글론, 야브네(Yavne), 로드, 욥바, 악고 등이 표시되어 있다. 요르단 강 역시 요르와 단, 두 개의 원류로 나뉘어 갈릴리 호수로 흘러가고, 길르앗 산지에서 내려오는 얍복 강이 요르단 강과 만나 사해로 흘러 들어간다.

남쪽에 두 돌 판을 들고 있는 모세가 시내 산에 서 있고, 그 옆으로는 이스라엘 백성들이 이집트에서 가나안에 걸쳐 광야에서 떠도는 장면이 묘사되어 있다. 바벨탑과 아라랏 산의 노아의 방주도 보인다. 지도 맨 꼭대기에는 그리스도가 심판대에 앉아 있는데, 천사들이 구원받은 자들을 천국으로, 죄인들을 지옥으로 각각 안내하고 있다.

지도 주변으로는 성서에 나오는 식물과 동물로 장식했고, 각종 새와

〔지도 5〕The Hereford Map of the
World, 1283, Hereford Cathedral,
England

뿔 달린 사슴, 개머리를 한 인간, 가슴에 얼굴 모양이 새겨진 머리 없는
남자, 발 하나 혹은 네 개의 발이 달린 사람, 기타 인간 형상을 닮은 불도
마뱀 등 이상한 존재들이 아프리카 남부 접경지대에 등장한다. 이는 로
마시대의 헤로도토스(Herodotus)나 플리니(Pliny) 같은 저술가들에게
서부터 이어져 내려오면서 변형된 중세의 민간전승에 나오는 지식들에
근거한다.

　이 괴상한 피조물들조차 아담과 노아의 후예들로서 구원받을 만한
가치가 있는 대상임을 나타낸 것으로 보인다. 또한, 액자 테두리에는
여러 가지 모양과 글씨가 새겨져 있는데, 왼편 아래쪽에는 지도 제작자
의 이름 리처드 드 홀딩햄(Richard de Holdinghame e de Lafford)이 새
겨져 있다.

　헤리퍼드 지도 이후 더욱 많은 성지 지도가 출판되는데, 여전히 상

상의 그림 지도가 대부분이다. 지도 제작자들의 제작 목적이 유명한 장소들을 두드러지게 보여주는 것에 있었기 때문에 지리적 축척이나 사실적 비율은 전혀 관심 밖의 문제였다. 십자군 원정이 가져다준 성지, 특히 예루살렘에 대한 종교적·정치적 관심의 결과라는 것은 두말할 필요가 없다.

중세 후기의 예루살렘 지도들

십자군 패주 이후 15세기 인쇄본 지도가 등장하기 전까지 중세 후기의 예루살렘 지도는 단지 몇 개만 발견된다. 그 이유는 이렇다.

성지에서 십자군이 이슬람 세력에게 멸망해 쫓겨난 이후 아유비드 시대에서 마멜룩 시대까지(1187~1516년) 오랜 기간에 걸쳐 성지는 무슬림의 차지였다. 그래서 기독교 유럽 세계에서는 성지에 대한 관심이 시들해졌다. 게다가 많은 무슬림이 '예루살렘의 공덕(公德, *fada'il*)'을 칭송하고 그곳에서 예배하기 위해 대거 들어와 주요 성지는 물론 항구 도시를 장악했다.29) 그렇기에 거리가 멀고 비용 많이 드는, 위험한 성지 순례가 사실상 곤란해지면서 유럽에서 성지 지도 제작이 뒷전으로 밀려난 탓으로 추정할 수 있다.

그렇다고 지도 제작이 완전히 끊긴 것은 아니다. 중세 후기 유럽에서 성지 순례의 대체물로 제작된 세계지도 및 예루살렘 지도는 이전에 제작된 수많은 지도를 폭넓게 수용하고 복사함으로써 불변하는 예루살렘에 대한 지위와 관심을 계속 이어갔다.30)

유럽에서 제작된 중세 후기의 예루살렘 지도는, 어떤 것은 아직까지도 여전히 성서와 신학에 근거한 전통과 상상력에 의존하고 있는 데 비해, 어떤 것은 십자군 원정으로 인한 성지에 대한 직접적인 관찰 및 조사의 결과를 바탕으로 상당 부분 사실적인 정보를 담고 있다. 이미지와 전통이 점차 실재와 결합하기 시작하는 것도 바로 이 시기부터이다.

어떤 지도는 당시의 관습대로 동쪽을 지도의 위쪽을 향하도록 제작하고 있는 데 반해, 어떤 지도는 올리브 산(동쪽)에서 예루살렘을 바라보도록 서쪽을 지도의 위쪽에 배치했다(오늘날에도 예루살렘 구도시를 조망하기에 가장 좋은 곳은 올리브 산이다).

어떤 지도에서는 예루살렘 도시에 이슬람의 건축물들 혹은 이를 상징하는 모스크나 초승달 등은 생략한 채 기독교 신앙만을 강조하기도 했으며, 어떤 지도에서는 유대인과 무슬림의 거주지 및 유대교와 이슬람의 전통에 등장하는 주요 장소를 명시했다.[31] 이 시기 제작된 주요 지도는 다음과 같다.

- 13세기 말 프로렌스 필사본에 추가된 부카르드(Burchard)의 시온 산이 그려진 성지 지도(제작자 미상).
- 파리 국립도서관(Bibliotheque Nationale de Paris) 소장의 14세기 초 예루살렘 지도.
- 대영박물관 소장의 14세기 십자군 종군가 마리노 사누토 지도(Map of Marino Sanudo).
- 프로렌스 라우렌티아나 도서관(Laurentianna Library of Florence, Biblioteca Medicea Laurenziana)의 예루살렘 지도(14세기).
- 독일 뮌헨 박물관(State Library in Munich)에 소장된 15세기 후반에 제작된 세발트 리터(Sebald Rieter)의 지도.

- 1472년에 휴고 콤미넬리(Hogo Comminelli)의 프톨레마이오스『지리학』라틴어 번역본과 두 개의 필사본(프랑스어와 로마어)에 포함된 페트루스 마사리우스(Petrus Massarius)가 그린 삽화에 등장하는 지도.

파리 국립도서관의 예루살렘 지도(14세기 초)

파리 국립도서관의 14세기 초 예루살렘 지도는 원형 성벽에 5개의 성문이 좌우 상칭(相稱)을 이루고 있다〔지도 6〕. 주요 장소에 대한 묘사는, 대부분 동시대의 다른 지도에서와 마찬가지로, 다윗 문(Porta David, 오늘날 욥바 문), 성묘교회(Sepulchrum Domini), 솔로몬 성전(Templum Salomonis, 오늘의 엘-악사 사원), 기드론 골짜기(Brook Kidron) 등이 등장한다.

다른 지도에서는 잘 등장하지 않는 솔로몬 성전 안에 있는 돌(Lapis)이 나타나는데, 이는 오마르 사원(일명 '바위 돔 사원')의 중앙에 위치한 바위로서 아브라함이 자기의 아들 이삭을 제물로 바치던 곳이라는 전승에 기초한 것으로 보인다. 또, 지도 주위에 라틴어로 쓴 헌사에는 성서시대에서 1099년 고드프리 드 부용(Godfrey de Bouillon) 치하의 십자군 시대에 이르는 예루살렘의 역사를 상세하게 기술하고 있다. 내용을 옮기면 아래와 같다.32)

거룩한 도시, 예루살렘의 동쪽 입구는 여호사밧 골짜기의 문이라 불리는데, 근처 골짜기 이름에서 따온 것이다.
(페르시아의) 아닥사스다 때의 에스라와 느헤미야가 전하는 이야기에 따르면, 성전 재건은 칼을 찬 노동자들이 한 손으로는 싸움을 하고 다

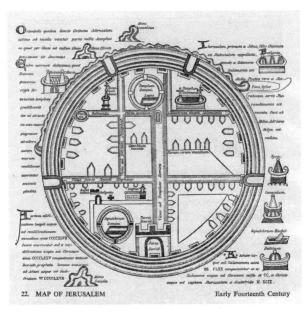

〔지도 6〕 *Jerusalem*, Bibliothèque Nationale, Paris(14세기 초)

른 손으로는 건설을 한 결과였다.

첫 번째 (솔로몬) 성전 건물이 지어진 때부터 재건까지는 447년이요,

재건에서 그리스도까지 475년이다. 이는 예언자 다니엘의 예언에 따

라 계산한 것이다. 아담에서부터 고프리까지 총 6467년이다.

예루살렘이라는 호칭은 가나안 사람 여부스 이후 불렸는데, 솔로몬 이

후에는 솔로모니아(Solomonia)라 이름했다. (솔로몬의) 종 여로보암

이후에는 예루솔리모니아(Jerosolimonia)라 불렸고, 하드리안 이후

에는 헬야(Helya)라 불렸다.

아담에서 솔로몬까지 4170년이요, 솔로몬에서 그리스도까지 1200년

이요, 그리스도에서 고프리가 예루살렘을 점령한 때까지 1099년이다.

사누토의 지도(1321년)

사누토(Marino Sanuto, 혹 Sanudo the Elder of Torcello, c.1260~1338년)는 베니스의 귀족 가문 출신으로 마리노 십자군이 팔레스타인에서 패주(敗走)한 지 20년이 지난 1310년에 성지로 향하는 배에 승선한다. 이는 당시 유럽의 기독교인들, 특히 무슬림의 손에서 성지를 해방하고자 새로운 십자군 운동에 고무된 교황과 통치자들에게 용기를 준다. 그는 레반트의 여러 지방

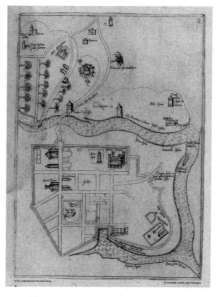

〔지도 7〕 Marino Sanudo, *Jerusalem*, 1321, Library of British Museum

을 두루 여행하면서 십자군의 성지가 무슬림에게서 재탈환되기를 기대하면서 성지의 상황을 두루 살피고 돌아왔다.

1321년 교황 요한 21세와 유럽의 통치자들에게 헌정한 그의 작품 「십자가를 믿는 이들을 위한 비밀서」(*Liber Secretorum Fidelium Crucis*)에는 모두 4장의 지도를 담고 있는데, 성지 지도와 동(東) 지중해 지도, 악고33)와 예루살렘 지도가 각각 그것이다〔지도 7〕. 지도는 제노아 사람 도안공 피에트로 베스콘테(Pietro Vesconte)가 제작했는데, 포르투갈 사람들의 항해 지도 형태로 작성한 것으로 알려졌다.34)

남쪽을 지도의 위쪽에 배치한 사누토의 예루살렘 지도는 사실적인 형태로 도시와 올리브 산—여기에는 올리브 나무들이 빼곡하다—을 그

려 넣었는데, 몇몇 부분은 과장해서 그렸다.

예를 들면 기드론 골짜기나 힌놈 골짜기는 마치 큰 강처럼 그렸거나 골짜기로 둘러싸인 도시의 성곽은 그가 도시를 방문하기 100년 전인 1219년에 이슬람 아유비드 왕국에 의해 파괴되었음에도 불구하고 잘 보존되어 있는 것처럼 그렸다. 또한 사누토의 지도에는 시온 산이 성 안쪽에 있으나, 십자군 시대에 시온 산은 이미 성 밖으로 밀려나 있었다.

이처럼 사누토가 유럽의 기독교인들에게 보여주고자 했던 예루살렘은 아직은 대부분이 멀쩡했다. 아직 건재한 예루살렘 이미지를 통해 기독교 세계가 관심 가질 만한 곳임을 일깨우려 했던 것이리라.[35]

사누토의 예루살렘 지도에는 서쪽 성벽 안쪽에 다윗의 탑이 보이고, 위쪽으로 최후의 만찬소(Cenaculum)가 있다. 도시 중앙에는 전형적인 성묘교회가 그려져 있고, 그 밑에는 '주의 무덤'(Sepulcrum Domini)과 '골고다'(Calvaria)라는 글씨가 새겨져 있다. 성묘교회 동쪽으로는 다마스쿠스 문으로 통하는 도로가 하나 있고, 다른 쪽으로 사자 문으로 통하는 길, 즉 비아 돌로로사(Via Dolorosa)가 있는데 그 옆으로 처녀 마리아교회(Pasmus [sic] Virginis)와 안나의 집(Domus Anne)이 있다. 길을 따라 더 내려가면 베데스다 연못이 나온다.

성전 산에는 건축물 두 개가 보이는데, 정사각형 탑 건물에는 Area Templi라는 이름이, 4개의 탑으로 둘러싼 사각형 건물에는 Domus Salomonis라는 이름이 각각 새겨져 있다. 아마도 바위 돔과 엘-악사 사원을 그린 것 같은데, 건물의 모양은 전혀 닮지 않았다.

프로렌스 라우렌티아나 도서관의 예루살렘 지도(14세기)

프로렌스 라우렌티아나 도서관(Laurentianna Library of Florence, Biblioteca Medicea Laurenziana)의 14세기 지도에는 예루살렘이 성문과 탑으로 둘러싸여 있다. 지도 하단에 가장 크게 그려진 곳이 다윗 탑으로 견고하게 방어가 된 다윗 문(Porta David)이다.

왼편에는 정의의 문(Porta Judiciara)이 나 있는데, 중세 기독교 전승에 따르면 로마시대 예수를 성 밖으로 끌고 나가 십자가에 처형한 문이다. 정의의 문 왼쪽으로 투리 네불로사(Turris nebulosa)라 칭하는 탑이 보이는데, 이는 세겜(Shechem)의 아랍어 명칭인 나블루스(Nablus)를 지칭한다. 나블루스 탑 근처에 스테반의 문(Porta beati Stephani)이 있는데, 스테반이 이 성문으로 끌려가 순교한 장소라 여겨지는 곳이다.

신약성서에 나오는 여러 개의 성문이 동쪽 성벽에 라틴어로 새겨져 있다. 구석 문(Porta anguli), 분문(糞門, Porta sterquilinii), 양문(羊門, Porta gregis), 미문(美門, Porta speciosa) 등이 그것들이다. 오마르 이슬람 사원이 도시 안에 그려져 있는데, 십자군이 부르는 식(Templum Domini: '주의 성전')으로 표기되어 있다. 그 옆으로 양의 연못(Probatica Piscina)과 빌라도의 궁(Palacium Pilati), 성묘교회(Sepulcrum Domini)가 있다.

오늘날 시온 산 근처에는 가야바의 집(Domus Cayfe)과 마리아의 집(Domus St. Marie)이 있다. 기독교 전승에 따르면 예수의 어머니 마리아가 영면한 곳이다. 그 옆에 최후의 만찬을 한 다락방(Coenaculum)이 나온다. 오늘날에는 성벽 밖으로 밀려나 있는 시온 산이 14세기에는 성 안쪽에 자리 잡은 것을 볼 수 있다.[36]

르네상스 이후의 성지 지도

르네상스의 도래와 새로운 지리적 발견은 예전에 알고 있던 세계에 대한 개념과 인식을 크게 바꿔나갔다.[37] 그와 더불어 17세기 인쇄술이 발달하면서 새로운 기법의 보다 많은 지도가 교육 등 여러 가지 목적으로 제작되었다.

결국 근대 지정학적 개념에서 '성지'는 사라지고[38] 점차 예루살렘 중심적 세계지도의 제작은 쇠퇴했다. 하지만 15세기 후반 예루살렘 지도가 처음으로 목판 인쇄되기 시작한 이래 18세기 후반까지 적어도 300여 개의 예루살렘 지도가 제작되고 인쇄되었다.[39]

인쇄술의 출현으로 수많은 책을 찍어냈는데 가장 대표적인 출판물이 성서였다. 다량 인쇄된 성서는 오랫동안 수도원에서 힘들게 제작되던 기존의 희귀한 필사본 성서를 점진적으로 대체하기 시작한다. 그와 더불어 성서 이해를 위해 좀 더 풍부한 지식과 생각을 담은 성서 혹은 성지에 관한 책들이 속속 출간되면서 책 속에 지도나 삽화를 넣기도 했고 독립적으로 낱장에 인쇄하기도 했다.[40]

이는 교육을 통한 지적 신장과 함께 성서 이해에 대한 틀―여기에는 종교개혁 이후 가톨릭과 개신교 사이의 성서주석 논쟁이 크게 작용한다―을 혁신적으로 바꾸어놓는 계기가 되었다.[41]

1456년과 1462년 각각 두 번에 걸쳐 성지 순례를 한 옥스퍼드 대학의 영국인 윌리엄 웨이가 쓴 책 *The Itineraries of William Wey, Fellow of Eton College, to Jerusalem, AD 1458 and AD 1462*와 1483년 독일 여행가 베른하르트 폰 브레이덴바흐(Bernhard von Breidenbach)의 『무슬림-마멜룩 통치하의 성지 연구서』는 지도와 삽화가 포함된 이 시

대 대표 저작물이라 할 수 있다. 또한, 팔레스타인이 오스만 제국 시대에 접어들던 16세기 몇몇 '도감'(圖鑑, atlas)이 처음으로 등장하는데, 첫 번째 도감으로는, 비록 오늘날의 정확한 지도 형태와는 거리가 멀어 보이지만, 1532년 독일인 야콥 치글러(Jacob Ziegler)가 제작·출판한 라틴어 편찬본 성지 지도 모음집이 있다.[42]

또 다른 대표적인 도감으로는 『*Atlas of Braun and Hogenberg*』[43]와 『*Atlad of Zaltieri and Ballino*』가 있다. 후자의 도감에는 예루살렘과 티베리아의 지도가 들어 있으며, 전자의 도감에는 석 장의 서로 다른 예루살렘 지도가 커다란 성지 지도의 가장자리에 끼어 있을 뿐이다.

그러나 이 시대 지도 제작의 양적 팽창과는 달리, 지도 수집물, 도감, 책 등에 담긴 예루살렘의 위치는 점차 특별한 지위에서 벗어나 일반화되어갔다.

15세기 말부터 18세기 후반까지 제작된 300여 개의 크고 작은, 단순하고 구체적인, 사실적이고 상상에 가까운 예루살렘 지도 중 일부에는 팔레스타인을 실제로 방문하여 그린 지도도 있다. 하지만 대부분은 여행자의 지도를 복사하거나 형태나 내용을 바꿔 모사한, 여전히 지리적인 현실을 고려치 않은 판타지적인 이미지의 지도였다.[44] 분명한 것은 예루살렘이 더 이상 세계의 중심에 위치하지 않는다는 사실이다.

16세기에 접어들면 프톨레마이오스의 지도와는 확연하게 구분되는 직선형-과학적인 지도가 등장하기 시작하는데, 예컨대 치글러의 지도에는 사해가 직선으로 가늘고 길게 그려져 있다. 이러한 새로운 유형의 지도는 과학지식의 확대, 탐험과 발견, 근대 지도 제작술 및 인쇄술의 발달과 더불어 왕성한 지적 호기심이 만든 합작품이다.

그러나 새로운 지도 제작 기술과 인식의 변화 속에서도 아직까지 예루살렘을 '영원한 도시'(Eternal City)나 '영광스러운 기독교인의 도시' (glorious Christian city)로 묘사하려는 종교적 욕구와 전통은 여전히 살아 있었다.

결국 기독교 세계에서 지도를 통해 나타내 보여주고자 했던 것은 바로 성서의 모든 이야기와 역사를 지리적 상황과 일치시키는 것이었다. 지도를 통해 독자들에게 성서의 역사(이야기)가 얼마나 지리적 사실과 정확히 일치하고 있는가를 나타내 보여줌으로써 신앙심을 고취시켜나 가려 했던 것이다.

그런 이유로 1590년대 이후부터 점차 지도는 '시각예술'로서의 '판타지'와 역사-지리적인 사실 사이에서 어느 정도의 균형을 맞추기 시작한다. 그러나 이 모두는 당시의 성서 해석 방법과 결코 구분될 수 없는 것임을 말해주는 한에서 그럴 뿐이다.[45] 예루살렘 옛 지도는 그 자체가 당시의 성서 해석의 결과물이었다.

이 시대 제작된 대부분의 예루살렘 지도는 상당수가 작자 미상(作者未詳)일 뿐만 아니라 제작 연도가 불분명하고, 동시대의 모습을 관심 갖고 그린 것들이 아니다. 그렇기에 300여 개가 넘는 예루살렘 지도를 유형별로 분류하기가 까다롭다.[46] 또, 상당수의 지도가 하나의 원본지도의 모양과 내용을 다양한 방식으로 수정·복사하는 방식으로 그려졌기 때문에 지도들을 분류를 할 때 매우 복잡한 지도계보학적 관계를 고려해야 한다.[47]

그러나 공통적으로 발견되는 몇몇 특징을 살펴보자. 먼저, 상당수 지도가 과거 중세 지도와는 반대로 정면이 서쪽을 향하도록 배치하고 있다. 이는 올리브 산(동쪽)에서 예루살렘을 조망하는 방식이 성전 산을 비롯한 도시 전체를 가장 잘 볼 수 있는 곳이라는 현실적인 조건을

반영한 것인 듯하다. 또 다른 변화 중에서 주목할 만한 것은 바로 입체
감이다. 이는 기존의 평면화에서 벗어나 공중에서 내려다본 파노라마
형태로 지도를 그렸기 때문이다.

지도 분류상 이 시대의 예루살렘 지도는 대체로 역사-상상 지도와
사실적인 지도로 구분된다. 전자는 주로 '성서의 예루살렘' 혹은 '예수
시대의 예루살렘'을 보여주고자 했다. 후자에는 주로 '예루살렘: 고대와
현대' 혹은 '우리 시대의 예루살렘'이라는 제목을 붙였다.

어떤 경우에는 '고대 예루살렘'과 '현대 예루살렘'을 각각 따로 그려
나란히 배치하기도 했다. 그러나 두 범주의 지도 모두 기독교 신앙의
메시지가 예술 삽화로 덧입혀진 지리 정보를 담고 있는 것은 분명하다.

이러한 지도는, 성지가 '이교도' 무슬림의 지배하에 있는 동안에 유
럽 기독교인들을 위해 기독교인에 의해 제작된 만큼, 그들의 처지와 상
황이 예루살렘 지도를 각각 이상과 현실을 따라 구분하여 그리도록 한
것이 아닌가 사료된다.[48]

전자의 범주에 속하는 대표적 지도로는 야콥 치글러(Jacob Ziegler,
1532년), 라이스너(Danny Reisner, 1563년), 아드리콤(Christian van Adri-
chom, 1584년), 빌랄판도(Juan Bautiste Villalpando, 1604년) 등이 있다.

후자의 범주에 속하는 지도로는 폰 브레이덴바흐(Bernhard von
Breydenbach, 1486년), 보쿨루스(Hermanus von Borculus, 1538년), 드
앙겔리스(Antonio De Angelis, 1578년), 쿠아레스미우스(Francisco Qua-
resmius, 1639년),[49] 메리앙(Matthaeus Merian, 1645년) 등이 있다. 두 범
주 모두를 담은 제3의 지도로는 라이크스틴(Peter Laicksteen, 1556년)
이 있다. 이러한 형태의 다양한 지도 제작은 이후 수십 년간 지속된다.

역사-상상 지도

이 시기에 제작된 상상 지도는 주로 성서나 요세푸스의 기록 및 기타 역사자료에 근거하여 제작되었다. 그렇기에 언뜻 보기만 해도 예루살렘의 실제 지형과 별반 관련이 없을 뿐만 아니라 사실성이나 타당성, 정밀도나 신빙성이 현저하게 떨어진다. 15~18세기 제작된 상상 지도의 특징으로는 역사-지리학적 연구를 바탕으로 성묘교회에 대한 관심이 지대했다는 것과 더불어 그에 관한 지식과 이미지가 복사되어 당시 유럽 기독교 세계에 널리 유포되었다는 점을 꼽을 수 있다.

루카스 브랜디스의 지도(1475년)

루카스 브랜디스(Lucas Brandis, 1450~1500년) 지도(39.2×57.7cm)는 1475년 독일에서 두 쪽의 목판으로 인쇄되었으며, 최초의 '근대' 인쇄본 지도로 불린다[지도 8]. 그 당시 대부분의 지도가 고전시대의 프톨레마이오스 지도를 본떠 만든 것이었던 데 비해, 이 지도는 전형적인 중세 지도의 원형도형을 따르지 않았기 때문이다.

그러나 이 지도 또한 초기 지도의 두 가지 속성은 유지하고 있다. 즉 동쪽('오리엔트')의 위치를 꼭대기에 두었고, 예루살렘을 중앙에 배치했다. 대부분의 지리 정보는 200년 전 도미니크의 순례자 시온의 부르카르트(Burchard of Mt. Sion)의 잃어버린 필사본 지도에서 얻은 것으로 사료된다.

하늘에서 본 모양의 이 지도는 지형적인 특성이 비교적 사실적으로 잘 묘사되어 있으며, 도시와 지역이 양식화된 언덕에 그려져 있다. 올리브 산에서 바라본 둥근 성벽으로 둘러싼 예루살렘이 가장 돋보이게 잘 드러나 있다. 세 겹의 원형 벽으로 그려진 예루살렘의 첫 번째 바깥 원

〔지도 8〕Lucas Brandis, *Jerusalem*, 1475, Lübeck. The first printer map of the Holy Land(1)

에는 높은 성벽 주변의 5개의 탑문과 함께 매우 높고 큰 저택들이 자리 잡고 있다. 두 번째 안쪽 원에는 비교적 작은 집들이, 가장 가운데 원 안쪽에는 터무니없이 높은 종탑의 교회가 자리 잡고 있는데, 성묘교회를 묘사한 것인 듯하다.

지도에는 베들레헴이 예루살렘 근처에 자리하고 있으며, 이집트와 가자가 아래 오른쪽 구석에 있고, 욥바 항이 가운데 아래쪽에 있으며, 성곽도시 악고는 예루살렘 왼쪽으로 있고, 다마스쿠스는 위쪽 왼편에 놓여 있다. 오른쪽 아래에는 홍해에 빠져 있는 이집트인들이, 오른쪽 위에는 시내 산에서 받은 석판 십계명을 들고 있는 모세가 생경하게 그려져 있다. 그 외에도 사해 안에 들어 있는 소돔과 고모라, 예수의 세례, 십자가 처형 등이 묘사되어 있다. 지도 가장자리의 나침반 방향에 8개

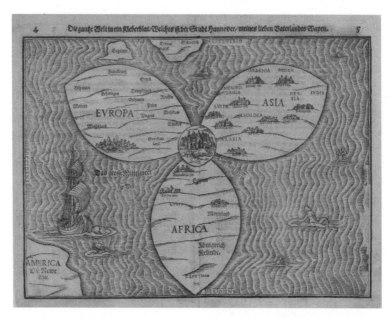

〔지도 9〕 H. Bünting, *Itinerarium et chronicon ecclesiasticum totuis sacrae scripturae*, 1585, Helmstadt

의 날개를 가진 '바람개비'가 표시되어 있다.

분팅그의 지도(1585년)

예루살렘을 세계의 중심으로 삼고 세 대륙(유럽, 아시아, 아프리카)이 세 잎 크로버 모양으로 펴져 있는 환상적인 세계지도(목판, 25.8×36.5Cm)는 1585년 분팅그(H. Bünting, 1545~1606년)가 출판한『성서의 세계』(*Itinerarium Sacrae Scripturae*)에 실려 있다〔지도 9〕.

분팅그는 전형적인 중세의 신학적-지리적 개념을 바탕으로 성서를 여행자를 위한 책으로 다시 쓰고자 했다. 그래서 오른쪽의 아시아 대륙에 메소포타미아, 페르시아, 메데, 갈대아, 아라비아, 시리아, 아르메니아와 함께 인도를 포함시켰다. 지도 왼쪽에는 유럽과 로마가, 아래쪽에는 희망봉과 더불어 아프리카를 위치시켰다.

판타지와 지리를 결합해 세계를 세 잎사귀로 표현한 이 세계지도에는 흥미롭게도 지도 하단 왼편 구석에 신대륙 아메리카(America - *Terra Nova*)가 등장한다. 콜럼버스가 아메리카 대륙에 도착한 것은 이 지도가 그려지기 약 100년 전(1495년)의 일이다.

신대륙과 더불어 위쪽에는 영국과 스칸디나비아(덴마크와 스웨덴)가 세 잎 대륙 바깥쪽 북해에 섬으로 그려져 있다. 홍해는 아시아와 아프리카를 나누고 있고, 지중해는 아프리카와 유럽 사이에 위치한다. 대륙을 감싸고 있는 대양에는 배가 떠다니고, 인어(人魚), 타이탄, 바다 괴물 등이 물 밖으로 몸을 드러내고 있다.

지도의 정중앙 둥근 원 안에 배치된 예루살렘은 견고한 성벽으로 둘러싸인 채로, 오늘날의 맨해튼처럼 고층 건물들(교회들)로 가득 채워져 있고, 성 바깥으로 나 있는 길을 따라가면 작은 언덕에 3개의 십자가가 놓여 있어 거기가 골고다 언덕임을 잘 보여준다.

오스만 투르크 제국(1517년) 이후 골고다 지역은 이미 성 안에 들어와 있었음에도, 이 지도에서는 여전히 이전의 전통을 지키고 있다. 이 지도는 세계의 중심으로서 고대 예루살렘 이미지가 서로 다른 시대에 걸쳐 얼마나 오랫동안 계속해서 제작되어 활용되었는지를 잘 보여주는 대표적인 예라 할 수 있다.

아드리콤의 지도(1590년)

1590년 팔레스타인 지역을 방문하고 돌아온 네덜란드 지도 제작자인

크리스찬 반 아드리콤(Christian van Adrichom, 1533~1585년)은 이전의 것들과 비교해서 매우 진일보한 나라와 수도를 새겨 넣은 성지 지도 모음집『Theatrum Terrae Sanctae』(1590년)를 출판했다. 동쪽을 지도의 위로 정치시킨 성지 지도에는 이스라엘 12지파 영토의 경계와 주요 산, 강, 바다 등이 표기되어 있다. 당시 지도 제작자들에게 가장 문제시되었던 사해가 최남단 끝에 위치하고 있고, 죄악으로 멸망한 5개의 도시는 사해 안에 그려져 있다.

이 지도는 의심할 나위 없이 100년 후인 1695년 암스테르담에서 유대인 아브라함 벤 야콥(Abraham bar Yaakov)이 제작한『유월절 하가다』장식에 등장하는 성지 지도에 고스란히 영향을 주었으며, 거기서는 라틴어 지명을 히브리어로 번역하여 실었다.50)

아드리콤의 예루살렘 지도(JERVSALEM et suburbia eius, sicut tempore Christi floruit..., 50.5×73.5Cm)는 동판 지도로 예루살렘이 기술된 소책자에 실려 있다[지도 10].51)

예루살렘이 동쪽을 향하고 있으며, 주변은 기드론 골짜기와 함께 강들로 둘러싸여 있다. 성곽으로 둘러싼 사각형 모양의 도시는 네 구역으로 나뉘어 있다. 가장 남쪽(지도의 오른편)이 '시온 산, 다윗 성, 윗 도시'(Upper City)이고, 왼편(북쪽)이 다시 두 개의 구역으로 나뉘어 한쪽은 '제2의 도시'(The Second City)요 다른 쪽은 '베세다'(Bezetha), 곧 '신도시'(New City)이다. 두 구역으로 나뉜 중앙에는 성전 구역과 도시의 중심이 동쪽을 향해 있다. 성 바깥에는 역사적 사건과 관련된 다양한 자연물의 모양을 비네트(vignette)—일종의 당초문(唐草紋) 같은 것으로 책의 속표지·장(章) 머리나 맨 끝의 장식 무늬를 일컫는다—형식으로 채워 넣었다.

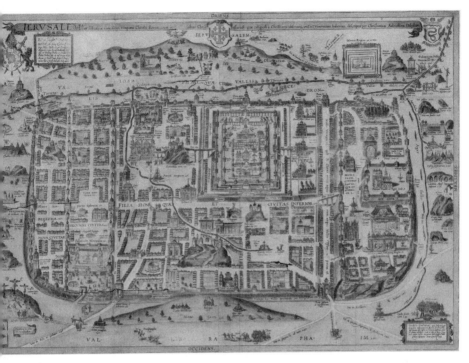

〔지도 10〕 Christian van Adrichom, *Jerusalem*, 1590, Köln

'역사-상상 지도'의 대표 작품인 라이스너의 그래픽 이미지를 본떠 만든 이 지도에는 280여 곳의 지명이 등장한다. 이는 구약성서와 신약 성서에 나오는 지명은 물론 요세푸스의 작품에 나오는 지명에 이르기 까지 총망라한 것이다. 게다가 당시 여러 성지 순례 관련 저자들의 작품 까지 참고하여 여러 시대에 걸친 백과사전적인 지리 정보를 소책자에 일일이 담고 있다.[52]

예컨대 시온 산에는 연대기적으로 구약시대의 성막과 다윗 왕의 왕 궁과 밧세바의 목욕탕과 더불어 그 옆에 신약시대의 대제사장 가야바의 법정과 예수의 최후의 만찬 장소까지 그려 넣었다. 심지어 솔로몬 왕의 대관식 그림을 16세기 유럽의 건축물처럼 생긴 피사의 탑(Pisano-rum Castrum)—이 용어는 십자군 시대 이후 서양 여행자들이 다윗 탑(David' Tower)을 피사의 탑과 비교하기 시작하면서 불린 이름으로 생각된다—옆에 배치했다.

이 지도에는 이슬람과 초승달을 비방하는 세밀화가 분명하게 나온다. 북치는 사람 두 명과 트럼펫 부는 사람 한 명을 대동한 유다의 왕이, 불 위에 앉아서 어린아이를 한 손에 들고 있는 우상숭배자 앞에 서 있다.

이 장면은 히브리 성서의 "오히려 그는 이스라엘의 왕들이 걸어간 길을 걸어갔고, 자기의 아들을 불로 지나가게 했다. 이것은, 주께서 이스라엘 자손이 보는 앞에서 쫓아내신 이방 민족의 역겨운 풍속을 본받은 행위였다"(열왕기하 16:3)라는 구절을 묘사한 것인 듯하다. 놀랍게도 우상숭배자가 앉아 있는 건물의 지붕 꼭대기에는 이슬람의 초승달이 그려져 있는데, 아드리콤은 초승달을 배교의 상징으로, 이슬람을 고대 우상숭배자의 후예와 동일시한 것으로 보인다.[53] 이처럼 이 지도는 여전히 지리지도라기보다는 텍스트-사료(史料)의 지적-이론적 혹은 종교적 해석에 더 가깝다 하겠다.

그럼에도 이 지도에서 흥미를 끄는 것으로는 예수가 재판 받아 십자가를 메고 걸어 처형당한 곳까지 가는 14처의 길(오늘날의 비아 돌로로사)가 그려져 있다는 사실이다. 아드리콤의 지도는 적어도 19세기 고고학적 발굴이 시작되기 이전까지 가장 권위 있는 예루살렘 안내서로 널리 알려져 있었다.

빌랄판도의 지도(1604년)

스페인 태생의 빌랄판도(Juan Bautiste Villalpando, 1552~1608년)는 네덜란드어로 된 에스겔서에 관한 커다란 책[54]을 로마에서 집필했다. 하지만 원본은 사라지고 100년이 더 지난 1727년에 어거스틴 안토니 깔메(Augustin Antoine Calmet)가 라틴어를 네덜란드어로 번역한 역사책에 수록한 덕분에 전해진다. 동판화로 제작된 예루살렘 컬러 지도(30.5×44.5Cm)는 17세기 초 묘영법(描影法)과 도형 기술을 이용하여 지형의 고저를 나타낸 대표적인 지도이다[지도 11].

그의 책 제3권에 들어 있는 예루살렘 지도(Vera Hierosolimae veteris imago)에는 아드리콤의 지도에서와 마찬가지로, 건물과 기념물, 여러 자료에서 온 지명들이 이미지 형태로 그려져 있다. 창세기 14장과 18장에 언급된 '멜기세덱의 도시 살렘'이 기원전 10세기 다윗의 도시와 나란히 묘사되고, 그 외에 1세기 로마시대의 지명들이 함께 등장한다. 이 지도에서 가장 중요한 것은 가능한 한 모든 백과사전적 정보를 지도에 넣되, 모르는 사실들은 지도에 그려 넣지 않았다는 것이다.[55]

한쪽(구예루살렘)에는 상상력에 근거한 예루살렘을, 다른 한쪽(성 밖의 신시가지)에는 사실 근거한 예루살렘을 동시에 그린 매우 독특한 형식을 갖추고 있다. 이 지도 제작자는 객관적이고 사실적인 정보와 함께 이상적이고 신앙적인 이념을 동시에 견지하고자 했으며, 지도를 이 둘 사이의 매개수단으로 여겼던 것이다.[56]

또한 이 지도는 북쪽을 지도의 위쪽에 배치함으로써 이전의 동쪽 상위 배치 형식을 파괴했으며, 바둑판 모양의 줄(등고선의 초기 형태)을 그려 높낮이를 표현했다. 구예루살렘과 신예루살렘을 구분하여 그렸는데, 두 지역을 각각 성벽과 채식 방식으로 구분했다. 남쪽(지도의 아래

〔지도 11〕 Juan Bautista Villalpando, *Vera Hierosolymae veteris imago* (A description of Old Jerusalem), 1604, Roma

부분)의 예루살렘 성전은 사각형 모양의 건물로써 다시 내부 성벽으로 둘러쳐 있고, 성전 건물을 제외하고는 구도시 내에 대부분의 교회나 건물은 생략해 빈 공간으로 남겨두었다.

사실적인 지도

'사실적인'이라 규정할 만한 지도들은 동시대의 예루살렘을 비교적 사실적으로 묘사한 것들을 지칭한다. 여행자들이나 성지 순례자들이 자신이 본 사실에 입각하여 도시의 인상을 그린 지도가 있고, 어떤 지도는 예루살렘에는 가보지 못한 자들이 목격자들이 그린 지도를 본떠서 모사한 경우도 있다. '사실적인' 지도라 여기는 것들도 지도의 내용을 분석해보면 만든 이가 지도에 넣고 뺀 것들의 기준이 다분히 종교적 이데올로기에 의한 것임을 알 수 있다.[57]

그들이 보여주고자 한 예루살렘은 성지로서의 '거룩한 도시'이며, 목적상 예수의 발자취를 좇아 걷는 순례자들을 위해 제작한 것이기 때문에 그러한 방식으로 제작할 수밖에 없었다. 순례자를 위한 지도는 주로 14세기 초중반에 창설된 프란시스코의 '성지 관리자' 수도사들이 고안했는데, 교황에게서 임무를 부여받은 그들은 성지를 지키고, 순례자들을 안내하고 보호하며, 성지의 관심사들을 방어하는 일을 주로 맡았다.

브레이덴바흐의 지도(1486년)

1483년 성지 순례를 마치고 돌아온 브레이덴바흐는 나일 강에서부터 시나이, 메카, 알렉산드리아, 베이루트, 다마스쿠스까지 이르는 성지 지도를 자신의 책『Peregrinatio in Terram Sanctam』(Mainz, 1486)에 삽입하여 출판했다. 이는 최초의 인쇄본 지도이다.[58] 삽화를 닮은 지도는 함께 여행했던 에르하르트 루비히(Erhard Reuwich)가 그렸다. 책의 한복판에 예루살렘 지도와 함께 끼워 넣은 좁고 길게 인쇄된 지도는 전체적으로 동쪽을 향하고 있으나, 예루살렘을 올리브 산(동쪽) 정상에서 내려다본 형태로 그렸기 때문에 전체와는 180도 방향이 틀어져 있다. 성묘교회의 앞면은 남쪽을 향하고 있지만, 교회의 이미지를 90도 각도를 틀어놓아 보는 이의 눈에서는 동쪽이 되도록 했다(지도 12).

이 지도는 교회로부터 권위를 인정받아 예루살렘을 보지 않은 여러 예술가에 의해 여러 언어로 자주 복사되곤 했다. 성전 산이 예루살렘의

〔지도 12〕 Bernhard von Breydenbach, *Peregrinatio in Terram Sanctam*, 1486, Mainz

1/8가량을 차지하고 있는데, 가장 화려하게 장식된 건축물인 이슬람의
바위 돔이 중앙에 놓여 있다. 피에르(De Pierre, 1728년)처럼, 몇몇 기독
교 지도 제작자는 "솔로몬의 성전. 지금은 모스크" 같은 문구를 새겨 넣
음으로써 바위 돔이 이슬람의 소유임을 인정하면서도 기독교 성지로서
의 의미를 동시에 강조하고 있다는 것을 알 수 있다.

하트만 쉐델의 지도(1493년)

최초의 목판 인쇄본 예루살렘 지도는 지도계보학상 보쿨루스의 지도59)
를 본뜬 것이다. 1493년 독일인 하트만 쉐델(Hartmann Schedel, 1440
~1514년)이 제작했다〔지도 13〕. 일명 뉘른베르크 역대기(Nüremberg
Chronicle)라 불리는 그의 책 『*Liber chronicarum*』에는 1,800여 개의
목판 삽화 및 지도가 인쇄되었는데, 천지창조로부터 책이 출간될 때까
지의 세계사가 연대기적으로 총망라되어 있다.

　15세기 인쇄물로는 가장 중요한 구텐베르크 성서 이후, 삽화와 지
도가 들어 있는 가장 기념비적인 인쇄물로 꼽힌다. 목판은 미카엘 볼게
무트(Michael Wohlgemut)가 작업했다. 이때 알브리히트 뒤러(Albrecht

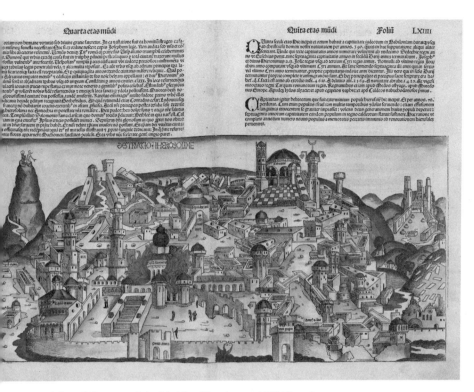

DESTRVCCIO·IHEROSOLIME

[지도 13] Hartmann Schedel, *Liber Chronicarum*, 1493, Nüremberg

Dürer)가 견습생으로 판화 제작에 참여했다. 뉘른베르크에서 제작된 파노라마 형식의 이 예루살렘 지도(Hierosolima)는 크기가 비교적 작으며(19.0×22.3Cm) 성곽으로 둘러싸인 예루살렘의 대부분은 솔로몬 성전(Templum Salomonis)으로 채워져 있다.

'예루살렘의 멸망'(*Destruccio Iherosolime*)이라는 제목이 붙은 지도에서 볼 수 있는 흥미로운 것은 지붕 꼭대기에 초승달이 달린 이슬람 사원 건물(바위 돔)이 화염에 둘러싸여 있는 형상이다. 이는 기원후 70

년 로마에 의해 불타는 유대인의 예루살렘 성전을 나타내는 듯하다. 성벽도 군데군데 파괴되어 있다. 옆 건물까지 화염에 휩싸이고 있는데, 아마도 엘-악사 사원인 듯하다. 아마도 무슬림의 거룩한 건물이 언젠가는 유대인의 예루살렘 성전처럼 파괴될 것이며, 이는 교회가 유대인 성전과 이슬람 사원 모두를 무너뜨릴 것이라는 메시지를 암시적으로 담고 있는 것 같다.

그러나 쉐델도 지도에서 이슬람 사원을 교회보다 더 높게 그려 넣음으로써 당시 무슬림의 힘이 예루살렘에 더 강하게 작용하고 있음을 인정하고 있다.60) 또한 12세기 십자군 시대 이후 피사(Pisa)의 문이라 불리는 다윗 문을 비롯하여 6개의 성문 이름을 각각 새겨 넣었다.

앙겔리스의 지도(1578년)

1570년대 예루살렘에 와서 8년간 봉사한 프란시스코회 탁발수사였던 앙겔리스는 1578년 로마에 돌아온 이후 대형(260×140Cm) 예루살렘 사실 지도를 매우 세부적으로 그렸다.61) 매우 갈채를 받았던 이 지도는 여러 번 복사되었으나 전해지는 게 없었다. 그렇게 사라진 줄 알았던 지도가 1983년 뉴욕 시에서 발견되어 출판되면서 다시 빛을 본다.62)

동쪽을 향하고 있는 예루살렘 지도는 동판으로 인쇄되었는데, 프란시스코 수도회의 추기경 알카티(Alchatti)에게 헌정된 것이다. 동쪽으로는 기드론 골짜기, 북쪽으로는 왕들의 무덤과 무슬림 무덤, 서쪽으로는 유대 광야, 남쪽으로는 헤브론과 유대 광야가 보인다(지도 14).

세부적으로 묘사된 도시는 성곽으로 둘러싸여 있고 성전 산, 종탑, 성묘교회가 거리와 시장과 어울려 그려져 있다. 지도의 오른쪽에 약 90여 개의 장소를 목록을 만들어 표기했는데, 그중 78개가 기독교 성지와

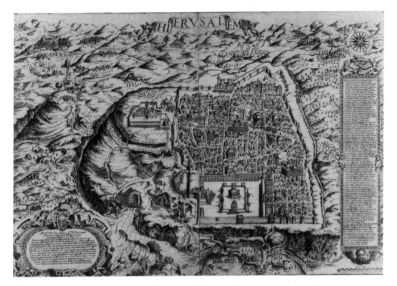

[지도 14] Antonio de Angelis, *Hierusalem*, 1578, Roma

관련된 곳이다. 성벽이나 성문, 거리 이름 등과 같은 도시 일상에 관해서는 12곳만 표시했다.[63]

프란시스코회 수사였던 앙겔리스가 기독교 성지를 강조한 것은 이해된다. 하지만 지도 제작자로서 무슬림과 관련한 도시의 실제 모습을 본 대로 그려 넣는 데는 어려움이 있었을 것이다. 이슬람 사원에 초승달을 그려 넣은 그가 기독교 교회에는 십자가를 새겨 넣지 않았는데, 유독 한 개의 십자가만을 엘-악사 사원 근처에 새겨 넣었다.

이 시대 기독교인들은 성전 산에 올라갈 수 없었으며 예루살렘에서 가장 중요한 엘-악사 사원에 십자가가 올라가 있다는 것은 상상조차 할 수 없는 일이었다. 그가 십자군 시대에는 이슬람 사원에 황금 십자가가 달려 있었다는 것을 상기시키고자 했을지도 모를 일이다.

상상-사실 결합 지도

제3의 형식이라 할 수 있는 이 지도는 상상 지도와 사실 지도를 결합한 형태이다. 고대 예루살렘 지도는 이미지 지도로, 현대 예루살렘 지도는 사실 지도 형식으로 따로 그려 같은 곳에 쌍으로 배치한 특성을 갖고 있다. 도시의 과거와 현재를 동시에 혹은 각각 보여줌으로써 성서시대와 동시대의 모습을 비교할 수 있도록 한다는 점이 매우 독특하다.

라이크스틴의 지도(1556년)

제3의 형태를 띤 지도로는 라이크스틴(Peter Laicksteen)의 지도(22.0×27.0Cm)를 들 수 있다. 1556년 성지를 방문하고 지리적 영감을 얻어 돌아온 그는 자신의 동료 크리스천 스그로스(Christian Sgroth)와 함께 진일보한 성지 지도를 제작한다.

이 지도는 16세기 스페인 왕궁으로부터 몇 손가락 안에 꼽히는 보물 지도로 평가 받았다. 모양뿐만 아니라 내용이 서로 다른 한 쌍의 예루살렘 그림 지도를 그렸는데, 하나는 '고대 예루살렘 지도'(Antiquae Urbis)이고, 다른 하나는 '현대 예루살렘 지도'(Nova Urbis Hierosolymitana)였다.

매우 드문 형태의 이 지도는 현재 원본은 사라지고 브라운과 호겐베르크(Braun and Hogenberg), 드 조드(De Jode), 아리아스 몽타누스(Arias Montanus), 빌랄판도 등 후대의 복사본만 전해진다. 매우 정교하게 그렸으나 예루살렘 실제 모습과는 동떨어져 있다(지도 15).

구예루살렘 지도에는 성벽과 기타 건축물들이 보이는데, 역사가 요세푸스에게서 정보를 얻어온 것으로써 살렘 왕 멜기세덱 시대로부터 예수의 십자가 처형까지를 그려 넣었다.

〔지도 15〕 Peter Laicksteen, 1556, Gerard de Jode, *Antiquae Urbis Hierosolymorum topo-graphica*, 1571, Antwerp

　특히 고난주간의 마지막 한 주간의 사건들—종려주일의 예루살렘 입성에서부터 십자가 처형까지—이 강조되었다. 이 지도가 '십자가 처형의 예루살렘'이라 불리는 것은 이 때문이다. 이미지로 처리된 현대 예루살렘 지도에는 세부적인 묘사가 거의 없는데, 유난히 초승달이 표시된 이슬람 사원이 강조되어 나온다.

과학적인 표준지도의 출현

새로운 장르로서 '과학적인' 표준(측량)지도는 결코 진공 상태에서 출현한 것이 아니었다. 그것은 과학의 발달, 성행하는 여행, 근대 지도 제작술의 도입 등과 밀접하게 연관된 것이었다.[64]

지금까지의 지도가 지리적 정보와 이데올로기적(신앙적) 메시지를 예술적인 삽화 형식을 통해 전달하고자 한 그림에 가까운 것이었다면, 16세기 후반에 들어서 예루살렘 지도는 덜 그림적이며 좀 더 선형적이고 과학적인 형태로 나타나기 시작한다. 그러한 변화는 긴 기간에 걸쳐 서서히 진행된 것이며, 변화 과정 초기에 그림 지도가 완전히 사라지거나 제작·배포가 감소한 것도 아니었다.

흥미롭게도 이 시기 예루살렘 지도 작성에서 그러한 변화 추이가 뚜렷하게 드러난다. 즉, 새로운 경향을 띤 근대 지도와 아직 그림적이며 예술적이며 이미지적인 지도 사이의 격차가 분명하다는 것이다. 이러한 혁신적인 형태의 지도는, 지도가 담고 있는 내용은 여전히 보수적인 데 비해서, 그래픽 형태에서 분명히 새로운 경향의 시작을 알리고 있다.

지도의 내용을 분석해보면 대체로 기독교 성지 순례자들이 관심 갖는 내용을 전달하고자 했으며, 종교적 관점에서 장소들을 기술하거나 드물게나마 성지의 풍습과 일상생활을 담고 있다. 그러나 예루살렘 지도가 형태적으로 그림 지도에서 '과학적인' 지도로 전환되고 있다는 것이 분명한데, 여기에는 몇 가지 중요한 특성이 발견된다.[65]

첫째, 여전히 그림적인 요소를 사용하면서도 특히 부호나 숫자 같은 상징을 건물이나 장소에 부여하고, 지도의 여백에 그 목록을 나열하여 일목요연하게 표기하는 방식을 택하고 있다는 점이 특징으로 나타난다. 이러한 방법은 지도에 사람이나 동물 등의 그림이나 장식물 삽입을 뚜렷하게 감소시켰다.

둘째, 일반적으로 올리브 산에서 예루살렘을 조망하는 수평식으로 도시를 그린 파노라마식 그림에서 수직식 공중 촬영 방식으로 전환되는 경향이 뚜렷하다. 이러한 변화는 과거 실물 크기와 상관없이 중요하다고 여기는 것들을 지나치게 과장하여 그린 것과는 대조적으로 건물이나 장소를 실제에 어울리도록 최소화하는 방향으로 점차 바뀌게 만들었다.

셋째, 지형의 윤곽을 더욱 구체적으로 묘사할 수 있는 기술적 발전이 두드러진다.66) 도시의 거리나 건물은 새로운 지도 작성법을 사용하여 간략하게 윤곽을 선으로 표시하고, 도시의 주변은 기존의 예술적인 방식을 유지한 채 복잡한 내용을 그림으로 구성한다. 18세기에 들어와서 비로소 묘영법(描影法)이나 선영법(線影法)을 도입하여 지형의 윤곽을 표현했고, 19세기 중반에 이르러서야 등고선이 예루살렘 지도 제작에 처음으로 사용된다.67)

넷째, 지도의 방향 변화 경향이 뚜렷하다. 전통적인 중세지도가 동쪽을 향하고 있거나 올리브 산 꼭대기에서 바라보는 형식, 즉 동쪽에서 서쪽을 바라보는 방식을 띠고 있는 데 비해서, 이 시대에 제작된 과학적인 예루살렘 지도는 지도의 위가 북쪽을 향하고 있는 것들의 빈도수가 훨씬 높아진다.

다섯째, 19세기 예루살렘 지도는 정확한 측량과 측정에 기초한 지도로 변한다. 최초의 측량지도 발행 이전에도 그러한 노력을 엿볼 수 있다. 스케일에 유의하고, 북쪽을 향하며, 나침반의 지침면이 등장하고, 지도의 여백에 지명이나 건물 목록이 나타나는 등의 특징을 보여준다.

이러한 다섯 가지 특징을 이 시기의 모든 예루살렘 지도에 적용할 수는 없으나 소위 이러한 '새로운 과학적 경향'이 예루살렘 지도에서 뚜렷하게 보이고 있는 것을 부인하기는 어렵다. 이런 변화의 과정은 16세기부터 18세기에서 점진적으로 보이기 시작하다가 19세기 초반에 들어서면서 거리, 높이, 방향 등 정확한 측량에 바탕을 둔 예루살렘 지도 제작이 폭넓게 퍼져나간다.

한편, 16~17세기에는 예루살렘 지도 가운데 상당수가 이탈리아에서 제작·인쇄되었는데,68) 17~18세기에 들어와서는 대부분의 지도가 상대적으로 인쇄술이 발달한 프랑스나 영국에서 만들어진다.

이 시대의 대표적인 지도 제작자들로는 다음을 꼽을 수 있다. 주알라르도(Giovanni Zuallardo), 헤이스(Louis des Hayes), 두브단(Jean Doubdan), 노린(Jean Baptiste Nolin), 포코크(Richard Pococke), 당빌(Jean Baptiste Bourguignon d'Anville) 등.

주알라르도의 지도(1587년)

1586년 예루살렘을 방문하고 성지를 두루 여행하고 돌아온 플랑드르 출신의 주알라르도는 이듬해 예루살렘 지도를 넣은 책 『Il Devotissimo Viaggio Di Gerusalemme』(1587년)을 출간한다.69) 그는 예루살렘을 방문하여 여러 곳을 직접 돌아보았지만 그의 지도에는 사실상 앙겔리스의 예루살렘 지도의 영향을 받은 흔적이 많이 남아 있다. 그러나 예술적인 성분은 과감히 줄이고 과학적인 접근방식을 적용한 지도로 초기의 작품으로 평가된다. 장소나 건물에 번호를 새겨 넣고, 지도 하단에 여백을 이용하여 목록을 작성하여 써넣은 최초의 지도다[지도 16].

책 제목이나 전통적인 지명들을 주로 넣은 지도의 내용 면에서 볼

[지도 16] Giovanni Zuallardo,
Hierusalem, 1587, Roma

때, 그가 성지에 대한 종교적인 열망을 여전히 품은 기독교 성지 순례자 중 하나였음을 알 수 있다. 지도에 표시된 번호의 순서로 볼 때, 순례자들의 일정에 맞춰 동선을 그린 것으로 보인다. 그러나 새로운 형태와 디자인을 지도 제작에 처음으로 도입함으로써 동시대의 변화를 주도적으로 수용하고 있다는 것을 잘 보여준다.

헤이스의 지도(1624년)

프랑스 루이 13세의 왕실 외교관으로 봉직한 헤이스는 1621년 프란시스코회 수도사와 아르메니아 수도사들 사이의 마찰 문제를 해결하기 위한 외교 활동의 일환으로 레반트 지역을 여행하고 돌아와 1624년 파리에서 여행 소감을 적은 책 『*Voiage de Levant, fait par le commandement de Roy en l'année*』(1624년)을 출간한다.[70] 그의 책에 포함된 예루살렘 지도는 최초의 수직식 공중 촬영 방식 지도로 알려져 있다.

도시 묘사나 도시 바깥의 지형 묘사에 초기 선형법을 적용한 근대적인 지도다. 그러나 스케일 등 과학기술을 아직까지 도입하지는 않고 있다.

더구나 수직식 지도로서의 혁신적인 변화를 보여주고 있음에도, 그의 지도는 여전히 당시의 그림식 지도의 전통 방식인 동쪽을 향하고 있으며, 지도의 내용에서도 당시의 이슬람 건축물이나 무슬림의 일상생활의 모습은 대부분 생략한 채로 올리브 산이나 겟세마네, 비아 돌로로사 등 주요 기독교 성지에 초점을 맞추고 있어 유럽의 기독교 성지 순례자들을 의식한 것이 분명하다. 성전 산 구역의 경우 오스만-무슬림의 예루살렘은 전적으로 배제한 채 성전 산은 'Parvis du Temple'(성전구역)으로, 바위 돔 사원은 중세식 이름인 'Temple de Salomon'(솔로몬의 성전)으로, 엘-악사 사원은 'Temple de la presentetion (sic) de N. Dame'으로 각각 이름을 붙였다.

토마스 풀러 —『팔레스타인의 비스가 조망』(1650년)

비록 성지 순례의 열풍을 경험하지 못했으나 성지 연구로 열정을 불태웠던 영국의 수도사 토마스 풀러(Thomas Fuller)는 1650년 문학작품에 나오는 모든 지식을 적합하게 활용하여 거룩한 땅에 들어가지 못한 모세가 가나안 땅을 바라보며 서 있었던 비스가 꼭대기에 관한『팔레스타인의 비스가 조망』이라는 제목의 책을 출판했다.71)

밀턴과 동시대를 살았던 풀러는 이 책—밀턴 연구가들은『실낙원』의 주석을 달면서 성서시대 팔레스타인의 지형 및 관습, 특히 참 신에게 충성하려는 이스라엘 사람들을 유혹하는 가나안의 우상들이 출몰하는 장면에서 풀러의 이 책을 인용하고 있을 정도이며, 메리트 휴(Merritt Hughes)는 밀턴의 독자들로 하여금 이상한 신들의 이름이 등장하는 장

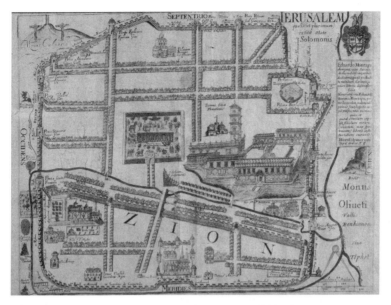

〔지도 17〕 Thomas Fuller, *A Pisgah-sight of Palestine*, 1650, England

소에 걸맞은 지리적 이해를 돕기 위해 풀러의 책에 삽입한 지도 두 장을 포함시켰다72)―에 수많은 그림 지도를 그려 넣었다.

예루살렘 지도를 비롯하여 사해 주변과 함께 멸망한 5개의 도시를 바다 속에 배치했으며, 갈릴리 바다는 전승에서와 마찬가지로 요르단 강과 분리된 채 사해와 합쳐지지 않았다. 또한 시내 산과 이스라엘 부족들의 가나안 진입 경로를 그려 넣었다.73)

성곽으로 둘러싸인 예루살렘 지도는 기본적으로 위가 북쪽을 향하도록 배치했다〔지도 17〕. 시온 산과 예루살렘 사이를 성벽으로 구분하여 그 사이를 밀로(Milo)라 칭하고 세 개의 십자가로 표시된 갈보리(골고다) 언덕을 성 밖에 배치함으로써 17세기 예루살렘의 사실적 특징을 반영하고 있다. 하지만 성전 산에는 이슬람 사원을 제외하고 솔로몬의 성전과 함께 높은 종탑의 교회를 배치해놓음으로써 여전히 종교성의 굴레를 벗어나지 못하고 있다.

도시를 관통하는 사방의 여러 도로가에는 집들과 상가들을 이어 그렸는데, 바둑판 모양으로 지나치게 구획화(區劃化)되어 있다. 황금 문 등 여러 성문과 다윗의 왕궁과 베데스다 연못 등이 크고 사실적으로 배치되어 있다. 흥미로운 것은 예루살렘 지도의 중앙에는 담으로 둘러싼 돔 리바니(Dom Libani)가 위치하고 있는데, 거기에는 성서에 나오는 각종 동식물들이 사이좋게 어울리는 평화로운 정원을 그려 넣었다.

두브단의 지도(1666년)

두브단은 프랑스의 성 데니스 시에 있는 성 바울 대성당의 참사회 회원(Canon)으로 봉직하면서, 헤이스처럼 1652년 프랑스 시설을 돌아보기 위해 레반트 지역을 오랜 기간 여행했다. 여행 이후 자신의 성지 여행 인상을 담은 책 『Plan de la Montagne des Olives』(1666년)을 출간하는데,74) 여러 개의 스케치 중 예루살렘 지도가 페이지 전체를 차지한다.

두브단은 도시를 수직 형태로 보여주는데, 성 안에는 건물들이 거의 없고 성전 산, 성묘교회, 다윗 탑 주변 등을 전형적인 사각형으로 구획화하고 가도(街道) 중심으로 도시를 그렸다. 50개의 번호가 매겨진 장소 이름은 지도 하단에 목록으로 정리했다. 대부분의 지명은 기독교 종교 전통을 따랐으며, 무슬림과 관련해서는 언급하지 않는다.

이 지도에서는 지도 제작사에서 매우 중요한 특징이 발견된다. 도시 자체의 묘사와 도시 주변의 풍경을 대조적으로 그린 것이다. 도시는 어떤 장식물도 없이 그렸고, 주변의 지형은 수직적인 방식이 아닌 선영법을 사용하여 비스듬히 그렸다. 나아가 기드론 골짜기와 겟세마네 사이에 다리, 나무, 시내 및 각종 고대의 기념물들을 그려 넣었다. 그런 방식은 올리브 산의 풍경에서도 발견되는데 예수의 승천 장면이 그려져 있다. 두브단의 예루살렘 지도는 사실을 정확하게 보여주고자 하는 열망과 삽화지도의 강력한 전통 사이에서 긴장감을 보여줄 뿐만 아니라, 전통적인 방법에서 과학적인 방법으로 넘어가는 과도기적인 이중구조를 가진 매우 독특한 지도에 해당한다 할 수 있다(지도 18).75)

이와 유사한 형태의 지도는 후대 영국 포코크(Richard Pococke)의 『A Description of the East and some other Countries』(I-II, 1743~1745년)와 프랑스 당빌(Jean Baptiste Bourguignon d'Anville)의 『Plan de la ville de Jérusalem Ancienne et moderne』(1747년)에서 재현된다. 지도가 동시대의 진일보한 '과학적'인 방법으로 제작되면서도 관점은 매우 종교적이라서 지도의 형태와 내용, 즉 '보이는 것'과 '보여주는

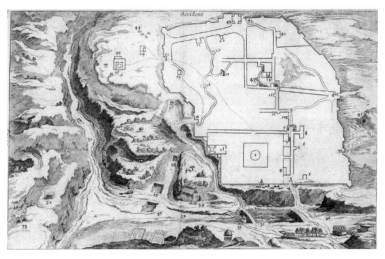

[지도 18] Jean Doubdan, *Plan de la ville de Ierusalem moderne*, 1666, Paris

것' 사이에 일관성이 결여되어 있고, 예루살렘을 사실에 입각하여 비판적으로 보여주지 못하는 이중적 특징을 지니고 있다.

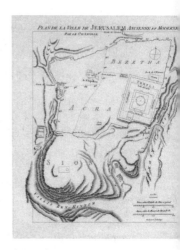

[지도 19] Jean Baptiste Bourguignon d'A
Jérusalem, 18th century, Paris

당빌의 지도(1747년)

18세기 근대 표준지도를 선도한 사람 중에는 당대 가장 중요한 지도 제작자였던 프랑스인 당빌을 빼놓을 수 없다. 그는 가능한 한 정확한 지도 제작에 힘썼으며, 새로운 정보가 입수되면 늘 정보를 지도에 갱신하여 올렸다. 그는 약 9,000점의 지도를 수집하여 프랑스 외교부에 기증했다.76)

당빌의 예루살렘 지도는 지도적으로 그리고 과학적으로 그 시대의 정신을 가장 잘 구현한 지도로 꼽힌다[지도 19]. 그는 과거를 당대의 실제 모습에 반영하여 지도를 그렸다. 예컨대 예수 시대의 예루살렘을 중세의 아드리콤이나 빌랄판도처럼 이미지로 묘사하지 않았다. 오히려 과학적으로 제작한 당대의 지도에 예수 시대의 지명들을 표시하는 방식을 처음으로 택함으로써 역사적인 장소들을 현재의 실제 모습에서 보여주고자 노력했다.

물론 많은 지명이 오늘날 고고학 발굴이나 역사 연구를 통해 밝혀진 위치와 정확하게 일치하지는 않으며 아직까지 측량기술을 이용하여 작성된 지도는 아니라 하더라도, 당빌의 지도가 과학적 경향을 띤 매우 중요한 실험적인 지도라는 점에서 그것이 지도 제작사에서 차지하는 그의 지위와 가치를 떨어뜨리는 것은 아닐 것이다.

시버의 지도(1818년)

예루살렘 지도 제작사에서 매우 중요한 또 하나의 변화는 19세기 초반에 시도된다. 즉 지도 제작의 기초가 되는 삼각법에 의한 계산법이 이때부터 적용되기 시작한 것이다. 이러한 측량과 측정 기술을 사용해 현대 예루살렘 지도를 그린 사람은 1818년 자연과학자 시버(F. W. Sieber)가 처음이었다.77)

프라하 태생의 시버는 뮌헨 왕립아카데미, 모스크바 제국아카데미, 파리 자연사협회의 회원으로 일하면서 여행을 많이 했다.78) 그는 본래 식물학에 대한 관심이 커서 유럽과 아시아, 아프리카 등지를 여행하며 식물 표본을 수집하여 유럽에서 전시하기도 했다. 그는 예루살렘에서 6개월간 머물면서 200여 곳을 측정하여 지형 자료를 수집했는데, 그 자료를 바탕으로 지도 제작사 및 팔레스타인 연구에 놀랄 만한 예루살렘 지도를 제작한다.

시버의 지도는 동쪽을 향하고 있으며 예루살렘과 그 주변을 보여준다[지도 20]. 도시 주변의 지형의 윤곽은 묘영법(描影法)과 선영법(線影法)으로 표현했고, 도시의 바깥, 특히 북쪽의 농경지는 돌담으로 둘렀다. 그의 지도는 도시 내부를 도로와 집으로 채워 넣었는데, 도시의 북쪽이 빈 공간이 남아 있어 상대적으로 덜 발달된 모습을 보여준다.

중요한 건물들은 매우 세부적으로 그렸는데, 성전 산과 이슬람 사원들, 성묘교회와 성채, 라틴 수도원, 아르메니아 구역, 스파라딤 회당이 그려진 유대인 구역이 그 대상이다. 기드론과 힌놈 골짜기에는 물이 흐르는 시내를 줄로 그렸는데, 진작 이름을 'Thal Gihon oder Rephaim'이라 붙여 오류를 범했다.

지도 가장자리에는 6개의 크기가 각기 다른 사각형 간지를 끼워 넣

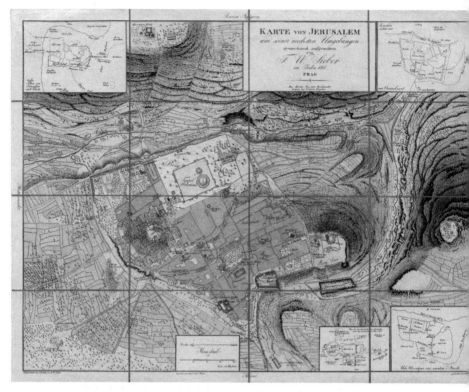

〔지도 20〕 Franz Wilhelm Sieber, *Karte von Jerusalem und seiner naechsten Umgebungen*, 1818, Prag and Leipzig

었는데, 위쪽 가운데 박스에는 지도의 명칭, 제작자 이름, 인쇄 날짜와 장소 등을 적었고, 세 가장자리에는 각각 좀 더 작은 크기의 예루살렘 지도를 끼워 넣었다. 나머지 두 개에는 척도(尺度)와 성묘교회 도면을 각각 그려 넣었다.

시버의 예루살렘 지도는 한편으로 그의 선구자인 포코크나 당빌의 뒤를 따라서 이전 세기의 전통을 동일선상에서 잇고 있으며, 다른 한편으로 측량 기술과 삼각법에 의한 계산법을 처음으로 적용하여 그렸다는 점에서 예루살렘 지도 제작사에서 전환기를 차지한다.

지금까지 살펴본 소위 '과학적'인 지도의 출현이 지도의 형태를 혁신적으로 바꾸어놓은 것과는 대조적으로, 지도상의 내용은 괄목할 만한 변화가 없다는 점에서 예루살렘 지도는 이때까지 통합 과정에 있지 않았으며 여전히 진화 중이었다.

찰스 윌리엄 윌슨의 지도(1865년)

19세기 오스만 제국이 쇠락하고 유럽 열강들의 세력이 점차 부상하면서 팔레스타인인의 삶에도 다양한 변화가 시작된다. 성지에는 영사 및 선교사를 비롯하여 고고학, 지리학 등 교육받은 학자들, 그리고 수많은 유럽 여행자가 더욱 빈번하게 드나들었는데, 여행문학 등을 비롯한 다양한 관련 서적이 봇물처럼 출판되었다.[79] 악고나 욥바 항구는 유럽에서 온 증기기관선의 정박지가 되었다. '새 정착운동'(New Yishuv)의 일환으로 수많은 유대인이 팔레스타인으로 이주해왔으며, 예루살렘의 인구 분포와 거주환경 변화 등 현대화가 급속히 진행되었다.

이 시기 성지에 불어 닥친 혁신적인 변화 중 하나는 사진기가 출현하면서 예루살렘 사진이 유럽에 처음으로 소개된 것이다.[80] 또한 이

〔지도 21〕Charles William Wilson, Sir, *Ordnance Survey of Jerusalem*, 1:2500, 1865, Southampton

시기에 예루살렘 지도 제작사에서 시버가 시작한 측량지도가 캐터우드 (F. Catherwood), 알드리히(Aldrich)와 시몬드(Simonds)[81]를 거쳐 찰스 윌리엄 윌슨(Charles W. Wilson)에 이르러 꽃을 피운다.

영국의 왕실 토목기사였던 윌슨은 예루살렘에 파견되어 정밀한 최신 지도 제작에 착수하여 보고서를 작성한다.[82] 1865년에 제작한 고대 및 현대 예루살렘 지도(Jerusalem Ancient & Modern)는 과학적인 등고선이 표시된 현존하는 최초의 현대지도이다[지도 21].[83]

윌슨은 두 개의 예루살렘 지도를 그렸는데, 큰 지도는 1:2,500의 축적으로, 작은 지도는 1:10,000의 축적으로 각각 제작했다. 석판화로 제작된 이 지도의 구도시의 윤곽—다윗의 도시, 모리아 산, 상부 및 하부 도시, 벳세다 등—은 붉은색으로 두 번 찍어낸 것이며, 첫 번째와 두 번째 구성벽은 붉은색으로, 세 번째 슐레이만의 성벽은 흑색으로 인쇄했다. 성벽 바깥에는 근대 빌딩들이 몇 개 보이는데, 북쪽과 서쪽으로 빗물을 저장해둔 여러 개의 저수지도 나타나 있다. 윌슨의 이 지도는 예루살렘 지도 작성법이나 실지답사(實地踏査)에 매우 중요한 이정표가 되었으며, 신뢰성 있는 현대지도 작성법의 기초로 아직까지지도 인정받고 있다.

지도, 지식의 형태이자 권력의 형식

기원전 6세기 경 그려진 최초의 바빌로니아 석판지도[지도 22][84] 이래, 세계에 대한 공간적 이해의 한 방식으로서 지도 제작은 오늘날까지 이어지고 있다. 현대인은 지도 없이 살 수 없을 정도로 지도가 일상화되었

〔지도 22〕 메소포타미아에서 발견된 세계 최초의 석판지도(700-500 BC), 대영박물관. 바빌론이 지도의 중앙에 있고 아시리아와 엘람 등이 그 주변으로 그려져 있다.

다. 낯선 도시에서도 똑똑한 내비게이션(GPS, Global Positioning System)의 길안내만 있으면 목적지가 어디든 쉽게 찾아갈 수 있고, 인터넷 위성지도를 통한 맛집 찾기나 구글(Google) 검색을 통한 3D 길찾기도 일상이 된 지 오래다. 현대 사회에서 지도의 발달은 문화지도, 경제지도, 기후지도, 생태지도, 인간게놈지도 등으로 확대되고 있다. 그러나 오늘날의 지도는 대체로 한 가지 목적만을 제공한다. 하나의 관점에서 대상을 추상화하기 때문이다.

사실상 지도는 오랜 기간 세계(대상)를 조사하고, 도구를 제작하고, 긴 실험 과정을 거쳐 탄생한다. 실제 세계에 대한 지식이 증가하고, 이를 표현할 수 있는 도구가 발달하고, 고도와 경도와 위도를 측정할 수 있는 기술이 동반될 때 비로소 '객관적인' 지도가 탄생할 수 있다. 그러나 옛 지도의 경우에는 사실과 이야기, 현실과 판타지, 지리와 신화, 실재와 비실재가 뒤섞여 있다.

옛 지도에는 '사실에 입각한 상상'과 '상상에 기반한 사실'이 함께 들어 있다. 옛 지도 중에는 '시각적 백과사전'이라 불릴 만큼 수많은 상상과 다양한 실재를 하나로 묶어 그린 지도가 적지 않다. 한 마디로 옛 지도는 지리적 정보와 이데올로기적 메시지를 예술적인 삽화 형식을 통해 전달하고자 한 그림에 가까운 지도였다. 그런 의미에서 '구상담론(具象談論)의 한 형태'로서 지도는 하나의 언어로서 자신만의 고유한 지도 문법을 지니고 있다. 즉 지도는 상징적 의미를 도구로 한 수사적인 설득 장치라 할 수 있다.

옛 기독교인들이 만든 예루살렘 지도에는 예루살렘의 독특한 종교사적 지위와 상상력이 고스란히 반영되어 있다. 역사적으로 유대교나 이슬람에서도 예루살렘의 종교적 지위가 기독교의 그것에 비해 결코 낮지 않은데도, '예루살렘 중심적 세계 이해'라는 사상은 유일하게 옛 기독교 세계의 지도에서만 구체화되었다는 점에서 큰 차이를 발견할 수 있다. 그런 의미에서 지도는 결코 '가치중립적 이미지'가 아니며, 특히 미셸 푸코(M. Foucault)식으로 말해서 기독교 세계가 만든 예루살렘 지도는 '지식의 한 형태이자 권력의 한 형식'을 띤다 할 수 있을 것이다.[85]

최초의 예루살렘 지도는 비잔틴 시대 지어진 기념교회의 바닥 모자이크나 벽 프레스코에서 볼 수 있다. 주로 성지 순례자들에게 안내서가 되곤 했는데, 그림에 가까운 추상적인 이미지는 상대적으로 중요한 교회를 크고 화려하게, 그리고 주요 장소들을 특정 이미지로 그려 넣은 특징이 있다.

십자군 원정이 본격화되던 중세 유럽에서 서서히 예루살렘이 지리적으로 세계의 중심이라는 종교적 개념에 입각한 예루살렘 개괄도가 등장한다. 몇몇 T-O 형태의 원형지도는 매우 도식적인 데 반해 몇몇 다른 지도는 매우 예술적으로 그렸다. 지리적 축적이나 사실적 비율은 지도 제작자들에게 전혀 관심 밖의 문제였다.

십자군의 패배와 이슬람 세력의 부상으로 단지 몇 개만이 발견되는 중세 후기의 예루살렘 지도에서는 십자군 시대 얻은 경험과 지식을 바탕으로 전통적인 이미지에서 점차 사실적인 모습으로 변하기 시작한다. 예컨대 동쪽(올리브 산)에서 서쪽을 바라보는 방식으로 지도를 배치함으로써 실제로 순례자들이 예루살렘을 조망하는 방식을 따른다거나, 이슬람의 건축물이나 초승달 같은 상징을 담아냄으로써 예루살렘의 정치현실의 변화를 수용한다는 점을 들 수 있을 것이다.

'탐험의 시대'는 중세인의 세계관을 크게 바꾸어놓았고, 인쇄술의 발달은 수많은 지식과 정보를 체계적으로 대량 출판해냈다. 15세기 말부터 18세기 후반까지 약 300여 개의 예루살렘 지도가 제작·출판된 것은 우연이 아니었다. 아직까지 중세 신앙에서 완전히 벗어났다고 말할 수는 없지만, 예루살렘을 더는 자신들 세계의 중심에 놓을 수는 없었다. 여전히 예루살렘은 '영원한 도시'나 '영광스러운 기독교인의 도시'였으나, 지도는 성서의 역사를 지리적 상황과 일치시키려 노력했다. 성서 해석에 지대한 관심이 집중되었던 이 시기에 예루살렘 지도는 '시각예술'로서의 '판타지'와 역사-지리적인 실재 사이에 어느 정도의 균형을 맞춰가기 시작한다. 그런 의미에서 지도의 지식세계는 하나의 사회적 산물이다.86)

16세기 후반 새로운 장르로서 '과학적인' 측량지도의 등장은 과학의 발달, 탐험과 답사, 근대 지도 제작술의 도입 등과 밀접하게 연관된 것이었다. 점차 그림적인 지도에서 탈피하여 보다 선형적이고 과학적인 형태로 변화되기 시작했다. 이러한 변화는 오랜 기간에 걸쳐 서서히 진행된 것이었다. 등고선을 사용한 최초의 현대지도는 19세기 중엽에 들어 비로소 탄생한다.

이렇듯 예루살렘 지도의 제작사는, 세계지도의 발달사와 병행해서, '이상의 지리'에서 '실제의 지리'로 이행되어가는 과정을 잘 보여준다. 그것은 어디까지나 기독교 세계가 만들어낸 '거룩한 도시'로서의 이미지를 각각 그 시대가 요구하는 방식으로 표현하기 위한 해석 과정이라 할 수 있을 것이다.

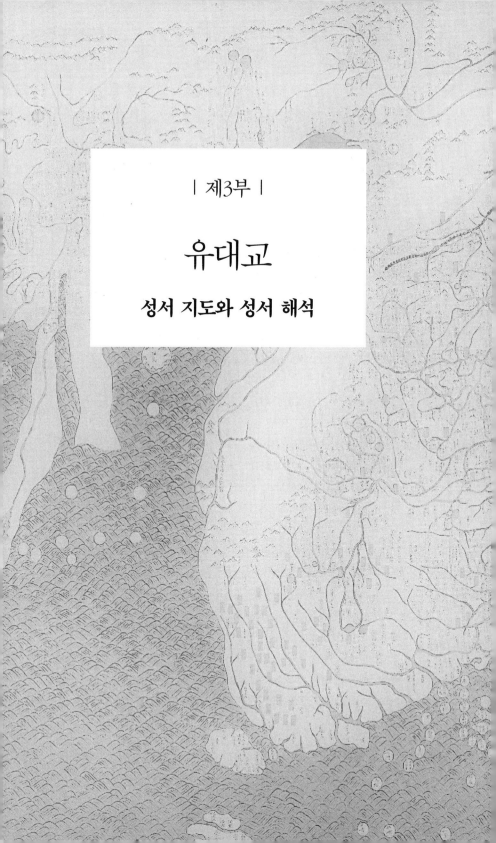

| 제3부 |

유대교

성서 지도와 성서 해석

히브리 성지 지도는 빠뜨릴 수 없는 유대 문화의 일부이다. 성전 멸망 이후 흩어진 유대인들에게 귀향(歸鄕)의 꿈은 언제나 성서의 땅에 대한 이해와 구체적으로 맞닿아 있었다.

그러나 적어도 중세시대 이전까지 히브리 문서에서 성지의 지도와 지명은 삽화에 등장하지 않는다. 민속 예술가들의 소박하고 투박한 그림에서조차 지명은 보이지 않는다. 자신들의 상상력을 발휘하여 성지 지도를 그렸지만 예술적인 재능은 미숙하기 짝이 없을 정도였으며, 고향을 멀리 떠나 신성한 곳을 갈망하고 사랑하는 유대인의 마음은 그런 방식으로는 표현되지 않았다. 적어도 히브리 지도는 매우 드물게 나타나며, 그마저 성지의 지리적 이해와 지식은 매우 빈약한 것이었다.

히브리 성서의 에스겔서는 예루살렘을 그림으로 묘사한 최초의 히브리어 텍스트이다. "너 인자야 토판(土版)을 가져다가 그것을 네 앞에 놓고 한 성읍 곧 예루살렘을 그 위에 그리고…"(에스겔서 4:1).

성지 지도는 탈무드 문학에서 성지와 관련한 지리 정보를 설명하고자 하려는 목적으로 종종 나타나곤 하는데, 전통적인 지도 제작 방식이 아닌 그림 형태로 히브리 지도를 그렸다. 오로지 탈무드의 성서 해석과 주해(註解)에 기초하여 유대인의 성서 이해를 돕기 위한 목적으로 제작된 성지 지도에는 12지파의 경계, 도시, 산, 강과 호수, 탁월한 유대학자들의 무덤 등을 표시했다. 종종 온천이나 사해 같은 건강에 유익한 곳도 지도에 표시해두었다.

이 글에서는 유대인의 옛 히브리어 사본과 인쇄본[1])에 나오는 주요 성지 지도들을 찾아 히브리 지도의 역사적 발달 과정을 살펴보려고 한다. 그 초점은 다음에 맞췄다. 등장의 배경은 무엇인가, 제작의 목적은 무엇인가, 지도에서 성지는 어떻게 묘사되고 있는가, 성서나 탈무드 등 히브리어 텍스트는 성지 지도의 제작에 어떤 영향을 끼쳤는가, 지도 제작의 발달과 변화는 언제 어떻게 시작하였는가? 등이다.

이렇게 히브리 지도의 역사적 발달 과정을 살펴보는 것은 기독교나 이슬람 역사에서 성지 지도 혹은 예루살렘 지도의 발달사 연구와 한 축을 이루는 것이다. 이 연구로 유대 문화사 이해에 작게나마 기여할 수 있기를 바란다.

히브리 성지 지도는 크게 두 가지 형태로 나뉜다. 하나는 초보적인 수준의 그림 지도요, 다른 하나는 제법 지도 형태를 띤 지도이다. 전자는 주로 히브리 성서나 랍비들의 주석서에 근거한 지리적 정밀성이 전혀 없는 선형(線形) 지도이며, 후자는 17세기에 들어와 주로 기독교 지도 제작자들의 지도를 복사하여 만든 지도 형태의 지도를 의미한다.

최초의 히브리 성지 지도는 라쉬의 『모세오경주석』(*Commentary of the Pentateuch*, 1233년경)에서 발견된다. 또한 지도 형태를 갖춘 최초의 히브리 성지 지도는 짜디크(Zaddik)라 불리는 포르투갈 유대인이 1620년에 기독교 지도 제작자 아드리콤(Christian van Adrichom)의 라틴어 성지 지도를 히브리어로 번역하여 제작한 것이다. 이것이 최초의 인쇄본 지도이다.

동전에 새겨진 예루살렘

이스라엘 역사에서 지도 제작 이전의 성지 및 예루살렘에 대한 묘사는 동전 등 몇몇 고고학적 유물에서 발견된다. 예루살렘 성전의 외관은 기원후 134년 바르 코크바('별의 아들') 반란 때 주조된 동전의 한쪽 면에서 최초로 드러난다([그림 1]). 은으로 주조된 이 동전의 한 면에는 떠오르는 별과 함께 예루살렘 성전의 앞면이, 다른 면에는 룰라브(lulav)와 함께 "예루살렘의 자유를 위하여"라는 히브리어 글씨가 새겨져 있다.

한편, 2세기 랍비 아키바(Rabbi Akiva)는 아내에게 줄 '황금의 도시'를 마련했는데, 덧붙이기를 "예루살렘을 여기에 새겨 넣었다"고 했다.[2] 그러나 아직까지 그러한 장신구들은 발견되지 않았다.

탈무드의 한 랍비는 "한 면에는 다윗과 솔로몬을, 다른 한 면에는 거룩한 도시 예루살렘"의 이미지를 새겨 넣은 동전에 관해 언급하고 있으

나.3) 그런 동전은 아직 발견된 바 없다.

또, 같은 랍비가 예루살렘의 그림이 조각된 금장식물에 관해서 언급하면서, 유대인 여자가 '황금의 예루살렘' 혹은 '황금의 도시'라 불리는 거룩한 도시를 회상하며 화려하게 꽃 장식을 하는 장면을 전한다. 15세기 바르테누라의 랍비 오바댜(Rabbi Ovadia of Bartenura)는 이를 "예루살렘 같은 도시의 모양을 새겨 넣은 금장식물"이라고 설명했다.4)

〔그림 1〕 바르 코크바 은화

벽화와 책자에 등장하는 다양한 이미지

오늘날 시리아 동부의 유프라테스 강 기슭 두라-유로포스(Dura-Europos)에서 발굴된 3세기 유대인 회당의 프레스코 벽화에는 성서의 여러 사건을 설명하는 그림들—이집트 군대가 홍해에 빠지는 장면, 페르시아의 고위관리 하만이 비천한 유대인 모르도개를 말에 태워 안내하는 장면 등—과 함께 예루살렘 성전과 성벽이 그려져 있다. 현재 이 프레스코는 다마스쿠스 국립박물관에서 볼 수 있다.

6세기에 만들어진 몇몇 히브리어 책자에 등장하는 '에레츠 이스라엘'(이스라엘 땅)의 신성한 사당들은 예루살렘 멸망 이후 흩어진 유대인들이 자신들의 고향 땅, 성스러운 흙에 묻힌 조상들을 숭배하는 신앙에서 비롯된 것이다. 특히 성지에 묻혀 있는 족장들이나 예언자들의 무덤에 대한 그림은 지리적으로 먼 곳에 있어 갈 수 없는 유대인들의 향수를 달래기 위한 적합한 표현방식 중 하나였다.5)

이후에 제작된 히브리어 책자에서도 성인들의 무덤과 그것이 위치한 도시를 묘사하는 그림이 자주 등장한다. 히브리 성서에 나오는 '전통적인 성인들'인 족장들이나 예언자들의 무덤은 물론 점진적으로 숭배 대상이 되어간 여성 조상들—라헬, 디나, 에스더 등—을 비롯하여, 탈무드에 등장하는 '역사적인 성인들'인 유명한 랍비들—산헤드린, '의인' 시몬(Simon the Just), 랍비 시몬, 힐렐(Hillel), 랍비 하니나 벤 도사(Rabbi Hanina ben Dosa) 등—의 무덤 역시 그림에 자주 묘사되곤 했다.6)

히브리 선형 지도

솔로몬 벤 이삭의 성지 지도(1233년)

지금까지 알려진 최초의 히브리 성지 지도는 1233년경 랍비 솔로몬 벤 이삭(Rabbi Solomon ben Isaac)의 『모세오경주석』에서 발견된다(지도 1).7) '라쉬'(Rashi, 1040~1105년)로 불리던 프랑스 트루아(Troyes) 태생의 그는 독일 마인츠 탈무드 학교에서 공부하고 자신의 고향으로 돌아와 1070년에 랍비 학교를 세웠다. 그가 죽은 뒤 이 학교는 서유럽에서 가장 유명한 탈무드 연구의 중심이 되었다.

그의 성서 주석 및 탈무드 주해는 후대 학자들에게 많은 영향을 끼쳤다. 라쉬의 지도는 그 후 여러 사본—오스만 제국 시대의 랍비 엘리야 미즈라히(1527년)와 폴란드의 아브라함 야페(1603년) 등—에서도 발견되는데, 인쇄술의 발달과 더불어 확산된 듯하다. 1475년 이탈리아에서 출판된 이 책은 지금까지 알려진 최초의 히브리어 인쇄본 책이며, 현재 뮌헨 국립도서관(Bayerische Staatsbibliothek, Munich; Cod. Heb. 5Fol. 140, 70×82mm)에 소장되어 있다.

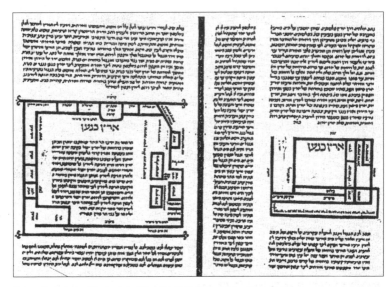

[지도 1] 랍비 솔로몬 벤 이삭의 『모세오경주석』에 나오는 성지 지도

　　라쉬는 민수기 33~34장에 나오는 가나안 땅(*eretz canaan*)의 경계를 기초로 같은 페이지에 두 개의 성지 지도를 그렸다. 지도는 동쪽을 지도의 위로 향하게 했다. 하단에 얌 하가돌(yam hagadol), 즉 대해(지중해)를 남북으로 그려 넣었고, 상단에 요르단 강이 키네렛(갈릴리) 호수와 사해로 흐르도록 했다. 상(上)요르단 강과 키네렛 호수 사이에 슈와마(Shwama)와 하르벨라(Harbela)라는 도시를 배치했다.

　　지도의 왼편(북쪽)에는 호르 산(Mt. Hor), 레보 하맛(Lebo Hamath), 지프로나(Ziphrona)를, 아래편(남쪽)에는 나일 강, 아쯔몬(Atzmon), 하자르-아다르(Hazar-Adar), 지나(Zina), 마알레 아크라빔(Maaleh-Akrabim)을 사각형 선으로 표시해 넣었다.

　　지도의 중앙에는 에레츠 가나안(*Eretz Canaan*: 가나안 땅)을 크게 써넣었다. 지도 안에는 14줄의 히브리어 텍스트를 써넣었는데, 아론이 가나안 땅의 남쪽에 있는 호르 산에 묻힌 것을 설명한 글이다(본문에서는 호르 산이 남쪽이라 설명하면서 지도상에는 북쪽에 나온다).

오른쪽의 지도는 북쪽이 지도의 위를 향하고 있다. 대해가 왼쪽에 북에서 남으로 그려져 있고, 남쪽에는 모압, 에돔, 이집트와 나일 강이 있다. 요르단 강과 사해는 시온과 함께 동쪽에 있다. 지도 중앙 빈 공간에 에레츠 가나안이라 써놓았다.

익명의 성지 지도(1340년)

비엔나 국립도서관(Österreichische Nationalbibliothek) 소장의 14세기 모세오경(*Five Megiloth*: 토라*Torah*)의 주석서에 삽입된 두루마리 형태의 성지 지도 중앙에는 에레츠 이스라엘(*Eretz Yisrael*), 즉 '이스라엘 땅'이라 이름했다. 고대 이스라엘의 땅의 경계를 표시하고 있는 매우 원시적인 형태의 이 지도에는 약간의 장식이 들어 있다. 바다는 물결모양으로 장식했고, 두루마리 막대기는 꽈배기 모양의 기둥으로 장식했다〔지도 2〕.

남쪽을 지도의 위로 두었고, 오른편(남쪽)에 물고기 세 마리가 놀고 있는 얌 하가돌(yam hagadol: 대해＝지중해)을 그렸다. 대해 남쪽에 나일 강과 이집트를 두었다. 동쪽 맨 위에 물결모양의 사해가 자리하고, 바로 그 아래에 여러 개의 물줄기 모양을 하고 있는 요르단 강이 있다. 그 아래 역시 물결모양으로 장식했으나 키네렛 바다(갈릴리 호수)라는 이름은 진작 지도 안쪽에 써넣었다.

세 개의 반원이 그려져 있는 지도의 아래쪽(북쪽)은 호르 산이 표시되어 있다. 반원에서 가까운 왼쪽 방향으로 존티치조(Jontichijo), 얀다라(Jandara), 지프로나(Ziphrona), 하자르-에난(Hazar-Enan)이 순서대로 나오는데, 이 부분은 어디를 말하는지 불분명하다. 남쪽으로는 지나(Zina), 하자르-아다르(Hazar-Adar), 아즈몬(Azmon), 카데쉬-바르네아(Kadesh-Barnea) 등의 지명이 나오는데, 정확한 위치를 가늠하기를 어렵다.

지도 주변으로는 히브리어 성서의 구절이 쓰여 있는데, 민수기 34장 3~6절의 내용이다.

〔지도 2〕익명의 성지 지도, 14세기, 비엔나 국립도서관 소장

"너희 영토의 남쪽은 에돔의 경계선과 맞닿는 신 광야에서부터 시작된다. 그러므로 너희 영토의 남쪽 경계는 동쪽의 사해 끝에서부터 시작된다. 너희의 경계선은 아그랍빔 비탈 남쪽을 돌아, 신을 지나 가데스바네아 남쪽 끝까지 갔다가, 또 하살아달로 빠져 아스몬까지 이른다. 경계선은 더 연장되어, 아스몬에서부터 이집트 국경지대의 강을 따라, 지중해가 시작되는 곳까지 이른다. 서쪽 경계는 지중해와 그 해안선이다. 이것이 너희의 서쪽 경계가 될 것이다."

엘리야 벤 아브라함 미즈라히의 성지 지도(1527년)

오스만 시대 가장 유명한 랍비였던 엘리야 벤 아브라함 미즈라히(Eli a ben Abraham Mizrachi, c.1450~1526년)는 콘스탄티노플에서 태어나 랍비 엘리야 하레비(Rabbi Elijah Halevi) 같은 유명한 스승에게서 배웠다. 탈무드뿐만 아니라 수학, 천문학 등 세속 과학을 배웠고, 아랍어와 그리스어를 구사할 줄 알았다.

미즈라히는 모세 카프살리(Moses Capsali, 1495년 사망)의 뒤를 이어 오스만 제국의 하캄 바시(Hakham Bashi), 즉 '최고 랍비'가 되어 모든 공식회의에 대표로 파견되곤 했다. 그는 스페인과 포르투갈의 종교 재판소의 박해를 피해 많은 유대인을 오스만 제국으로 이주시키는 데 적극적이었다.

그는 폭넓은 지식을 바탕으로 교육과 저술 활동에 전념한바, 『*Sefer ha- Mizrachi*』, 즉 라쉬의 『모세오경주석』에 대한 미즈라히 주해를 완성했다. 이 책은 그가 죽은 뒤 아들에 의해 1527년에 베니스에서 출판되었는데, 16세기 랍비 성서주석 역사에 금자탑이 되었다. 이 책에 삽입된 그의 성지 지도는 라쉬의 성지 지도(1233년)를 모사하여 만든8) 최초의 목판 인쇄본으로서 이스라엘 땅의 경계와 민수기에 언급된 지명들이 표기되어 있다.

이 성지 지도는 관련된 텍스트에 근거하여 개략적인 윤곽만을 직선으로 표시했다. 그렇기에 경도와 위도의 등위(等位)가 표시된 천문학적 관찰에 따른 팔레스타인의 지리적 정밀성과는 거리가 멀다. 민수기 34장에 근거한 성지의 경계를 윤곽으로 드러낼 뿐 어떤 예술적 요소도 배제한 채 여백을 많이 남겨두었다[지도 3].

매우 원시적인 방식의 선형 지도 중앙에는 '에레츠 이스라엘'이라 썼

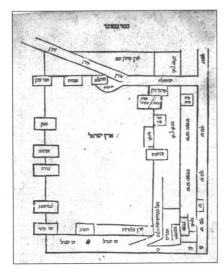

[지도 3] 엘리야 벤 아브라함 미즈라히의 성지 지도

고, 동쪽을 위로 향하도록 했다. 서쪽에 대해(지중해)가, 남쪽에 나일 강이 지중해로 흐른다. 남쪽 이스라엘 땅 접경지대에 얌 숩(yam suf), 즉 갈대바다(홍해)가 남쪽으로 흐르는 요르단 강과 이어진 사해와 연결되어 있다.

얌 키네렛(yam chinnereth), 즉 키네렛 바다(갈릴리 호수)는 반원 형태로 그려져 있는데, 요르단 강이 흘러 사해로 가기 전에 위치한다. 호수 옆에는 하르벨라(Harbela)라 불린 도시가 있는데, 이는 민수기 34장 3~6절에서 기원한다.

지도의 오른쪽(남쪽)에는 에레츠 이스라엘과 홍해 사이에 미드바르 하나심(midbar haanashim: 백성들의 광야)가 있으며, 광야 동쪽 끝에 가데스 바네아(Kadesh-Barnea)가 있고, 그 주변 이스라엘 땅 근처에 하자르-아다르(Hazar-Adar), 에돔(Edom), 아츠모나(Atzmona) 등이 나온다.

남서쪽 구석에 이집트가 있는데, 람세스, 수꼿, 이탐 등이 나오고, 남쪽의 대해와 에레츠 이스라엘 사이에는 블레셋이 자리하고 있다. 이후 이 지도는 여러 복사본이 만들어지는데, 1863년 복사본에는 이집트에서 탈출한 이스라엘 백성들이 약속의 땅으로 들어가는 도정을 추가하여 보여준다.

익명의 성지 지도(16세기)

베를린의 쾨니글 도서관(Königl Bibliothek)이 소장하고 있는 16세기 작자 미상의 히브리어 사본에 나오는 이스라엘 성지 지도는 직선과 지그재그형의 선형을 사용하고 있으며, 북쪽을 위로 두고 있다[지도 4]. 물결모양의 지그재그형 선을 사용하고 있는 지도의 네 면에 각각 바다와 강을 배치했다. 북쪽에 유프라테스 강을, 남쪽에 홍해와 나일 강을, 서쪽에 지중해를, 동쪽에 갈릴리 호수와 요르단 강과 사해를 각각 그려 넣었다.

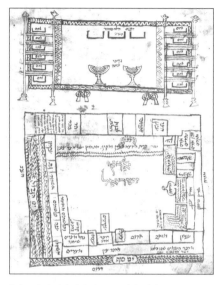

[지도 4] 익명의 성지 지도, 16세기, 쾨니글 도서관 소장

강이나 바다를 끼고 지도 안쪽으로 지명이나 지역 이름을 두고 있는데, 북쪽에 호르 산과 리보 하맛, 지프로나, 하자르 에난을 두어 히브리 민족이 출애굽하여 광야에서 떠돌던 시절을 상기시킨다.

남쪽에 하자르 아다르, 에돔, 모압, 암몬 등을 두었고, 서쪽에 아스글론, 가자, 아스돗, 갓, 에글론 등 블레셋의 다섯 도시를 두었으며, 동쪽에 원형의 여리고를 비롯하여 리바, 세팜, 시리아 등을 두었다.

이 지도에는 아론이 죽어 장례 치른 호르 산을 북쪽에 두는 등 지리적 사실과는 매우 어긋나는 배치가 나오는데 이는 성지의 지리적 사정에 무관심한 점을 드러낸다.

랍비 모르도개 벤 아브라함 야페의 성지 지도(1603년)

프라하 태생의 랍비 모르도개 벤 아브라함 야페(Rabbi Mordechai ben Abraham Jaffe, c.1535~1612년)는 폴란드 탈무드 학교에서 공부한 카발라주의자로 천문학자이자 철학자이다. 프라하 예쉬바의 교장을 역임하며 지역 유대공동체에 지도자로서 영향력을 발휘했다.

그러나 1561년 보헤미아에서 유대인 추방이 시작되자 그는 베니스를 거쳐 리투아니아로 가서 그로드노 예쉬바(Grodno Yeshivah)의 교장이 되었다. 후에 폴란드의 루블린(Lublin)으로 가서 가르쳤다. 당시 그로드노와 루블린은 탈무드 연구의 가장 탁월한 중심지로 각광을 받았다. 1592년 보헤미아 귀향이 허가되자 그는 고향으로 돌아와 유다 로에브(Judah Loeb)가 포센(Posen)을 떠난 후 포센의 최고 랍비가 되었다.

그가 50년에 걸쳐 쓴 10권짜리 책 『Levushim』은 유명하다. '거룩한 날'(절기)에 지킬 유대법(Jewish Law)에 관한 책인데, 히브리 성서에 나오는 여러 절기를 비롯하여 결혼식 등 각종 명절과 행사에서 지켜야 할 법도를 토라에 입각해서 해석한다. 매 책은 "재단사가 말하기를…"이라고 시작하는데, 그는 매유대인에게 알맞은 의복을 지어 입히듯이 까다로운 유대법을 맞춤식으로 설명하고자 했다. 1590년 초판본에 들어 있는 이 성지 지도는 1604년 루블린에서, 그리고 1860년 프라하와 크라코브에서 각각 재판되었다(지도 5).

다른 히브리 성지 지도들과는 달리 이 지도는 24줄의 텍스트를 가운데 두고 가장자리에 장식 지도를 그려 넣었다. 텍스트에서는 12지파가 소유한 땅의 경계와 그들의 도시에 관해 언급하고 있다.

지도는 기본적으로 출애굽한 이스라엘 백성들이 광야에서 떠돌이

생활을 하던 모습을 보여주기 위해 만든 것이다. 모든 정보는 히브리 성서와 주석서에서 참고한 것들이며, 지리적 사실과 지식은 매우 빈약한 것에 불과하다.

지도 상단 오른쪽에 에레츠 이스라엘(*eretz yisrael*), 즉 이스라엘 땅이라 새긴 지도에서 바다에는 배를 띄웠고 건물들은 성채와 탑으로 표현했다. 또한 작은 도시들은 작은 건물로, 큰 도시들은 큰 건물로 구분했다. 동쪽을 바라보고 있는 지도는 서쪽에 대해를, 남

〔지도 5〕랍비 모르도개 벤 아브라함 야페의 성지 지도(1603년)

쪽에 나할 미츠라임(nahal mitzrayim), 즉 이집트 강을 표시했고, 요르단 강이 사해로 흘러 홍해로 들어가는 중간 지점에 키네렛 호수(갈대바다)를 따로 구분하여 그렸다.

홍해 왼쪽에 시나이(Sinai)가 나오는데, 그 지역 일대를 미드바르 아민(midbar amim), 즉 '백성들의 광야'라 불렀다. 대해에는 '블레셋 사람들의 땅'이라는 글씨가 나오는데, 그 앞에 작은 섬 세 개가 보인다. 사해 동쪽에 옥과 시혼이 나온다.

16~17세기에 유럽에서 제작된 기독교 성지 지도들—제라드 메르케르토(Gerard Mercator, 1537년), 볼프강 비셴버그(Wolfgan Wissenburg, 1537년), 틸만 스텔라(Tilemann Stella, 1552년) 등—이 사실적인 지리 정보를 바탕으로 점차 과학적으로 변모하기 시작했는데도, 히브리 성지 지도는 이때까지 선형 지도의 형태에서 크게 벗어나지 못하고 있다.

랍비 야콥 엠덴의 성지 지도(1765년)

야베츠(Yavez, Yaakov ben Zvi)라 불리던 랍비 야콥 엠덴(Rabbi Yaakov Emden, 1697~1776년)은 할라카(Halacha) 분야에 명성이 자자하던 카발리스트9) 학자이자 반-샤바티안(anti-Shabbatean) 논객이었다. 그는 독일어와 네덜란드어와 라틴어에 능통한 유대 문학가였으나 공식적인 직함은 가지고 있지 않았다.

랍비 엠덴은 당대의 샤바티안10)의 영적 지도자이자 랍비 요나단 이베슈츠(Rabbi Jonatan Eybeschütz)와 갈등 속에서 평생을 보냈다. 그의 아들 랍비 메슐라 솔로몬(Rabbi Meshullam Solomon)은 영국의 최고 랍비(1765~1780년)를 지냈다.

1765년 암스테르담에서 출간한 『*Mor uKeziah*』에 삽입한 이 지도는 지금까지의 여타 지도와는 모양이 매우 다른 형태의 지도이다[지도 6]. 직선 대신 곡선을 주로 사용해서 지도를 그렸다. 서쪽을 지도의 위

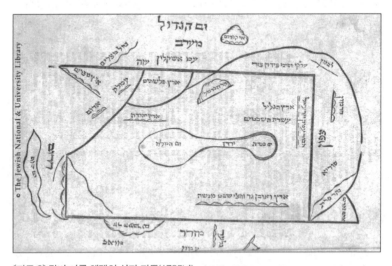

[지도 6] 랍비 야콥 엠덴의 성지 지도(1765년)

로 향하도록 했고, 지도 상단에 키프로스 섬을 배치했다. 이집트와 나일 강이 대해(지중해)의 남쪽에 놓이고, 대해의 항구도시들—가자, 아스글론, 갈멜산, 악고, 시돈, 주르(두로)—이 자리한다.

지도 중앙에 바이올린 모양의 사해와 키네렛 호수가 요르단 강을 통해 연결되고, 에레츠 예후다(*eretz yehuda*: 유다 땅)와 에레츠 하갈릴(*eretz hagalil*: 갈릴리 땅)이 표시되어 있으며, 요르단 강을 사이에 두고 동편에 '루우벤, 갓 및 므낫세 반지파'와 서편에 '10지파'를 각각 표시했다.

큰 사각형 바깥에는 북쪽에 레바논, 헤르몬 산, 시리아, 유프라테스, 아람(Aram), 나하라짐(Naharajim)을, 동쪽에 모압, 암몬, 길르아, 바산(Bashan)을, 남쪽에 얌 숩(yam suf: 홍해), 에돔, 아말렉, 이집트를, 그리고 서쪽 대해 한복판에 키프로스 섬을 각각 두고 있다.

랍비 엘리야후 벤 솔로몬 잘만의 성지 지도(1802년)

빌나의 가온(Gaon of Vilna) 랍비 엘리야후 벤 솔로몬 잘만(Rabbi Eliahu ben Solomon Zalman, 1720~1797년)은 근대 유대인 공동체에서 가장 탁월한 영적 · 지적 지도자였다. 그는 독학으로 히브리 성서, 미쉬나, 카발라에 능통했으며, 탈무드를 더욱 잘 이해하기 위해 대수학, 천문학, 지리학, 기하학 등을 섭렵했다. 당시 유행하던 하시디즘[11]을 반대함으로써 빌나를 반하시딤 운동의 중심지로 만들었다.

1783년 랍비 잘만은 성지로 이주하기로 결심했으나, 어떤 이유로 제자들만 성지에 가고 그는 그곳으로 가지 않았다. 70여 편의 작품과 주석서를 쓴 그와 그의 가르침은 19~20세기에 리투아니아 공국을 넘어 여러 유대 공동체에 지대한 영향을 끼쳤다.

그가 1802년에 출판한 책『땅의 형태와 그의 경계들』(*Tsurot Ha'aretz*

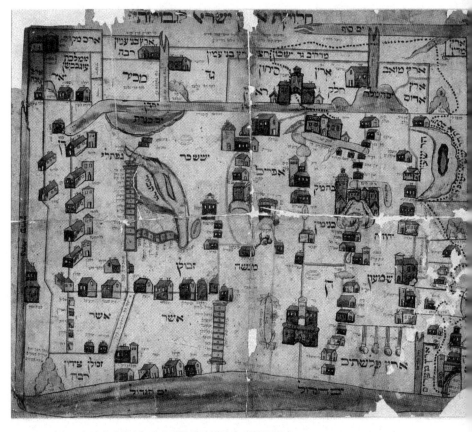

〔지도 7〕 랍비 엘리야후 벤 솔로몬 잘만의 성지 지도(1802년)

Ve'gvuloteiha)에 들어 있는 3개의 컬러 지도 중 하나인 에레츠 이스라엘(*Eretz Yisrael*)은 잘만 자신의 이름을 넣어 만든 제법 큰 지도(180×465mm)이다[지도 7].

동쪽을 위로 두고 있는 이 지도는 대해가 지도 아래(서쪽)에 위치한다. 지도를 바다가 둘러싸고 있는데, 요르단 강이 반원 모양의 키네렛 호수에 흘러 들어가고, 다시 사해로 흐르는데, 사해는 홍해와 연결된 것으로 나온다. 홍해는 쿠쉬(kush: 에티오피아)와 연결되고, 이는 다시 이집트의 나일 강과 통해 지중해와 맞닿아 있어 사실상 이스라엘은 전체적으로 바다로 둘러싸여 있는 형국을 하고 있다. 점선으로 그려진 루트가 이스라엘 백성이 출애굽하여 가나안 땅에 들어오는 과정을 표시한 것이다. 백성이 지나간 곳에는 집과 탑 같은 상징들로 꾸몄다.

이스라엘 땅은 지파들의 소유에 따라 나누었고, 탑과 굴뚝이 달린 서로 다른 집 모양들로 도시를 구분했다. 예루살렘에는 성전과 모리아 산, 종탑이 높게 보이며, 세겜, 베이트 호론, 쇼므론, 나할랄 등의 큰 도시가 나타난다. 모리아 산에는 작은 글씨로 '시온이 여부스이자 예루살렘'이라는 설명이 붙어 있다. 사다리 모양의 선 안에 있는 집들은 각 지파 내에 속한 여러 도시를 가리키는 듯하다.

수채화로 그린 익명의 성지 지도(1865년)

대표적인 선형 그림 지도로는 다른 종류의 꽃과 나무로 장식한 다양한 모양의 건물들을 크게 5층으로 구성하여 수채화로 그린 익명의 성지 지도가 있다[지도 8].

맨 꼭대기와 두 번째 줄에는 예루살렘 성전 건물들과 예언자들의 무덤들이 있고, 그 아래 3줄에는 유대교 전통에 등장하는 성인들의 무덤들이 이어져 나온다. 예루살렘 성전을 포함한 건물 대부분에는 초승달이 새겨져 있어 지도 제작자 시대 팔레스타인의 정치·종교적 현실을 반영해준다.

맨 위줄 오른쪽에서부터 다윗의 계보, 예언자 훌다, 학개, 사무엘의 무덤이 각각 나무 사이에 건물과 함께 그려져 있다.

두 번째 줄에는 라헬의 무덤, 압살롬과 예언자 스가랴의 무덤이 미드라쉬 실로모(midrash shilomo: 솔로몬의 학교)라 이름 붙은 엘-악사 사원과 베이트 하미카쉬(beit hamikdash: 성전)이라 이름하는 바위사원 옆에 차례로 나온다. 두 사원 아래에는 코텔 하마라비(kotel hamaarabi: 통곡의 벽)가 있다.

세 번째 줄에는 70인의 산헤드린의 무덤이 나온다. 로마 시대 팔레스타인에 있던 유대 자치 최고의결기관이었던 산헤드린의 의원들 중 랍비 아키바의 장인인 칼바 사부아(Kalba Savua), 그리스 시대 대제사장인 의인 시몬(Simeon the Just), 메이르 바알 하네스(Meir Ba'al Hanes) 그리고 예언자 예레미야가 갇혀 있던 왕궁의 근위대 뜰(예레미야서 32:2) 하자르 하맛토라(Hazar Hamatorah)가 각각 그려져 있다.

네 번째 줄에는 세겜 주변에 묻혀 있는 유명 인사들의 무덤이 그려져 있는데, 한 가운데에 요셉 하짜디크(Joseph Hazaddik)의 무덤이, 양 옆으로 에브라임과 므낫세 지파의 기둥이 서 있고, 대제사장 엘라자르(Eleazar)와 이타마르(Ithamar)와 여호수아 벤 눈(Jehoshua ben Nun) 그리고 예언자 엘리야의 동굴이 새겨져 있다.

가장 아래의 다섯 번째 줄에는 헤브론, 사페드(Safed), 티베리아 등 당대 유대교 학문전통에서 가장 중요한 세 도시의 이름이 구획을 나누어 나오는데, 그 밑에 각각 유명인사의 무덤을 새겨 넣었다.

〔지도 8〕 수채화로 그린 익명의 성지 지도(1865년)

먼저, 헤브론에 있는 다윗 왕의 아버지 이새(Ishai)의 무덤을 비롯하여, 아브라함, 이삭, 야곱 등 족장들의 무덤들과 넬의 아들 아브넬, 사제였던 바알 레즈쉬-호크마(Ba'al Rejshi-Chochma), 그리고 이름을 밝히지 않은 아쉬케나지 랍비들의 무덤이 있다.

다음 사페드에는 랍비 요시 하바나이(Rabbi Jossi Habanai), 도사 호르케노스(Dosa Horkenos), 호세아 벤 베리(Hoshea ben Beeri), 야곱 아불라피아(Jacob Abulaphia), 여호나단 샬란티(Jehonatan Shalanti), 비탈 모세(Vital Moses), 알셰이크 슐로모(Alsheikh Shlomo), 랍비 이츠하크 루리아 벤 솔로몬(Rabbi Itzhak Luria ben Solomon) 등이 등장한다.

왼쪽에 티베리아에는 랍비 요하난(Johanan), 카하네(Cahane), 모세 벤 마이몬(Moses ben Maimon), 아키바(Akiba)와 (역병으로 희생된) 제자 40,000명의 무덤과 거룩한 동굴 및 엘리야의 동굴 등이 그려져 있다.

이 지도는 중세 이후 유대교 신비주의의 전통에서 중요하게 여기기 시작한 짜디킴(zaddikim: 의인들) 혹은 하시딤(hasiddim: 성인들)의 무덤 순례를 반영하고 있다. 유대인들이 절기에 유명한 학자나 예언자들의 무덤에 가서 예배드리고 기도하는 것이 하나의 관습이 되었던 시대에 성서시대의 왕들이나 예언자들로부터 당대의 유명한 학자들에 이르기까지 무덤들을 총망라하여 그려 책에 끼워 넣음으로써 유대인 성지 순례자들을 비롯한 독자들에게 유용한 정보를 제공하고 있음을 잘 보여준다.12)

히브리 그림 지도

이탈리아 만투아에서 제작된 히브리 성지 지도(1560년대)

1991년에 한스 야콥 하크에 의해 발견되어 현재는 스위스 취리히의 중앙도서관(Zentralbibliothek)에 소장된 목판 인쇄본 히브리 성지 지도는 지금까지의 유럽에 알려진 '라쉬'의 선형 지도들과, 또 앞으로 논의할 지도 형식을 갖춘 '복사' 지도들과 형태나 내용 면에서 확연하게 구별되는 유일한 지도이다. 16세기 중후반 이탈리아 만투아(Mantua)에서 제작되었다[지도 9].13)

직사각형 모양의 만투아 성지 지도는 동쪽이 위로 향하고 있는데, 남쪽에 이집트와 시나이 사막을, 동쪽에 트랜스 요르단을, 북쪽에 시리아를, 서쪽에 지중해를 각각 그 경계로 두었다. 동서남북의 방위(方位)는 지도의 여백에 히브리어로 표기해놓았다.

각 지역을 특성별로 그림 형태로 구분했다. 지도 오른쪽에는 긴 히브리어 텍스트를 사각판자 모양에 기록했는데, 첫 줄에 "이집트 땅에서 나와 출발한 이스라엘 백성의 행진"(민수기 33:1)이라는 제목을 사실상 지도의 제목으로 새겨 놓았다. 텍스트 아래쪽에는 커다란 메노라(7가지 촛대)가 시편 36편 9절과 나란히 성서의 여러 구절이 나온다.

사각판자 안에 들어 있는 긴 히브리어 텍스트는 이 지도를 만든 이들과 지도의 기능을 포함하여 당시의 문학적·역사적 관점을 이해하는 데 흥미로운 부분이다. 여는 구절이 각각 3열, 9열, 13열, 18열, 24열, 30열에 나오는데, 이는 각각 시편 114편, 115편, 116편, 118편에서 따온 것들이다. 이 시편들은 모두 할렐루야 시편인데, 제의와 예배 때 하나님을 찬양하는 찬양시(讚揚詩)이다. 이 구절이 암시하는 바는 성서

〔지도 9〕 이탈리아 만투아에서 제작된 히브리 성지 지도(1560년대)

본문을 해석한 학자들과 지도를 제작한 예술가들과 지도 제작을 후원한 이들에 대한 감사와 찬양을 염두에 둔 것인 듯하다.[14]

또한 이 지도는 이집트, 시나이 사막, 약속의 땅 등을 성서시대의 역사적 관점에서 주로 묘사하고 있으면서도 흥미롭게도 지도 제작자의 동시대 정보를 몇 가지 함께 취급하고 있다. 따라서 이 지도는 히브리 성서가 전해주는 이야기에 근거해서 읽고 이해해야 한다.

지도의 하단 오른쪽에는 이집트에서 지중해까지를, 왼쪽에는 베니스까지를 표시했다.[15] 바다에는 몇몇 배와 섬 하나가 보인다. 섬 이름을 탈무드에서 언급한 대로 히브리어로 니심(nisim)이라 써놓았는데, 이는 '라쉬' 주석에서 민수기 34장 6절에 나오는 서쪽 해안선의 경계를 칭할 때 프랑스어로 'isles'라 했는데, 그리스어 νήσος(nesos)를 잘못 지칭한 것으로 보인다.

오른쪽 가운데 부분에 '람세스의 땅' 이집트가 있고 그곳에 상세하게 출애굽 여정을 지명들과 함께 그려 넣었으며, 왼쪽에는 약속의 땅을 그렸다. 모든 성서 지명과 사건은 히브리어로 작게 표시했는데, 광야를 떠도는 히브리 민족들에 관해서 히브리어 텍스트와 어울리는 그림들을 함께 그려두었기 때문에 히브리 성서에 익숙한 독자들은 마치 성서를 보는 것 같은 느낌을 받을 정도다.

지도상에서 각 지역의 경계는 대략 다음과 같다. 동쪽 경계는 요르단 강, 갈릴리 바다, 사해이다. 이들은 약속의 땅과 트랜스 요르단을 구분 짓고 있다. 히브리 성서가 이스라엘 백성들이 요르단 강을 건넌 곳이 여리고 근처인 것으로 말하고 있는 것과는 달리, 이 지도에서는 법궤가 갈릴리 바다 북쪽에 그려져 있다. 지도의 왼쪽에 설정된 약속의 땅의 경계는 민수기 34장에 나오는 것처럼 자세하다. 요르단 강 물줄기 안에 '요르단 강은 대각선으로 흐른다'는 히브리어가 보이는데, 이는 '라쉬' 주석에 근거하여 만든 미즈라히의 성지 지도를 따른 것인 듯하다.[16]

서쪽 경계는 대해인데, 바다 경계 지역에는 나무들을 그려 넣었다. 해안에 두로와 악고, 욥바가 표시되어 나오는데 이는 민수기의 지명에는 나오지 않지만 만투아 지도 제작 당시 이탈리아 성지 순례자들 사이에서는 매우 중요한 이 도시들을 삽입해놓은 것 같다. 남쪽 경계인 이집트와 에돔 사이에도 나무들을 그려 넣었는데, 이 나무들은 히브리 성서의 텍스트와는 무관한 듯하며 왜 나무를 그려 넣었는지는 이유가 불분명하다.

약속의 땅 자체에는 몇몇 지명만이 확인되는데, 예루살렘은 성벽으로 둘러싼 커다란 타원형 도시로 나온다. 한가운데 바위 돔, 즉 오마르 사원이 자리하고 있다. 성벽 바깥쪽에는 사무엘의 무덤, 엘리(Eli)와 스가랴의 무덤이 보이며, 북쪽으로는 원뿔 모양의 시온 산이 높은 바위 위에 서 있다.

예루살렘 성과 요르단 강 사이의 예루살렘 동쪽에는 커다란 원형의 미로로 표시된 여리고가 가장 돋보이며,17) 다른 곳에는 '베냐민의 땅'과 '유다의 도시'라는 표시가 있다.

예루살렘 서쪽에는 모세가 가나안 땅에 12정탐꾼을 보내는 장면(민수기 13:23)이 큰 면적을 차지한 채 포도송이를 메고 오는 사람들을 포함하여 그림으로 나온다. 히브리 성서에 기록된 두 명 대신 지도에는 네 명이 포도송이를 메고 다른 네 명이 막대기를 들고 호위하거나 무언가를 막대기에 걸고 걷는 모습을 띤다. 이러한 차이는 '라쉬'의 주석에 언급된 대로 "여호수아와 갈렙은 아무것도 들지 않았으며, 여덟 명이 포도송이를 메고, 한 명은 무화과를 다른 한 명은 석류를 메었다"는 내용을 고스란히 따른 것으로 해석된다.

앞서 일부 언급한 대로, 이 만투아 지도 제작자가 지리적 · 역사적인 지도 제작시에 자료로 히브리 성서와 탈무드뿐만 아니라 '라쉬'의 민수기 34장 주석과 미즈라히의 지도에서 언급한 내용 등을 주로 참고했음을 알 수 있다. 특히 땅의 경계에 대한 기초적인 윤곽은 '라쉬'의 개략적인 언급에 영향을 받은 바 크다. 유럽의 성지 순례자들이 출항하던 베니스가 지도의 왼쪽 구석에 섬으로 표시된 것은 지도 제작자 자신의 관심과 동시대 독자들을 의식한 결과임은 두말할 필요도 없다.

이처럼 초기 및 후기 히브리 성지 지도와는 확연하게 다른 만투아 지도 제작의 배경과 상황은 16세기 중엽의 이탈리아 유대공동체 내부 및 외부에서 찾을 수 있을 것이다. 적어도 당시 북이탈리아, 특히 베니스와 만투아와 여타 도시에 거주하던 유대인의 사회적 · 정치적 환경은 무시할 수 없이 중요한 요소일 것이기 때문이다. 이 도시에는 몇몇 유대인 인쇄소가 있었는데, 일부는 기독교인 소유였으며(유대인은 기술자로 일했다), 일부는 유대인 자신들의 소유였다. 요셉 벤 야콥(Joseph ben Ya'acov) 같은 이는 베니스와 다른 도시에서 일한 손꼽히는 지도 제작 기술 소유자였다.[18]

성지 순례의 출항지로서 베니스는 자연스럽게 성지 순례자를 위한 지도 제작의 중심지 역할을 담당했으며, 실제로 베니스는 16세기 중엽 유럽에서 지도 제작 및 인쇄에서 중요한 도시 중 하나로 꼽혔다.[19]

1453년 비잔티움이 함락되자 베니스가 지적 전통의 상속자가 되었다. 16세기 잘 조직된 출판 및 인쇄 산업은 문화적으로나 예술적으로 베니스가 가장 중요한 활동무대였다. 지도 제작 작업장의 공정은 편집 · 디자인, 제도(製圖), 판화(版畫) 및 인쇄 · 출판 등 모두 4단계로 나뉘어 진행했다.[20] 기독교인 학자들, 여행자들, 상인들이 상호 교류하며 성지에 관한 많은 정보와 기술을 교환하면서 산업으로서의 지도 제작은 갈수록 번영했다. 이탈리아 유대인들 역시 성지에 관한 다양한 정보를 직접 혹은 간접적으로 획득했고, 히브리어 성지 지도 제작의 필요성을 갖기에 이르렀다. 특히 랍비문학의 대가들의 주석과 다양한 책이 인쇄되어 소개되면서 성서 지리에 대한 풍부한 자양분을 공급해주었던 것이다.

1556년을 전후로 요셉 벤 야콥과 이삭 벤 슈무엘(Yizhak ben Shmuel)이 만투아에서 제작 · 인쇄한 지도는 현존하는 유대 지도 사이에서 매우 독특한 것이다. 그동안의 선형 지도의 형태에서 벗어나 처음으로 그림 지도를 그렸는데, 이는 내부적(유대공동체)으로나 외부적(기독교공동체)인 환경에 대한 반작용으로 볼 수 있다. 즉, 개혁교회 지도자들의 기독교 성지 지도 제작에 대한 압박의 결과로 추정된다.[21]

그러나 결국 개신교의 성지 지도 역시 히브리어 자료에 근거한 것이었음을 유대인 기술자들은 잘 알고 있었을 것이다. 따라서 유대인 지도 제작자들은 기독교 지도 제작자들의 방식을 따르지 않고, 오히려 자신들만의 독특한 지도를 창안해낼 수 있었다. 히브리어로 쓰인 랍비문학 자료를 익숙하게 다룰 줄 아는 유대인들로서는 자신들만의 성지 해석을 바탕으로 기독교 성지 지도에는 나타나지 않는 여러 가지 이야기와 사건들—예컨대 가나안 정탐꾼 이야기 등—을 첨가하여 자신들만의 특색 있는 지도를 만들었다.

최초의 가톨릭 성서를 편집한 베니토 아리아스 몬타노(Benito Arias Montano)는 독자들을 위해 성서에 지도를 삽입해놓았는데, 그 지도들은 만투아 성지 지도를 닮았다. 몬타노는 지도 한 장을 '어떤 유대인'에게서 받았다고 했다.[22] 그러나 몬타노의 지도는 제노바 개신교 성지 지도의 영향을 받기도 했다. 이처럼 16세기 중엽 이탈리아 북부에서는 서로 다른 신앙 사이에서 성지에 관한 정보와 지도 제작의 기술을 공유하면서도 자신들만의 고유한 성서 해석을 바탕으로 독특한 방식의 성지 지도를 제작했다.[23]

지도 형식을 갖춘 지도들

야콥 벤 아브라함 짜디크의 성지 지도(1620년)

1984년 파리 국립도서관에서 오래된 팔레스타인 히브리어 인쇄본 성지 지도가 한 장 발견된다. 그것은 1620~1621년에 야콥 벤 아브라함 짜디크(Yaakov ben Abraham Zaddik)가 제작한 지도였다. 포르투갈 이민자 집단의 일원으로 1579년 암스테르담에 정착한 그에 관해서는 거의 알려진 게 없다. 당시는 암스테르담이 모든 신앙인에게 종교의 자유를 보장하는 위트레흐트 조합에 가입했던 시기다.

*"Relação do Citio de Terra de Israel"*이라는 포르투갈어 이름이 붙은 이 라틴어 지도에는 별도로 제작자가 서명을 하지 않았다. 그러나 아브라함 후스(Abraham Goes, 1594~1643년)가 동판을 만든 듯하며, 지도 오른쪽 위에 다윗의 별과 함께 짜디크의 초상이 나오는 것으로 보아 그의 작품으로 추정된다. 짜디크는 자신이 이 지도를 복사하게 된 경위를 기술하고 있는데, 지명 및 제목을 조심스럽게 히브리어로 번역하여 유대인 독자들에게 적합하게 제작했음을 밝히고 있다.

이 책의 제2판은 1633년 함부르크에서 요하니스 게오르기(Johannis Georgii)가 출판했다. 호팅게로(Joh. Henrico Hottingero)는 1665년 자신의 책 『*Historia Orientalis*』에서 짜디크의 지도를 언급하며, 샤베타이 바스(Shabbetai ben Joseph Bass)도 『*Sifte Yeshenim*』이라는 책에서 라틴어로는 카르타(*Carta*)라 불리는 히브리어 마파(*Mappah*)라는 제목으로 이 지도를 소개했다.

가로로 매우 긴 이 지도(520×1620mm)는 동판으로 인쇄한 것으로 기본적으로 1590년에 인쇄된 기독교 지도 제작자인 크리스찬 반 아드리콤(Christian van Adricom)의 라틴어 지도 *Theatrum Terrae Sanctae*를 본떠 만들었다.

짜디크는 신약성서의 정경(情景)은 빼버리고 히브리 성서의 지명들은 히브리어로 번역하여 대체했다. 예외적으로 지중해를 나타내는 *Mare Mediterraneum*은 라틴어를 그대로 두었다.

동쪽을 위로 두고 있는 이 지도에는 요르단 강을 사이로 12지파의 경계를 각각 그려 넣었다. 지중해 해안에는 시돈에서부터 하이파, 욥바, 아스글론, 가자를 거쳐 알렉산드리아까지 표시했으며, 바다에는 열 척의 배와 여러 괴물을 그려 넣었다.

오른쪽 세 번째 배에는 초승달이 그려진 깃발이 휘날리며, 네 번째 배에는 다윗의 별이 새겨진 깃발이 우뚝해서 흥미로운 대조를 이룬다. 홍해를 건너는 이스라엘 백성을 뒤따라오는 이집트 사람과 법궤를 주위로 떠도는 지파들을 볼 수 있다.

요르단 강은 레바논 산에서 발원하여 남쪽으로 흘러 메롬 호수(Lake Merom)를 지나 갈릴리 호수와 사해에 이른다. 기손 강(River Kishon)은 갈릴리 호수에서 발원하여 지중해로 흐른다. 짜디크 초상화 근처에 위치한 세일 산(Mt. Seir)은 능선을 넘어 시내 산과 호렙 산과 함께 바란 광야의 한쪽을 차지하고 있다. 지도 맨 꼭대기에 한 줄로 길게 쓰인 텍스트는 신명기 8장 7~8절이다.

아브라함 바르 야콥의 『유월절 하가다』의 성지 지도(1695년)

유럽에서 출판된 기독교 지도 제작자들과 같은 장르의 지도가 두 명의 유대인 지도 제작자에 의해 만들어지는데, 하나가 야콥 벤 아브라함 짜디크의 가나안 지도(1621년)요, 다른 하나가 바로 아브라함 바르 야

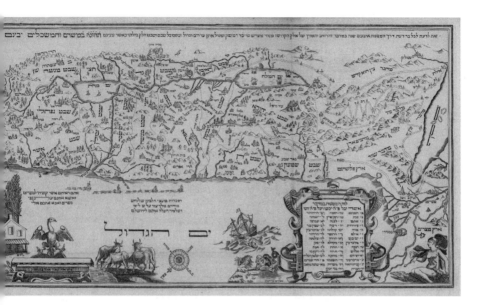

〔지도 10〕 아브라함 바르 야콥의 『유월절 하가다』의 성지 지도(1695년)

콥의 성지 지도(1695년)이다〔지도 10〕. 두 지도 모두 1590년에 사망한 크리스티안 반 아드리콤의 여러 판본에 나오는 지도를 베끼고 라틴어 지명 등을 히브리어로 번역한 것이 분명하다.24)

적어도 1984년 파리 국립도서관에서 야콥 벤 아브라함 짜디크의 성지 지도가 발견되기 전까지만 해도 최초의 히브리 인쇄본 지도로 여겨졌던 지도는 아브라함 바르 야콥(Abraham bar Yaakov)이 편집하고 모세 위젤(Moses Wiesel)이 판본(板本)하여 암스테르담에서 출판한 『유월절 기도문』(*Haggadah shel Pessach*)25)에 들어 있는 팔레스타인 지도다.

이 암스테르담 하가다는 매우 유명해서 이 지도를 포함하여 거듭하여 4판(1695, 1712, 1781, 1810년)이나 출간되었다. 유월절 하가다답게

이 지도에는 이집트 탈출 이후 40년간의 광야 생활 및 약속의 땅으로의 진입 등 출애굽 여정이 지도에 점으로 상세히 표시되어 있다. 이 지도는 1590년에 제작된 아드리콤의 지도 제작 방식을 도입하여 당시의 지도 제작 기술 및 방식을 따르고 있다. 이 지도는 이후 오랫동안 성지 지도의 모델로 자리매김했다.

아브라함 바르 야콥은 17세기 중엽 독일에서 출생하여 기독교 사제가 되었다. 그는 독일을 떠나 암스테르담에 정착하여 인쇄공이 된 후 유대교로 개종했다. 지도 제작과 동판 인쇄에 각별한 재능을 보인 그가 유명한 『유월절 하가다』를 이 지도를 포함하여 동판 인쇄할 수 있었던 것은 당시 이 도시에서 성행하던 인쇄술에 바탕을 둔 것이었다.26)

이 지도의 위쪽이 동쪽이며, 얌 하가돌(yam hagadol: 지중해)이 아래쪽에 놓여 있다. 대해의 지도 여백에는 이 지역의 동식물들을 새겨 넣었다. 왼쪽에 몇 마리의 소 그림과 할라브(halav: 우유)라는 글씨가 보이고, 소 왼쪽으로는 하나님의 능력을 상징하는 독수리가 그려져 있다. 바로 그 위에는 "너희는, 내가 이집트 사람에게 한 일을 보았고, 또 어미 독수리가 그 날개로 새끼를 업어 나르듯이, 내가 너희를 인도하여 나에게로 데려온 것도 보았다"(출애굽기 19:4)는 구절이 새겨져 있다.

왼쪽 끝에 꿀과 나무가 숙곳(succoth: 초막절)이라는 단어와 함께 그려져 있는데, 여기에도 "이제 내가 내려가서, 이집트 사람의 손아귀에서 그들을 구하여, 이 땅으로부터 저 아름답고 넓은 땅, 젖과 꿀이 흐르는 땅으로 데려가려고 한다"(출애굽기 3:8)라는 구절이 쓰여 있다. 소젖과 벌꿀이 가나안 땅의 상징임을 드러내고자 한 것으로 보인다. 지도 하단 중앙에는 4개의 방위가 표시된 나침반이 그려져 있다.

지중해에는 배들과 갤리선들이 두로(Zur)에서 목재를 싣고 욥바 항으로 향하고 있는데, 예루살렘 성전을 지을 재료로 보인다. 오른쪽에는 침몰하고 있는 배가 한 척 보이는데, 고래가 예언자 요나를 삼키고 있다. 오른쪽 구석에는 우산을 쓴 여인이 악어를 타고 이집트에서 더위를 식히고 있다. 지중해에는 시돈에서부터 수르, 아크지브(Achziv), 에글론(Ekron), 아스글론(Ashkelon)과 함께 알렉산드리아까지 차례로 도시 이름이 새겨져 있고, 홍해와 나일 강이 선명하게 그려져 나온다.

사각형 박스 안에는 41개의 지명이 일목요연하게 나열되어 있는데, 광야에서부터 가나안 땅에 이르기까지 이스라엘 백성들이 떠돌아다녔던 지명들이 적혀 있다. 이처럼 지도의 여백을 활용하여 다양한 정보와 이야기를 섞어놓았으며, 지명 목록을 따로 정리한 형식은 16세기 후반 기독교 지도 제작자들이 처음으로 사용했던 방식이었다.27)

지파들의 경계로 나뉜 가나안 땅에는 여러 도시와 기호, 집과 탑이 있다. 축적(蓄積)은 실제 지리학적 사실과 일치하지 않지만 히브리 성서의 지리에 입각하여 상세하게 표현했다. 주요 도시들에는 예루살렘, 여리고, 헤브론, 베들레헴, 브엘세바 등이 포함되어 있다.

요르단 강은 북쪽에서부터 흘러 갈릴리 호수와 사해로 이어지며, 기혼 강은 사실과는 달리 갈릴리 호수에서 발원하여 지중해로 흘러 들어가는 것으로 묘사됐다. 사해에는 4개의 파괴된 도시가 보이는데, 창세기 19장 24~25절에 근거한 소돔과 고모라 등의 도시를 일컫는 것 같다. 북쪽에는 레바논과 산들, 시리아와 유프라테스 강이 있다.

지도의 맨 꼭대기에는, 이 지도의 목적을 잘 이해하게 하는, 한 줄로 된 다음의 글귀가 쓰여 있다.

"누구나 이스라엘 백성이 40년간 나일 강에서 다마스쿠스까지, 아르논

강에서 대해까지 광야에서 떠돌던 길을 알게 해야 한다. 마찬가지로 아래에서 보는바 지파의 소유에 따른 땅의 경계를 알아야 한다."

요한 시모니스의 성지 지도(1741년)

포도나무 형태로 장식한 아름다운 한 장의 지도가 할레 대학(University of Halle)의 교회사 교수였던 요한 시모니스(Johann Simonis, 1698~1768년)의 저서 『*Onomasticum Veteris Testamenti sive Tractatus Philologicus*』에서 발견된다〔지도 11〕. 그는 이 책에서 창세기 49장(12지파에 대한 야곱과 모세의 유언)에 대한 본문을 히브리어, 아랍어, 라틴어, 사마리아어, 영어 등 여러 언어로 비교하며 분석한다.

그는 성지를 방문한 적이 없었으나 권두(卷頭)에 식물로 장식한 매우 멋진 이스라엘 지도를 그려 넣었다. 익명의 예술가를 통해 제작한 동판으로 인쇄된 이 흑백지도는 상대적으로 다른 지도에 비해 크기가 작으나(180×140mm), 예술작품으로서 솜씨가 매우 탁월하다. 히브리 성서에 나오는 중요 지명들이 망라되어 있다.

한 그루의 포도나무 가지가 성지 지도 전체를 휘감고 있는 모양을 하고 있는데, 나무의 밑동지에 이스라엘(yisrael)이라 써넣었다. 지도의 테두리 상단에는 시편 80편 8~12절(Ps.LXXX.8-12)[28]이라고 새겨 넣었다.

히브리 성서에서 포도나무는 풍요를 상징한다(예레미야 31:5; 이사야 60:21 등). 포도나무 가지는 이스라엘의 지파가 차지하고 있던 요르단 강 동편까지 뻗어나가 있다. 12지파에게 약속한 땅에 대한 해설서답게 12지파에게 분배된 '약속의 땅'에 관한 지도를 넣었던 것이다. 포도 나뭇잎에는 히브리 성서에 등장하는 유명한 왕들과 예언자들과 사사들의

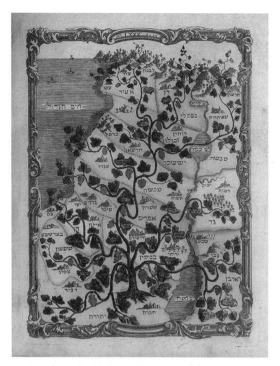

〔지도 11〕요한 시모니스의 성지 지도(1741년)

이름이 기입되어 있다.

　지도는 오늘날의 것처럼 북쪽을 위로하고 있다. 북쪽에는 레바논과 골란 고원이, 남쪽에는 사해가, 서쪽에는 지중해가 놓여 있다. 배가 몇 척 떠 있는 대해의 해안에는 북쪽으로부터 항구도시 악고, 욥바, 갓이 있으나 그 위치는 정확하지 않다. 요르단 강은 레바논 산지에서 흘러 훌라 호수를 거쳐 얌 키네렛(yam kinerett: 갈릴리 호수)에 이르고, 갈릴리 호수는 다시 요르단 강을 따라 사해에 이른다.

　나뭇가지 사이의 여백에는 12지파의 이름과 더불어 점선으로 표시된 지파 간의 경계가 표시되어 있으며, 지파의 소유지에 주요 도시들, 강과 산의 이름이 새겨져 있는데, 도시의 위치는 정확하지 않다. 예컨대 브엘세바는 예루살렘 북서쪽 지중해 연안까지 치우쳐 나온다. 예루살렘, 헤브론, 여리고, 브엘세바 등 몇몇 주요 도시는 주변 여백에 성곽이나 이슬람 사원의 탑(미나렛)으로 표시해두었다.

이 지도는 출애굽 이후 광야에서 떠돌던 이스라엘 백성들이 가나안 땅에 들어와 12지파에게 각각 땅을 분배한 사실을 보여주고자 했던바, 포도나무 가지로 묘사함으로써 젖과 꿀이 흐르는 가나안 땅의 풍요로움을 동시에 말하고 있다.

예히엘 힐렐 알트슐러의 성지 지도(1775년)

강이나 바다, 12지파의 이름을 제외하고 지명들에는 각각 번호를 붙여 지도 하단의 여백에 6열 총 106개의 지명을 따로 목록으로 작성해 넣은 이 지도는 독일과 이탈리아와 네덜란드에서 활동한 예히엘 힐렐 알트슐러(Jehiel Hillel Altschüler)가 자신의 책『여호수아 주석서』에 동판 인쇄하여 삽입한 것이다[지도 12].

북쪽이 위를 향하도록 한 이 성지 지도에는 서쪽의 대해와 동쪽의 요르단 강이 큰 물줄기 모양으로 좌우 대칭을 이루고 있으며, 대해 아래쪽에 이집트의 나일 강이 대해와 연결되어 있다. 단에서 흐르는 요르단 강은 사해에서 끝나는데, 갈릴리 호수는 따로 표시되어 있지 않다.

21번(예루살렘)을 제외하고 모든 지명에는 원 안에 히브리어 알파벳으로 표시된 숫자를 넣었는데, 1번 신 광야에서 시작해서 106번 욥바에서 끝난다. 몇몇 원 안에는 번호가 없으며, 예루살렘은 건물 형태로 표시했고 건물 지붕에 깃발이 휘날리고 있다. 모세 오경에 나오는 출애굽 여정의 지명들과는 순서상 아무런 관련이 없어 보이며, 여호수아 주석서임을 감안할 때, 12지파에게 분배된 땅의 경계와 그 지역 안에 들어 있는 가나안 땅의 주요 도시들을 총 망라한 것으로 보인다. 여섯 줄의 지명 106개를 순서대로 정리하면 다음과 같다.

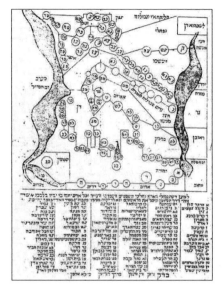

[지도 12] 예히엘 힐렐 알트슐러의 성지 지도(1775년)

제1열 1(א). 신 광야, 2. 말레 아크라빔, 3. 신, 4. 카데스 바르네아, 5. 하즈론, 6. 아다르, 7. 카르카아, 8. 아즈몬, 9. 이집트의 시내, 10(י). 베이트 호글라, 11. 베이트 아라바, 12. 보한 돌, 13. 아골 골짜기, 14. 드빌, 15. 길갈, 16. 아두밈, 17. 벤야민 시내, 18. 에인 쉐메시

제2열 19. 에인 고겔, 20(כ). 힌놈 골짜기, 21. 예루살렘, 22. 로쉬 하하르, 23. 르바임 골짜기, 24. 메이 납달리, 25. 에브론 산, 26. 키리얏 여아림, 27. 세일 산, 28. 게살론, 29. 베이트 쉐메시, 30(ל). 예후다의 팀나, 31. 에글론, 32. 쉬케론, 33. 발라 산, 34. 야브넬, 35. 여리고, 36. 메이 여리고

제3열 37. 벧엘 산, 38. 베이트 엘 루즈, 39. 아타롯, 40(מ). 이플라티, 41. 베이트 호론(上), 42. 게젤, 43. 아타롯 아다르, 44. 베이트 호론(下), 45. 미크모레, 46. 타나트 실로, 47. 야누 하, 48. 아타롯, 49. 나아라타,

50(ㅗ). 타푸아흐, 51. 가나 시내, 52. 세겜, 53. 에인 타푸아흐, 54. 벧산

제4열　55. 이블레암, 56. 도르, 57. 엔돌, 58. 타아나, 59. 므깃도,

60(ㅁ). 라비트 온 사막, 61. 얌, 62. 불 하아라바, 63. 브엘세바, 64. 사리

드, 65. 마아랄라, 66. 답베세트, 67. 즈불론 시내, 68. 요크네암, 69. 키슬

롯 다볼, 70(ㅛ). 하도브라트, 71. 야피아, 72. 갓 쉐페르

제5열　73. 에트 카쩐, 74. 림몬, 75. 하아나, 76. 하나아톤, 77. 이프타엘,

78. 이즈르엘, 79. 케술로트, 80(ㅁ). 다볼, 81. 샤흐니마, 82. 이사갈의

베이트 쉐메시, 83. 헬카트, 84. 할리, 85. 갈멜, 86. 시호르 리브나트, 87.

베이트 다곤, 88.베이트 하에멕, 89.나이엘

제6열　90(ㅈ). 가불, 91. 에브론, 92. 가나, 93. 야니론 라바, 94. 하라마,

95. 미브짜르 주르, 96. 호사, 97. 세벨 아크찌바, 98. 마슐라프, 99. 마알

린, 100(ㄲ). 라쿰, 101. 아즈놋 타불, 102. 하카, 103. 조라, 104. 에슈타

올, 105. (단) 에글론, 106. 욥바

요셉 슈바르츠의 성지 지도(1829년)

랍비이자 지리학자인 요셉 슈바르츠(Joseph Schwarz, 1804~1865년)
는 독일 남부 바이언(Bavaria)의 플로스(Floss) 태생이다. 그는 히브리
성서와 랍비 문학 등에 나오는 당시의 성지의 지리 정보를 바탕으로
1829년 제작한 팔레스타인 지도를 자신의 책『그 땅에서 나는 곡물들』
(*T'vuot Ha'aretz*)에 삽입했다[지도 13]. 제3판에는 히브리어(큰 지도)와
독일어(지도 안에 작은 박스)를 함께 섞어 제작했다. 슈바르츠는 1833년
에는 예루살렘에 정착하고 죽을 때까지 성지의 역사지리 연구에 몰두
했다.

히브리어 부분에 '성지와 그 경계들'이라는 제목과는 달리, 독일어

〔지도 13〕 요셉 슈바르츠의 성지 지도(1829년)

부분에 '현재 상태의 팔레스타인'(*Palästina nach gegenwärtiger Bescha-ffenheit*)이라 표제를 붙인 이 지도는 '1829년 비르츠부르크(Würzburg)에서 요셉 슈바르츠가 만듦'이라 써놓아 제작자 및 제작 년도를 정확히 밝혔다.

비교적 매우 사실적인 팔레스타인의 모습을 한 이 지도에 슈바르츠는 요르단 강을 중심으로 동서로 12지파의 땅의 경계를 나누어 표시했다. 레바논에서 흘러내리는 요르단 강이 메롬 호수를 지나 키네렛 바다(갈릴리 호수)를 지나 사해에 이르며, 대해와 그 해안선, 그리고 여러 항구도시가 비교적 사실적으로 상세하게 묘사되었다. 시나이 반도를 가운데 두고 양쪽에 갈대바다(홍해)가 있으며, '이집트 강'(나일 강)이 잘 그려져 있다. 시나이 반도를 포함 이스라엘 민족의 출애굽 여정이 점선으로 이어져 그려져 있으며, 모압의 느보 산에 와서 멈춘다. 팔레스타인에는 아주 여러 도시가 등장하는데, 도시의 크기와 중요도에 따라 다르게 표시했다.

하임 젤리그 슬로님스키의 성지 지도(1865년)

러시아 점령기 폴란드에서 태어난 하임 젤리그 슬로님스키(Chaim Zelig Slonimski, 1810~1904년)는 1844년 러시아과학원으로부터 수학 및 천문학 분야에서 탁월한 업적을 이루어 데미도프상(Demidov Prize)을 수상했다. 24세에 수학책을 저술하여 '모세데 호크마'(Mosede Ḥokmah)라는 칭호를 얻은 바 있다.

슬로님스키는 지토미르(Zitomir)에 있는 랍비 학교의 장학사이자 히브리어 검열관으로 일했다. 그는 1838년 랍비 학교가 문을 닫자 폴란드 바르샤바와 독일 베를린에 본부를 둔 히브리어 잡지 『하-제피라』(*Ha-*

〔지도 14〕 하임 젤리그 슬로님스키의 성지 지도(1865년)

Zefirah)의 편집자가 되었다. 과학 분야를 다루는 이 잡지에 나훔 소코로브(Nahum Sokolov)가 편집회의의 위원으로 활동하기도 했다. 그가 과학재단에서 펴낸 수학 관련 책『*Jesodej Chochmath Haschiur*』에 팔레스타인 지도〔지도 14〕를 끼워 넣은 까닭은 무엇일까? 그 이유를 단정하기는 어렵지만 한번 추측해보자.

당시는 디아스포라 생활이었기에 유대학 관련 서적 출판이 까다로

웠다. 그런 상황에서 정상적인 검열을 통과하여 기하학과 대수학 사이 64쪽에 이 지도를 끼워 넣었다는 사실은 그 자체로 매우 흥미롭다. 19세기 중반은 아직 테오도르 헤르츨에 의한 시온주의 운동이 싹을 틔우기 이전이었다. 하지만 디아스포라 유대인 사회에서 팔레스타인으로 돌아가고자 하는 열망이 적지 않았을 것이다. 슬로님스키도 비록 수학 책이라지만 이러한 미래를 위한 희망을 지지하고 북돋우려는 의도로 팔레스타인 지도를 삽입해놓은 것으로 생각할 수 있을 것이다.[29]

슬로님스키의 '에레츠 이스라엘'(*Eretz Yisrael*) 지도는 경도와 위도로 나누어 그렸다. 북쪽 레바논에서 남쪽 사해에 이르고, 서쪽 대해에서 동쪽 트랜스 요르단에 이르는 매우 과학적인 현대지도를 보는 듯하다. 정확하지는 않지만 등고선으로 처리된 부분들은 비교적 팔레스타인의 지형 특징을 잘 반영하고 있다. 모든 지명은 히브리어로 써넣었는데, 지중해를 일컫는 얌 하가돌(yam hagadol)에는 괄호 안에 독일어로 *Mittelländisches Meer*라 부기해두었다. 라틴어 지도를 히브리어로 번역하는 과정에서 발생한 의도적인 행위로 엿보인다.

요르단 강은 여느 지도에서와 마찬가지로 레바논 산에서 발원하여 갈릴리 호수를 거쳐 사해에 이르고, 기손 강은 갈릴리 호수에서 발원하여 지중해로 흐르는 것으로 표시했다. 주변 국가들로는 동남쪽에 세일 산과 함께 모압이, 동쪽에는 암몬이, 북쪽에는 레바논과 시리아가 자리하고 있다. 시리아에는 다마스쿠스가, 에레츠 이스라엘에는 티베리아, 세겜, 예루살렘, 여리고, 베들레헴, 헤브론, 브엘세바 등 주요 도시명이 선명하다.

성지 지도, '귀향'의 꿈

일반적으로 유대교에는 '이미지(형상)를 만들지 말라'는 모세 법(출애굽기 20:4 등)에 따라 조각예술이나 장식예술의 발달이 없거나 더디다고 이해해왔다. 그러나 기원 250년경 시리아의 두라-유로포스에서 발견된 회당의 벽화에는 히브리 성서가 말하고 있는 내용에 관한 그림 장식을 볼 수 있다. 또한 갈릴리 지역에서 발굴된 유대인 회당의 바닥 모자이크에서도 제의와 관련한 다양한 이미지를 엿볼 수 있다. 유대 전통문화에서 풍부한 장식이나 조각이 없다는 것이 반드시 종교적인 이유에서라는 증거는 불충분하다 하겠다.[30]

히브리 성지 지도에 관한 연구는 상대적으로 최근의 일이다. 여러 고대 히브리어 사본이 새롭게 출판되거나 여러 성지 지도 수집이 최근에서야 이루어졌기 때문이다. 지금까지 알려진 대부분의 히브리 성지 지도는 기독교 지도 제작자들이 만든 지도를 복사하는 수준으로 알고 있었으나, 발굴되지 않은 많은 히브리 성지 지도가 알려지면서 훨씬 더 독특한 형태와 내용을 지닌 성지 지도 연구가 이루어질 수 있었다.

히브리 성지 지도는 크게 두 가지 형태로 구분된다. 하나는 히브리 성서나 랍비들의 주석서에 근거하여 작성한 초보적인 수준의 선형 지도요, 다른 하나는 17세기에 들어와 주로 기독교 지도 제작자들의 지도를 복사하여 만든 지도 형태의 지도다. 독특하게도 이탈리아 만투아에서 1560년대에 제작된 히브리 성지 지도(132쪽, [지도 9])는 앞의 유형의 지도들과는 구별되는 유일한 히브리 지도로 평가받는다.

'미지의 성지'에 대한 구체적인 지리 정보와 지식이 거의 없었던 랍비 문학 학자들이 자신의 성서 주석을 알기 쉽게 설명하려고 제작해 삽입한 중세 랍비들의 성지 지도는 그것이 곧 그 시대의 성서 지리였다. 다시 말해서 그들이 알고자 했던 '에레츠 이스라엘'은 곧 자신들의 조상들이 살며 거닐었던 '성서의 땅' 그것이었다.

디아스포라 생활에서 꿈꾸던 '귀향'의 희망은 잃어버린 땅에 대한 사실적 탐구를 통해서가 아니라, 성서시대의 역사를 더욱 잘 이해하고 성서의 가르침을 잘 실천함으로써 구현할 수 있다는 당시의 유대신앙 전통이 성지 지도를 제작하는 동기이자 목적이었다. 특히, 출애굽과 가나안 정복 및 땅의 분배 역사는 조상들의 역사적 경험을 바탕으로 한 자신들의 목표인 '귀향'이라는 주제와 잘 어울렸기 때문에 대부분의 히브리 성지 지도에서는 출애굽 여정이나 가나안 땅의 12지파의 경계 및 도시 등이 주요한 관심사로 등장한다. 지도 제작자들이 명명한 지도 제목에 주로 'YITSUR'(그림 혹은 그리기) 혹은 'TSURA'(형태 혹은 윤곽)라는 이름이 붙은 이유도 거기에 있다.

히브리 성지 지도가 선형(線形)에서 벗어나 점차 지도의 형태를 띠게 된 것은 상대적으로 후대의 일이다. 중세 이후 좀 더 '계몽적인' 유대 학자들이 히브리 성서나 랍비 문학의 범주를 넘어서 의학, 천문학, 수학, 지리학 등 여러 범주의 일반지식을 폭넓게 습득하게 되면서 기독교 지도 제작자들의 영향을 받아 더욱 '과학적'이며 '사실적'인 성지 세계에 대한 이해를 바탕으로 성지 지도를 제작했던 것이다. 그러나 다른 한편에서는 '새로운 과학'을 거부하면서 여전히 '중세적' 랍비 유대교의 전통을 지켜나가려는 자들에 의해 초보적인 수준의 선형 지도가 계속 제작되어왔다.[31] 유럽의 유대공동체의 다양한 문화적 특성은 히브리 성지 지도 제작사에서도 잘 드러난다.

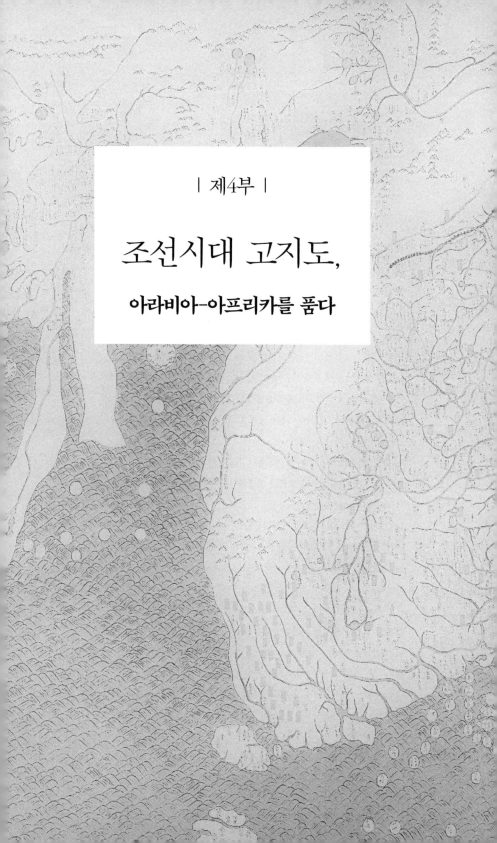

| 제4부 |

조선시대 고지도,

아라비아-아프리카를 품다

               ◆

고지도는 미끄러워 붙잡기 힘든 증거다.
그러나 그것 없이 역사가는 어디에 존재할 수 있겠는가?
— 존 호라스 페리(John Horace Parry)

고지도는, 기본적으로는 과거가 이해하고 있던 실재 세계를 보여주는 '재현된 시각 예술의 한 형태'(이미지)로서, 본질적으로는 특정한 사실과 이야기를 공간적/지리적 상황에서 보여주는 '재현된 담화의 한 형태'(언어)로서, 역사 이해의 '거울'이자 '텍스트'이다.

고지도에는 당시의 역사-지리적 지식 정보뿐만 아니라 과학기술 및 예술성 등이 도상학적 기호와 상징적 이미지를 통해 투영되어 있다. 더 나아가 그 속에는 한 개인과 사회의 지배적인 사상과 이념, 권력과 신앙 등의 '가치'가 담겨 있다.[1] 특히 세계지도—고지도의 여러 유형들[2] 가운데서—는 지역 간 공간 정보의 교류와 당시 사람들의 세계관/세계 인식 혹은 세계 이해의 공적 소통구조를 엿볼 수 있는 '해독이 필요한 시각언어'이다.

1402년(태종2년) 조선에서 제작된 〈혼일강리역대국도지도〉는 공간적으로 당시까지 알려진 대륙을 모두 포괄한 현존하는 동아시아 최초의 세계지도이다. 15세기 말~16세기 초의 이탈리아 예수회 중국선교사 마테오리치(Matteo Ricci, 1552~1610년)가 제작한 서구식 세계지도인 〈곤여만국전도〉(坤輿萬國全圖)가 17세기 조선에 들어오기 전까지 사실상 가장 넓은 세계 지평을 그려 넣은 지도였다.

이 지도의 중앙에 중국을 가장 크게 배치하고, 동쪽에는 조선을, 남쪽에는 일본과 동남아시아를, 서쪽으로는 중앙아시아, '축국'(쁘國: 인도), 아프리카 대륙, 아라비아 반도, 이베리아 반도, 유럽 대륙 및 지중해를 각각 포함하고 있다.

시간적으로 이 지도가 제작된 15세기 초는 서양 역사로 보면 스페인과 포르투갈에 의한 '발견의 시대'—이 지도는 1492년 신대륙 발견보다 무려 90년이나 앞서 만들어졌다—가 아직 막을 열기 이전이었다. 또한 동양 역사로 보면 명나라 정화(鄭和, 1371~1433년)의 대선단(大船團)이 인도양을 거쳐 페르시아와 아라비아—아프리카로 대항해(1405~1433년)3)—1405년에 시작된 정화의 항해는 명·청대 중국인들에게 '서양'이라는 말을 각인시킨 결정적인 사건이었다4)—를 떠나기 직전이었다. 지도학 역사로 보면 유럽에 아직 고대의 탁월한 프톨레마이오스의 지도학이 이슬람을 통해 소개되기 이전이었다. 아울러 조선의 지도 제작 및 발달사에서 볼 때에도, 천하(天下)를 '이상적'이고 '추상적'으로 이해하던 이전의 '그림 지도'—예컨대 〈천하도〉5)—와는 현저하게 구분되는 것으로써 '과학 지도'로 이행하는 과정의 단면을 최초로 보여주고 있다는 점에서도 의미와 가치가 큰 지도이다.6)

이처럼 〈혼일강리역대국도지도〉는 조선 전기(前期)의 지리학적 지식·정보를 종합하여(정보력), 뛰어난 과학·기술 위에 창의력을 덧입혀 편집·제작하고(창의성과 기술력), 비단에 잉크로 채색(彩色)하여 벽걸이 형태(예술성)로 제작한 세계 학계에서도 주목받는 세계지도이다.7)

이 글에서는, 먼저 지금까지 논의되어온 지도 제작 과정에 관한 선행 연구들에 필자의 입장과 논거를 덧입히고, 아직까지 본격적으로 논의된 바 없는 〈혼일강리역대국도지도〉에 나타난 아라비아-아프리카 지역의 지리적·지형적 특성과 지도에 표시된 약 71개(아라비아 24개, 아프리카 47개)의 지명(地名)들과 조선시대가 보여주고자 했던 아라비아-아프리카 지역, 즉 '외부세계'에 대한 인식을 일반적인 역사적 배경(지도 제작의 목적, 과정, 지리적 정보의 유래, 지도 제작자 등)에서 살펴보겠다. (지도의 역사는 담화와 이미지의 한 형태로 해석될 수 있으며, 지도학은 문학비평, 미술사, 지식사회학 등과 이론적으로 관련된다.)

지도는 결코 가치중립적 이미지가 아니며, 지도 지식은 하나의 사회적 생산물이다. 따라서 표현/묘사의 정치-사회적 의미를 간과한 어떤 지도 제작사 연구도 그 자체로 '역사와 관계없는' 역사로 분류될 뿐이다.8) 그렇기에 지도에 담긴 담론과 지도 콘텐츠를 정치권력의 맥락에서 왜 그렇게 표현/묘사했는가에 주목하여 탐구함으로써 〈혼일강리역대국도지도〉를 새롭게 해석할 가능성을 열고자 한다.

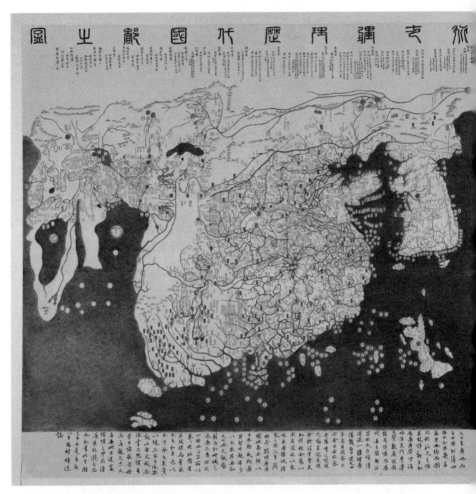

[지도 1] 〈혼일강리역대국도지도〉, 1402년, 류코쿠 대학 오야미 도서관 소장(이 지도는 저작권자의 허가를 얻어 사용함).

〈혼일강리역대국도지도〉 제작 과정

2000년 〈혼일강리역대국도지도〉의 원본(150.0×160.0cm, 족자 부분 제
외)이 일본 교토의 류코쿠(龍谷) 대학 오미야 도서관(大官圖書館, 청구번
호 021.1-103-1)에서 발견되었다[지도 1]. 류코쿠 대학의 오카다 요시
히로 교수팀은 9년여의 초고정밀 디지털화 작업 끝에 2009년 11월 지
도의 색채 및 지명·지형을 판독 가능하도록 선명하게 복원했다.9) 그동
안 필사본 지도 4장만이 전해져왔으며, 모두 일본에 소장되어 있다.10)
한국에는 지도학자 이찬 교수가 화공으로 하여금 류코쿠 소장본을 모
사하여 규장각에 기증한 사본 한 점이 있을 뿐이다.11) 조선에서 제작한
이 지도가 어떻게 일본으로 건너갔는가 하는 유래는 아직까지 밝혀지
지 않았다.12)

　지도 제작의 동기와 목적, 지도 제작자의 배경, 제작 방식과 체계,
그리고 제작 과정 등에 관해서는 지도 하단에 남긴 발문(跋文)을 통해
소상히 알 수 있다.13) 48행에 285자의 한문으로 쓴 발문의 전문을 옮
기면 다음과 같다.

　천하는 지극히 넓다. 안으로는 중국(內中國)으로부터 밖으로는 사해
　(外四海)에 이르기까지 몇 천만리인지 알 수 없다. 이것을 줄여서 수척
　의 폭으로 된 지도를 그리면 상세하게 하기가 어렵다. 그러므로 지도로
　만들면 모두 소략하게 된다. 오직 오문(吳門) 이택민(李澤民)의 〈성교
　광피도〉(聲敎廣被圖)는 매우 상세하고, 역대 제왕의 연혁은 천태승(天
　台僧) 청준(淸濬)의 〈혼일강리도〉에 실려 있다. 건문(建文) 4년 여름
　에 좌정승 상락(上洛) 김공(김사형)과 우정승 단양 이공(이무)의 섭리

(燮理)의 여가에 이 지도를 참조하여 연구한 후, 검상 이회에게 명하여 자세히 교정하게 하여 합쳐서 일도(一圖)를 만들게 했다. 요수 동쪽(以東)과 본국의 강역은 이택민의 지도에도 많이 누락되어 있어서 지금 특히 우리나라 지도를 증광하고 일본을 첨부하여 새로운 지도를 작성했다. 정연하고 보기에 좋아 집을 나가지 않아도 천하를 알 수 있다. 지도(地圖)와 서적(書籍)을 보고 지역의 원근을 아는 것은 다스림(政治)에 도움이 된다. 두 정승(김사형과 이무)이 이 지도에 몰두하였던 것을 통해 그분들의 규모와 국량이 크다는 것을 알기 때문이다. 나(권근)는 재주가 없으나 참찬을 맡아 두 분의 뒤를 따랐는데, 이 지도의 완성을 기쁘게 바라보게 되니 심히 다행스럽다. 내가 평일에 방책을 강구해 보고자 하였던 뜻을 맛보았고, 또한 후일 자택에 거주하며 와유(臥遊)하게 될 뜻을 이루게 됨을 기뻐한다. 이에 지도의 하단에 기록하게 된 것이다. 이해 가을 8월(是年秋八月) 양촌 권근이 씀.14)

먼저, 지도 제작의 동기와 목적으로는 발문에서도 밝히고 있듯이 '다스림(政治)에 도움'을 주기 위해서라고 한다. 고대사회에서 지리(地理)는 천문(天文)과 더불어 국가를 통치·경영하는 중요한 '제왕(帝王)의 학문'이었다. 천문이 천체의 운행을 관찰하고 예측하여 정확한 역(歷)을 만드는 것과 관련된 것이라면, 지리는 국토의 지형지세, 토지, 인구 및 물산을 파악하여 국정의 기초자료를 마련한다는 것과 관련되기 때문이다.15)

그러나 지도 제작상의 여러 맥락—지도 제작사에서의 정치적 상황의 보편성, 권력구조가 지도의 내용을 취급하고 활용하는 방식, 지도 지식을 활용해서 강화하려는 소통의 상징적 차원 등16)—을 고려할 때,

그리고 "재현의 형식은 그것의 목적과 그것이 통용되는 사회의 요구에서 분리될 수 없다"[17]는 이론적 배경에서 바라볼 때, 이 세계지도가 단순히 국정의 기초자료 및 교역이나 통상, 외교나 여행 등의 '실용적' 목적에서 제작되었다고 보기는 어렵다.

태조 이성계 이후 아직 왕권이 제대로 갖춰져 있지 않던 조선의 기틀을 다져서 사실상 조선의 창업군주로 불리는 조선의 3대 임금 태종(재위 1400~1418년)이 세계지도 제작을 적극적으로 후원했다는 사실을 주목할 필요가 있다.

태조 이성계의 아들 중 가장 영민하고 대범하며 냉철했다는 평을 받고 있는 이방원은, 고려 왕조의 유지 세력, 특히 정몽주를 선죽교에서 제거함으로써 중국의 원(元)-명(明) 교체기에 고려 왕조의 허약함을 본 이성계를 중심으로 한 신진세력의 정치·군사적 기반을 군건하게 하여 새로운 왕조(1392년)의 문을 여는 데 큰 공을 세웠다. 또한 명나라와의 외교적 분쟁(1395년)에 휩싸인 동안 조선의 왕실 내부에서 일어난 권력 다툼 과정에서 '제1차 왕자의 난'(1398년)—이때 개국왕조의 정부 형태와 조세제도 및 법률제도를 마련하고, 불교를 배척하고 신유학(新儒學, Neo-Confucian: 성리학/주자학)을 나라의 통치이념으로 삼고, 한양 천도를 감행하는 등 조선 개국의 틀을 마련한 삼봉(三峯) 정도전(鄭道傳)은 이방원에 의해 살해된다—을 일으키고 또 '제2차 왕자의 난'(1400년)을 진압하여 권력의 중심에 우뚝 섰다.

왕위에 오른 태종 이방원은 관제(官制) 개혁, 국방력 강화, 조세제도 정비, 척불숭유 정책 강화, 호패법 시행, 신문고 설치, 천도 등 개혁을 단행했다.[18] 태종의 이러한 대대적인 정치 개혁, 유교 중심의 사회·교육·문화개혁 과정에서 세계지도 제작이 갖는 정치-사회적 의미는 무엇일까?

발문에서도 밝히고 있듯이, 이 지도의 제작 목적을 지극히 넓은 천하(天下)의 지도자료를 여러 경로를 통해 입수하여 획득한 지리적 정보를 '참고'하여 '교정'하고 '합쳐'서 '정연하고 보기에 좋'도록 편찬함으로써 '다스림'(政治)—천문(天文)과 지리(地理), 즉 하늘과 땅으로부터 새 왕조의 우주적 정당성을 드러내는 것은 한국의 오래된 정치-문화적 전통이다19)—에 활용코자 함에 있다고 한다. 이는 조선 왕조 개국 초기 내부적으로는 새롭게 확장한 지극히 넓은 천하세계의 '규모'를 보여줌으로써 왕조/왕의 원대한 이상을 일깨우고 이를 바탕으로 왕권을 공고히 확립하여 원활한 통치에 활용코자 한 것이다.20) 또한 외부적으로는 천하세계를 중화적(中華的) 세계 인식의 틀에서 바라보게 함으로써 유교를 개국 이념으로 내건 조선의 지배계급이 중국과 긴밀한 우호적 외교관계21)를 유지하고자 했던 인식과 의도를 드러내고자 한 것이다.

다른 말로 해서 '확장된' 외부세계22)를 '내부자의 시선'으로 드러내 보여줌으로써—발문에서는 "안으로는 중국(內中國)으로부터 밖으로는 사해(外四海)에 이르기까지 몇 천만리인지 알 수 없다"고 표현함으로써 분명히 '안'(내부세계)과 '밖'(외부세계)을 구분 짓고 있을 뿐만 아니라, "집을 나가지 않아도 천하를 알 수 있도록 했음"23)을 밝히고 있다—대내외적으로 유교적 세계관과 가치관을 통한 '통치'의 정당성을 담보하여 지배력을 강화하고자 한 것으로 해석된다. (여기서 이념적 화살/시선의 방향은 사회 안에서 권력을 가진 지배 그룹/개인으로부터 약자들에게로 한쪽 방향으로만 날아간다.)

그런 의미에서 지도는 현저하게 '권력의 언어'이다. '이미지와 권력 사이의 변증법적 관계' 속에서 작용하는 지도는 결코 '가치중립적 이미지'가 아니다. '권력과 지식의 관계'를 설명한 미셸 푸코(M. Foucault)식으로 말해서 조선이 만든 세계지도 역시 예외 없이 '지식의 한 형태이자 권력의 한 형식' 또는 '권력으로서 지식'의 지도였다는 것을 부정하기 어렵다. 지도는 권력집단의 일방적인 '더욱 폭넓은 정치적 신호체계'이며, 권력을 재구상화하는 일종의 목적론적 담화인 셈이다.[24)

지도 제작자들로는 의정부 좌정승 김사형(金士衡, 1341~1407년), 우정승 이무(李茂, 1355?~1409년), 그리고 검상(檢詳) 이회(李薈, ?~?) 등 세 사람을 꼽을 수 있다. 정부의 현직 고위관리인 김사형과 이무가 지도 제작을 총괄 기획하고, 실무는 이회가 한 것으로 나타난다. 김사형과 이무, 두 정승은 지도를 제작하는 동안 외교적인 일로 중국을 직접 방문했는데, 권근이 발문에서 밝히고 있듯이 김사형은 중국에서 제작한 지도들을 손에 넣고 1399년 여름에 여행을 마친 것으로 보인다.[25) 그러나 이무는 1407년에야 중국에서 귀국하는데, 이는 태종의 지지 세력과의 정치적 갈등, 유배 및 처형과 무관해 보이지 않으며, 또한 지도 제작이 완료된 이후가 된다. 김사형과 이회는 지도 제작과 관련한 행정 경험을 가지고 있었던 것으로 보이는데, 세계지도 제작이 완성되기 수개월 전인 1402년 봄 태종에게 북쪽 경계지역에 대한 토지조사 진행과정을 보고한 바 있다.[26)

사실상 지도 제작에 관한 행정적 책임은 본 지도의 발문에서 "이 지도의 완성을 기쁘게 바라보게 되니 심히 다행스럽다"라고 쓴 권근(權近, 1352~1409년)이 맡았던 것으로 여겨진다. 그렇다 하더라도 역시 발문에서 "두 정승(김사형과 이무)이 이 지도에 몰두하였던 것을 통해 그분들의 규모와 국량이 크다는 것을 알기 때문이다"라고 밝힌 점으로 미루어 짐작컨대, 지도 제작 과정에서 '권력자의 개입'은 결코 간과해서는 안

될 대목이다(그런 의미에서 "고위관리로서 그들[김사형과 이무]이 실제로 지도 제작에 관여할 시간이 없었을 것이다"라는 주장[27]은 옳지 않다. 물론 출판·인쇄를 담당하는 자가 개량된 정확성을 위해서 학자들[후원자]의 요구를 항상 따르지는 않는다. 권력자의 영향을 추가한다 하더라도 새로운 기술로 제작된 지도 역시 똑같이 오보를 유포할 수 있다).[28]

권근은 고려 말에 급제해서 조선 초 태종 때까지 활동한 대표적인 개혁파 유학자 중 한 사람으로, 두 차례나 명나라에 사신으로 다녀왔다.[29] 그가 쓴 발문에 따르면 이 지도가 완성된 해는 건문(建文) 제4년, 즉 태종 2년(1402년)에 해당한다.

또한, 이 지도 제작의 기술적·예술적 주역은 이회라 할 수 있는데, 생몰년(生沒年)은 알려진 것이 없다. 사간원(司諫院)에서 일했던 그는 1402년 5월 자신이 그린 〈조선팔도도〉를 태종에게 바친 바 있다.[30] 그리고 불과 3개월 후 최초의 세계지도인 〈혼일강리역대국도지도〉가 완성되었다. 그렇기에 조선에 관한 부분에서 두 지도 사이에 긴밀한 상관관계가 있었던 것은 분명하다.[31]

이처럼 지도 제작은 후원자의 후원을 비롯하여(후원) 수집·축적된 지리적 정보(지식), 기술적 노하우(과학), 문화-예술적 솜씨(예술)가 종합적으로 결합—지도 안에서 '예술'과 '과학'은 동일한 소통과정의 국면에서 상호 관련을 갖는다[32]—되어 이루어지는데, 여기에 형태와 디자인, 색채를 덧입혀 지도는 완성된다.

'시각 이미지' 또는 '이미지의 언어'[33]로서 옛 지도가 주는 강렬한 인상은, 설령 여러 가지 사실성의 오류가 발견된다 하더라도, 그것이 주는 폭넓은 인문적 상상력과 통찰력, 과학과 예술이 결합된 매혹적인 표현력과 구성력에서 비롯된 것이리라.

그러나 지도 제작 과정에서 수집된 지리적 정보와 지식이란 '봉인된 소포처럼 발송되어 수취인에게 고스란히 배달되는 것'이라고 상상해서는 곤란하다. 담고자 하는 고유한 사상이 지도와 그 속의 이미지 배후에서 재구성되며, 각 단계에서 정치적·종교적·교훈적 목적을 위해 정보 유실이나 정보 은폐, 혹은 선전을 위한 잘못된 정보 주입 등의 상호작용 과정의 변형이 흔히 일어난다.34) 여기서 '정보 수집'과 '정보 처리' 과정은 엄격히 구별된다.

이 지도가 1392년 조선 왕조가 개국된 지 10년 만에 '두 명의 정부의 현직 고위관리'이자 '최고의 유학자'가 직접 참여하여 제작했다는 사실을 주목해서 볼 때, 당시 세계지도 제작이 국가적으로 현저하게 중요한 사업이었다는 것을 알 수 있다. 또한 통치에 필요하고 유용한 수단으로서의 지도 제작이 갖는 정치사적 의미와 배경을 엿볼 수 있다.

그런 의미에서 "지도학은 언제나 '황제의 과학'이었다." 이러한 지도의 정치권력의 맥락은, 곧 지도가 독립적인 예술가나 장인, 기술자에 의해 제작되는 것이 아니기 때문에, 지도 콘텐츠와 표현양식이 정치적 목적—국가의 관료체계나 개인 후원자나 시장의 요구에 따라서 만들어진—을 위해 얼마든지 계획적으로 '왜곡'될 수 있음을 의미한다. 특히 '선전' 목적의 지도 제작자는 개인적인 적절한 고안, 축척의 조작, 과장, 표시 이동, 서체 및 자극적인 색채 사용 등을 통하여 지정학적 관계를 일방적 관점에서 옹호해왔다.35)

지도 제작의 방식은 잘 체계화되어 있다. 북쪽이 위를 향하도록 제작된 이 지도의 상단에는 가로로, 오른쪽에서 왼쪽 방향으로 크게 쓰여 있는 제목 '混一疆理歷代國都之圖'가 말해주듯이, 지도에는 '세계'(혼일)의 '영토'(강리)와 '대대로 내려온 나라의 수도'(역대국도)를 담고 있

다. 지도의 제목 바로 아래에는 (중국의) 역대 제왕의 국도(國都)와 도성
(都省)―발문에 따르면 "역대 제왕의 연혁은 천태승(天台僧) 청준(清濬)
의 〈혼일강리도〉에 실려 있다"―이 세로로 쓰여 있다.

실크 위에 육지는 주황색으로, 바다와 짠물호수는 녹색으로, 하천과
담수호는 청색으로 각각 채색하여 구분했다. 또, 지명들에서 국가명은
원 안―중국 지도에서는 원 안에 역대왕조 이름을 써넣곤 했다36)―에
적색으로 채색했고, 수도는 원형으로 보통도시는 사각형으로 표시하여
각각 그 안에 지명을 써넣음으로써 지도 내에 배치되는 공간의 위계질
서를 시각적 형태로 구체화했다. 이러한 착색법(着色法)37)은 13세기
아라비아의 자말 알-딘(Jamāl al-Din)의 나무로 만든 지구의(地球儀)의
착색법과 일치하는데,38) 자말 알-딘이 만든 지구의의 약 70%는 녹색
으로 된 바다요, 30%는 흰색으로 된 육지였다.39)

지도 제작사에서 제작·완성된 지도를 어떻게 활용했는가, 지도 사
용자가 누구였는가 하는 것은 지도 제작만큼이나 중요한 관심사이다.
일본에서 발견된 지도의 원본이 벽걸이 형태로 제작되어 있는 것으로
볼 때, 이 지도는 창덕궁(昌德宮)의 선정전(宣政殿, 왕의 집무실)이나 인
정전(仁政殿, 왕이 외국의 사신을 접견하고 신하들에게 조하를 받는 등 공식적
인 국가행사를 치르던 곳) 같은 중요한 방의 벽면에 걸어놓았을 가능성이
높다. "비록 지도가 직접적으로 그리고 즉각적으로 한 사람에게서 다른
사람에게로 전파되는 것은 아니라 하더라도"40) 왕의 통치 이념과 국가
경영 포부를 이 한 장의 지도를 통해 대내외의 고위관리들이나 국빈들
및 외교관들에 두고두고 알리기에 이보다 좋은 장소는 없었을 것이다.

한편, 왕조실록이나 의궤 등 국가의 주요 기록물 편찬과 보관에 관
한 조선시대의 기록문화 전통에서 볼 때, 〈혼일강리역대국도지도〉가

여러 장 제작·보관되었을 가능성—류코쿠 사본이 1470년경에 제작되었으며, 추가적으로 혼묘지 사본과 이를 바탕으로 제작한 텐리 사본이 1568년경에 조선에서 제작된 것으로 볼 때,[41] 원본 제작 이후 최소한 여러 장의 사본 지도 제작도 지속적으로 이루어져 지도 제작 전통이 끊이지 않았음을 알 수 있다—이 전혀 없지는 않았을 것으로 추정된다. 그러나 기능적으로 문서보관소나 도서관에 수집·저장해놓기 위해 제작된 것이 아니라 특별한 역사적 상황에서 사용하기 위해 기록물의 증거를 모아 정리한 것이라면, 지금으로서는 더더욱 알 수 없는 노릇이다. 인쇄지도 제작술의 발달과 관련해서, 지방 관리들이나 대중들에게 배포, 선전을 목적으로 대량 제작했을 가능성은 희박하다.

가장 궁금한 것은 지도 제작의 과정일 것이다. 지도 제작 과정은 곧 지도의 성격을 규명하는 데에도 중요한 요소이기 때문이다. 발문에서 언급하듯이 〈혼일강리역대국도지도〉는 중국에서 들여온 이택민(李澤民, 1273~1337년)의 〈성교광피도〉와 청준(1328~1392년)의 〈혼일강리도〉(混一疆理圖)—불행하게도 두 지도는 현존하지 않는다—그리고 조선 전도와 일본 지도[42] 등 최소한 기존의 네 장의 '이질적인 성격'의 지도들—직접 현지조사를 통해 수집한 정보를 바탕으로 제작된 지도가 아님을 상기할 필요가 있다—을 참고하여 편집했다. 발문의 내용으로 볼 때 지도의 전체적인 윤곽과 지명, 특히 '외부세계'의 그것은 이택민의 지도에 기초했고, (중국의) 역대 제왕의 국도(國都)와 주군(州郡)의 연혁은 명태조(明太祖) 홍무(洪武, 1368~1398년)의 측근이었던 청준의 '평범한 중국의 역사지도'를 주로 참조했다고 볼 수 있다.[43]

지도 제작에 주요한 근거가 되었던 〈성교광피도〉는 중국 원(元)나라의 이택민이 만든 지도로서 중세 동아시아에서 제작된 세계지도 가운데 유럽과 아프리카 대륙까지 포괄하고 있는 지도로는 서양 선교사들에 의한 한역(漢譯)의 서구식 세계지도가 제작되기 이전의 것으로는 유일하다.

서양세계에 대한 좀 더 폭넓은 지식과 정보는 송대(宋代)에서 원대(元代)로 넘어오면서 중앙아시아를 비롯하여 페르시아, 동유럽, 아라비아 및 북아프리카까지 영토를 확장해 동서 간의 문화교류가 더욱 빈번하게 일어남에 따라 획득한 것들이었다. 특히 항해술의 발달과 더불어 해상무역을 통한 중세 이슬람 세계와의 접촉은 이미 탁월한 지도 제작 기술을 바탕으로 한 이슬람 계통의 세계지도44)에 대한 정보를 접하게 되는 직접적인 계기가 되었을 것이며, 이에 따라 중국인의 '외부세계'에 대한 인식과 지식이 대폭 확대된 때문이라 여겨진다.

중국과 이슬람 세계의 접촉은 원대(元代) 이전에도 육로—8세기 중엽부터 중국으로부터 중앙아시아를 가로지르는 육로가 사실상 가로막혔다45)—혹은 해로—8세기부터 아랍 선단이 동아프리카에서부터 남지나 해안까지 바다에서 위세를 떨쳤으며, 육로가 막힌 중국은 해로를 통해 거의 7세기 동안 아라비아와 교역했다46)—를 통해 이루어지고 있었다.

당대(唐代, 618~907년)의 중국에 아랍 공식사절단이 39회나 파견되었다는 기록이 나온다. 또한 아랍 상인 슐레이만 알-타지르(Sulaiman al-Tajir)가 851년 남중국의 광저우를 방문하여 자기 공장을 둘러보고 이슬람 사원을 지었다고 한다. 아부 자이드(Abu Zayid) 같은 아랍인의 중국 여행기에 따르면 당말송초(唐末宋初)인 900년대에 중국 남동부에만도 아랍인을 포함하여 페르시아인, 유대인, 기독교인의 숫자가 12만을 상회했다고 전해진다.47)

그러나 본격적인 이슬람 문화와의 접촉과 확산은 칭기즈칸에 의한 몽골 제국이 건설된 13세기부터 이루어졌다. 몽골 제국은 중국을 정점으로 동서아시아 대륙의 대부분을 정복하고 고려에서부터 멀리 동유럽에 걸친 사상 초유의 대제국을 형성했다. 유라시아 대륙을 아우르는 원 제국의 건설이야말로 크리미아 반도에서 한반도까지, 문명세계의 저쪽에서 이쪽을 하나로 연결하는 동서교역로가 만들어진 계기가 되었다.

이 시기 그리스-로마 문명을 계승하여 중세문화에서 중요한 위치를 점하고 있던 이슬람의 각종 문화와 과학·기술은 중국을 비롯하여 대륙의 동단에 위치한 한반도까지 전파될 수 있었다. 당시 색목인(色目人)이라 불렸던 무슬림들은 천문학, 지리학, 대수학, 물리학, 의학 등의 선진 이슬람 학문을 중국에 이식하는 데 선구적 역할을 했다.48) 이슬람의 지도학은 바로 이러한 맥락에서 중국으로 전해질 수 있었던 것이다.49)

그렇다면 원대 오문(소주) 출신의 이택민은 어디서 '외부세계'에 관한 지리 정보를 입수하여 〈성교광피도〉를 제작할 수 있었는가? 중국 내의 사료에 근거할 때, 중국의 역사-지리도인 〈광흥도〉(廣輿圖)를 제작한 명나라의 지도 제작자 유홍선(羅洪先, 1504~1564년)은 "3년간 연구했고, 운 좋게도 주사본이 만든 지도를 발견했다"고 적고 있는데, 이는 〈광흥도〉가 14세기 초 원나라의 학자 주사본(朱思本, 1273~c.1355년)이 만든 두 쌍의 반구체 세계지도—그러나 불행하게도 주사본의 이 지도는 현재 볼 수 없다—를 일컫는 것으로 확인된다.50)

일본의 역사학자 아오야마 사다오(青山定雄)는 유홍선이 이택민에 대해서도 언급하고 있는 것을 주목하고 주사본이 바로 이택민과 관련된 인물일 개연성을 언급한 바 있다. 또한 〈혼일강리역대국도지도〉에 나오는 중국 지명들을 유홍선의 지도에 보존된 주사본의 지도의 지명들과 비교 연구하면서 상당한 일치를 밝힌 바 있고, 또 1328~1329년에 와서 지명들이 크게 바뀐 징후를 확인한 바 있다. 이는 〈혼일강리역대국도지도〉의 자료가 1330년경에 만들어진 것임을 암시한다.

그러나 아오야마 사다오는 주사본 지도의 지명들이 중국 바깥세계를 거의 제외—유홍선의 〈광흥도〉에 보존된 주사본의 발문에 "바다만이 출렁이는 남동지역, 모래 황무지인 북서쪽, 부족들과 경계하고 있는 알 수 없는 모든 지역"은 배제한다고 적고 있다—하고 있기 때문에 이택민의 〈광흥도〉는 몽골 시대(1260~1368년)에 전해진 이슬람 지도를 본떠 만든 어떤 지도를 참고하지 않을 수 없었다고 보았다.51)

일본 학자들은 몇몇은 13세기 쿠빌라이의 통치 때 중국에서 활동하던 이슬람 세계 출신의 과학자이자 지리학자인 자말 알-딘의 활동에 주목한 바 있다. 이와 관련하여 일본의 미아 노리꼬(官紀子)는 자말 알-딘이 『대원일통지』(大元一統志 — 안타깝게도 이 책은 내용의 극히 일부만 전해지고, 거기에 첨부된 지도 역시 하나도 전해지는 것이 없다)라는 대형 지리서를 찬수할 때 〈천하지리총도〉(天下地理總圖)라는 세계지도를 만들었는데 그것이 이택민의 〈성교광피도〉의 '조형'(祖型)이었을 것이라고 추정한 바 있다. 아울러 노리꼬는 〈천하지리총도〉가 〈성교광피도〉처럼 동아시아 지역만을 거대하게 묘사하고 서방세계와 아프리카는 서쪽에 축소시킨 왜곡된 형태는 아니었을 것이라 주장한다. 그는 "〈천하지리총도〉는 〈성교광피도〉보다 훨씬 정확한 세계지도였음이 틀림없다"고 말한다.52)

그러나 최근 한국의 김호동의 연구에 따르면, 자말 알-딘이 주도하여 만든 지리서 『대원일통지』(1291년 1차 완성, 1303년 수정본 완성)는 처음부터 중국, 즉 한지(漢地)와 강남(江南)을 대상으로 한 것이었지 몽골

제국 전체 혹은 적어도 '카안 울루스' 전역을 대상으로 한 것이 아니었다고 주장한다. 여기에 첨부된 지도는 자말 알-딘이 계획했던 세계지도가 아니라 바로 방평(方平)이 중국과 그 주변 지역(만)을 강조해서 그린 〈지리총도〉(地理總圖)라는 것이다.

또한 김호동은 자말 알-딘의 관심이 세계지도의 제작에 있었던 만큼 지원 23년(1286년) '해가 뜨는 곳에서부터 해가 지는 곳까지' 몽골 제국 전역을 포괄하는 세계지도 제작을 쿠빌라이에게 간청하여 재가를 받았는데, 비록 이 세계지도가 완성되어 봉정(奉呈)되었는지 확인할 수 없으나, 중국 각지에서 수집된 지도들과 그가 보유하고 있던 '회회도자'(回回圖子), 즉 이슬람 지역에서 만들어진 지도들과 인도양을 무대로 활동하던 무슬림 선원들이 소지한 '랄나마'(剌那麻, 페르시아어53)로 '길'(路)과 '서'(書)를 뜻한다), 즉 해도(海圖)를 결합하여 제작했을 것이라고 주장한다. 이슬람 세계를 잘 이해하고 있던 그가 그린 세계지도란 어느 정도 균형 잡힌 것이었을 것이라고 추측한다.

김호동은 결국 한자로만 제작된 『대원일통지』에 첨부된 '총도'인 〈천하지리총도〉는 대덕(大德) 7년(1303년) '자말 알-딘의 개입 없이' 방평과 유용(兪庸)이 함께 작업하여 제작한 것인데, 방평의 〈지리총도〉와 자말 알-딘이 만든 세계지도를 극히 형식적으로 결합해 그렸기 때문에 세계를 왜곡된 형태—예컨대 중국을 매우 크고, 서방세계와 아프리카를 매우 작게—를 띠었을 것으로 추정했다.

김호동은 "후일 〈천하지리총도〉가 민간에 유포되어 이택민의 〈성교광피도〉로 유전(流轉)된 것으로 보았다." 결국 김호동은 중국과 한반도를 실제보다 훨씬 과장되게 표현한 "이택민의 〈성교광피도〉는 자말 알-딘의 세계지도를 근거로 한 것이라고 보기 어렵다는 결론에 도달할

수밖에 없다"고 결론 내렸다.[54]

김호동의 연구 결과—비록 지명 연구 결과 '외부세계'의 "지명은『원사』(元史)〈지리지〉(地理志)에 수록된 한자 지명과 일치하지 않는다"는 기존의 주장과 배치되는 것이긴 하지만[55]—는 역사적 관점에서는 매우 설득력이 있다. 하지만 지도계보학적 관점에서 볼 때는 몇 가지 문제를 지적할 수 있다. 자말 알-딘의 세계지도와 〈성교광피도〉가 서로 달랐다는 이유만으로 둘 사이의 관계를 부정해버리는 단순화의 오류, 즉 하나의 지도가 만들어질 때 결코 똑같이 복사되는 경우는 거의 없음을 간과한 것이다.[56]

또한, 1330년경 〈성교광피도〉가 수집한 서방에 관한 지리 정보를 '직접적으로' 자말 알-딘의 세계지도에서 얻은 것이 아니라 하더라도, 어느 정도 이를 토대로 제작한 〈천하지리총도〉를 근거로 하여 제작한 것이라는 점을 인정하고 있다면 '간접적으로'나마 이슬람의 지도학의 영향에서 벗어나 있다고 결론 내리기는 어려울 것이다(그러기 위해서는 논리적으로 자말 알-딘의 세계지도가 〈성교광피도〉와 어떻게 '완전히' 서로 다른 계통의 지도인가를 증명해야 한다. 그러나 그것은 현재로서는 불가능해 보인다). 지도 제작 과정에서는 정치-사회적 필요와 요구에 따라—지도는 결코 '순결한 실재'나 '가치중립적'이거나 '온전히 과학적'인 것이 결코 아니다.[57] 그런 의미에서 지도의 언어는, 다른 언어들처럼 살아 있는 실체로서 사회 안에서 상호작용을 통해 끊임없이 변화를 경험한다[58]—배제와 첨가, 즉 증감(增減)은 필연적으로 발생하기 때문이다.

중국의 〈성교광피도〉를 참조해서 만든 〈혼일강리역대국도지도〉가 이슬람 지도학의 영향을 '간접적'으로나마 받아 작성된 것으로 추정되는 증거들은 많다. 그 증거 몇 가지를 나열하면 다음과 같다.

- 아랍어 혹은 페르시아화된 아랍어 지명이 일부 보인다.
- 바다는 녹색으로, 하천은 청색으로 표기되어 있는데, 이는 이슬람 지구의(地球儀)의 채색법과 동일하다.
- 이슬람 지리학자들의 지도에서 대표적으로 등장하는 특징인 세련된 선 처리와 지극히 추상화된 지형이 나타난다.
- 지도상에 표기된 지명들이 이슬람 지역에 밀집되어 있고, 특히 이슬람 문명이 꽃을 피우던 이베리아와 발칸 반도에 집중되어 있는 것은 동시대의 역사적 맥락과도 어느 정도 일치한다.[59]
- 아프리카가 서쪽 방향으로 확장되어 있고, 나일 강 유역이 북방의 '구육만'(久六灣), 즉 카스피 해에서 유입되어 지중해와 연결되어 있는 모습은 프톨레마이오스 지도 전통을 이어받은 중세 이슬람 지도를 빼닮았다.[60]

결국 조선의 〈혼일강리역대국도지도〉는 아마도 아라비아 지역까지 영토를 확장했던 원나라 시대에 이슬람 지도가 중국으로 전해졌고, 이를 토대로 두세 차례 수정을 거쳐 제작된 중국의 세계지도 〈성교광피도〉 등을 참고하여 제작되었을 것으로 추정된다는 기존의 학설[61]은 여전히 유효하다.

그러나 그러한 역사적 관계에도 불구하고 지도계보학상 같은 계통의 두 지도 사이에 드러나는 차이점 또한 분명하다.

- 중세 이슬람 세계 지도에서는 남쪽을 지도의 상단으로 배치했는데, 적어도 15세기 중반까지 아프리카 남단이 항상 동쪽에 위치하도록 묘사했으나, 〈혼일강리역대국도지도〉나 〈대명혼일도〉(大明

混一圖)[62]에서는 이러한 점이 수정되어 있다

- 이슬람 계통의 지도가 이슬람의 종교의식에서는 필수요소가 되는 시간관과 지리학 및 기하학을 바탕으로[63] '땅은 둥글다'는 지구 구체설에 기초하여 원형의 세계지도[64]로 제작된 것과는 달리 〈혼일강리역대국도지도〉는 '하늘은 둥글고 땅은 네모지다'라는 중국을 중심으로 하는 동양문화권의 천지관(天地觀)인 천원지방(天圓地方)에 토대를 두고 있다. 즉, 하늘은 둥근 데 비해 땅은 네모난 평평한 대지로 인식했던 것이다. 일부 이슬람 지도에서 보이는 경위선(經緯線)의 흔적은 전혀 볼 수 없으며, 지도의 형태도 원형이 아닌 사각형으로 그려진 것은 이러한 인식을 반영하고 있는 것으로 보인다.

- 중국의 전통적인 직방세계 중심의 화이도(華夷圖)와 그 성격을 달리한다. 몽골은 한족의 입장에서 보면 이적(夷狄)이었으나, 조선은 중화(中華)와 이적을 하나로 묶는 통합적인 개념인 '혼일'(混一)이라는 용어를 사용함으로써 더 이상 몽골족이 세운 원(元)나라를 중화와 구별하던 전통적인 화이관의 관점에서 세계를 보지 않으려 했던 것이다.[65]

  물론 이 지도가 표현하고 있는 세계는 여전히 중국이 지도 전체의 약 2/3가량(바다를 포함하면 1/3가량)을 차지하는 만큼 중화적 지리 인식에서 크게 벗어나 있지 않다. 그렇지만 중국이 지배력을 행사하지 못하던 유럽과 아라비아-아프리카 지역을 포괄하고 있는 최초의 세계지도라는 점에서 조선의 세계 인식은 당시의 중국의 세계 인식과 맥락을 같이하면서도 적지 않은 차이를 드러내고 있음—이는 앞서도 언급했듯이, 지리적으로 드넓은 규모의

(외부) 세계를 보여줌으로써 조선 왕조의 원대한 이상을 내부적으로 강조하려는 맥락에서 이해될 수 있다. 공간의 크기는 곧 통치력 혹은 통치자의 능력과 비례하는 것이라는 인식 때문이다―또한 중요하게 여겨야 할 것이다.

결국 지도 제작의 과정연구에서 일차적으로 중요한 과업이 〈혼일강리역대국도지도〉가 참고했다는 지도는 어떤 지도였느냐, 영향은 직접적인 것이었느냐 단지 간접적인 것이었느냐, 지도의 정확성은 얼마나 되느냐 하는 것들을 '역사적' 관점에서 '과학적/객관적'으로 밝혀내는 것이라는 점에서 이의가 없다. 그러나 그러한 접근 방식은, 이찬의 언급대로 "(〈천하도〉는 한국인의 이상적인 세계관을 표현한 추상화된 지도인 데 대하여) 혼일강리도(〈혼일강리역대국도지도〉)는 세계에 관한 지리적인 지식을 과학적으로 수집 편집한 지도이다"[66]라고 지도의 성격을 전제할 때에 한해서만 유용한 방식이 된다는 점 또한 부정할 수 없다.

그러나 필자의 관심은, 지도 연구에서 이에 버금갈 만큼 중요한 물음이 하나 더 있다.

(알 수만 있다면) 참고한 지도들과 얼마만큼 같고 또 다를까, (만약 그랬다면) 그대로 넣(복사하)거나 뺀(수정한) 기준은 무엇이었을까, 왜 그랬을까 하는 점에 더 쏠려 있다(여기서도 물론 우선적으로 '정보 수집' 과정을 명확히 밝히는 작업이 우선한다).

다시 말해서 '지극히 넓'은 세계를 '줄여서' 그리려면 '상세하게' 만들기가 어려워 '소략'했다는데, 그 '정보 처리' 과정에서 '참조하여' '자세히 교정'하고 '합쳐서' 하나의 지도를 만들 때, 전체 지도의 지역별 '축척'은 어떤 비율로 조정·배치한 것인지, 어떤 부분의 지형을 어떻게 상세하게 그렸고 어떤 부분을 어떻게 생략했는지, 국도나 지명을 표시할 때 무엇을 담고 무엇을 생략했는지, 궁극적으로는 왜 그렇게 했는지 등에 대해서도 물어야 한다.

(물론 당시 획득한 정보의 양과 정확성 정도가 기본적으로 문제가 될 것이다. 적은 정보 중에서 발췌하는 것과 풍부한 정보 중에서 다듬고 선택하는 것은 성격 상 다를 수 있기 때문이다. 동시에 지도 제작 기술 또한 문제가 된다. 그러나 더불어 중요한 것은 정보의 '생략', '유실', '은폐', '왜곡' 역시 고려해야 할 점이라는 사실이다. 관심사의 정도나 지도 제작 목적에 따라 필요한 부분은 넣고, 불필요한 부분은 생략했을 것이기 때문이다. 과연 그 판단 기준은 무엇이었을까?)

어차피 참고했다고 밝힌 지도들은 현재까지 발견된 바 없기 때문에 역사적·지리학적·지도 제작사적 연원/유래나 그 관계를 규명한다는 것은 사실상 매우 어려운 작업이다(물론 역사적 '화석의 고리'가 없다 하더라도 그걸 밝혀내려는 노력을 하는 것이 연구자가 해야 할 일이다).

그렇다면 기존의 여러 역사적 연구결과들을 바탕으로 검토하되 〈혼일강리역대국도지도〉 제작의 정치-사회적 배경에서 '맥락적'으로 분석함으로써 지도 제작 과정에서 어떤 변화가 어떻게, 그리고 왜 발생하게 되었는가를 유추하고 해석하는 것이 (그나마 지도의 성격을 규명하는 데 있어서) 총체적 실체에 접근하기에 유리한 방법은 아닐까 하는 것이 필자의 생각이다(물론 방법론적으로 '원인에서부터 결과로' 찾아가야 할 것이나, 자료상의 한계로 '결과를 통해 원인을 추론하는' 방식을 채택할 수밖에 없음을 인정한다). "지도는 진실로 세계의 '과학적' 이미지를 담을 수 있다." 그러나 "지도의 콘텐츠는 지도를 제작하는 사회의 가치에 영향을 받는다." 그리고 "지도의 콘텐츠는 권력의 취급/처리에 달려 있다"[67]는 사실들을 결코 간과해서는 안 될 것이기 때문이다.

아라비아–아프리카의
지리적·지형적 특성과 지명들

아라비아의 지리적·지형적 특성과 지명들

〈혼일강리역대국도지도〉의 아라비아 반도를 보자. 언뜻 보기에 코끼리 한쪽 다리처럼 생긴 아라비아 반도의 지형은 위쪽이 아래쪽보다 두껍게 그려져 있다. 아프리카와는 홍해를 사이에 두고 거의 수직으로 나뉘어 있고, 동쪽으로는 티그리스 강을 사이에 두고 메소포타미아 지역과 구분된다.

이러한 모양은 알-이드리시의 세계지도(1192년)에 나오는 아라비아 반도와는 그 모양과 크기가 매우 다르다. 사실상 〈혼일강리역대국도지도〉에서는 아라비아 해와 인도양의 구분이 불가능할 만큼 아라비아 반도와 인도는 가깝게 나온다. 이는 알-이드리시의 지도와 매우 유사하다.68) 두 지역 사이의 바다에는 '해도'(海島)라 표시된 큰 섬 한 개와 몇 개의 이름 없는 '빈 섬'이 표시되었을 뿐 텅 비어 있다. 반도 북쪽의 오른쪽 티그리스 강과 인접한 곳에는 조그마한 동그라미 형태로 '사사'(沙沙)라고 표시함으로써 그곳이 사막임을 밝히고 있다.69)

대부분의 지명은 반도의 상단에 기입됐고, 하단을 텅 빈 채로 남겨 두었다〔지도 2〕. 언급된 지명의 개수는 아라비아 반도의 경계를 어디로 두느냐에 따라 다르겠으나, 필자는 육지와 맞닿은 홍해 북단 끝에 알-이드리시에서부터 가로로 임의로 선을 그어 티그리스 강과 만나는 곳의 아랫부분을 아라비아 반도로 구분하여 총 24개 지명을 목록으로 만들었다. 반도 서쪽에 10개, 중앙에 10개, 동쪽에 4개로 각각 구분된다. 한자어로 표기된 지명들 대부분은 그것이 어디에서 연원/유래한

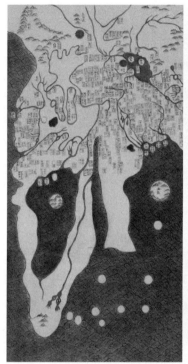
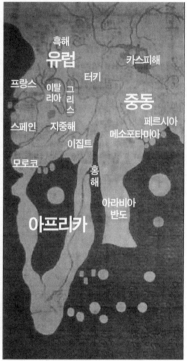

〔지도 2〕〈혼일강리역대국도지도〉의 아프리카-아라비아, 지중해 및 유럽 지역 부분

것인지, 오늘날의 지명과 어느 정도 일치/동일화가 가능한지에 관해
서는 사실상 아는 게 거의 없다. 다만, 필자는 이 지도에 나오는 지명
가운데 '합단'은 예멘의 항구도시 '아덴'을 지칭하는 것이 거의 확실하
며, '마갈'은 '메카'(Mecca, 아랍어로 Makkah)와, '살아홀도'는 '사우드'
(Saud)와 음가상으로 유사성이 있다고 보이나 불확실하고, '나마'(那
麻)의 경우 페르시아어로 '책'(書)이라는 뜻70)으로 지명으로 보기는
아예 어렵다는 점을 확인했다. 지도에 나오는 24개의 지명을 정리하
면 다음의 표와 같다.

번호	본 지명	음가(한글)	음가(한자)	현재 도시
1	哈難那	합난나	hánánnà	
2	安尼	안니	ānní	
3	那麻	나마	nàmá	書
4	法它	법타	fǎtā	Fadak?
5	卜忽郎	복홀랑	bǔhūláng	
6	撒阿忽都	살아홀도	sāāhūdū	Saud?
7	揭非牙	게비아	jiēfēiyá	Jedda?
8	臺伊	대이	tāiyī	
9	老麼它里那	로마타리나	lǎomȇtālǐnà	
10	庶合法	서합법	shùhéfǎ	
11	喝八里	갈팔리	hēbālǐ	
12	馬合里	마합리	mǎhélǐ	Mukallā?
13	渴思剌	갈사랄	kěsīla	Qasir?
14	外法剌	외법랄	wàifǎla	Zufār?
15	者剌	자랄	zhěla	Jurash?
16	別俺	별엄	biéǎn	Ma'an?
17	長喝沒里	장갈몰리	zhǎnghēméilǐ	
18	馬喝	마갈	mǎhe	Mecca
19	住八剌	주팔랄	zhùbāla	Zubala?
20	剌合	랄합	làhe	Raqqa?
21	阿剌馬失	아랄마실	ālàmǎshī	
22	扒荅	배답	bāda	Sa'da? Jidda?
23	純都麻	순도마	chúndūmá	
24	哈丹	합단	hādān	Aden

아프리카의 지리적 · 지형적 특성과 지명들

1497년 포르투갈의 탐험가 바스코 다 가마(Vasco da Gama, 1460년 혹은 1469~1524년)가 처음으로 아프리카를 돌아서 인도에 도달하기 약 100여 년 전에 조선에서 그린 아프리카 대륙의 경우, 크기가 지나치게 축소되어 있고 모양(윤곽) 또한 매우 단순화되어 있다.

서부아프리카는 초기의 대부분 유럽 지도에서처럼71) 밋밋하게 생략되어 처리했으나, 삼각뿔 모양의 남부아프리카 모양은, 남부아프리카가 왜곡되어 있는 이슬람 세계지도—예컨대 알-이드리시의 세계지도에 나오는 아프리카 대륙은 매우 거대한 대신 사하라 이남은 아예 생략되어 있다.72) 아울러 대항해 시대 이전 유럽에서 사하라 이남의 아프리카는 '광막한 황무지'와 '검은 바다'로 둘러싸여 수수께끼와 같았다73)—와는 달리, 그런대로 오늘날과 거의 유사한 형태의 또렷한 윤곽을 갖추고 있다.74)

〈혼일강리역대국도지도〉에서 아프리카 대륙의 중심부가 대부분 검은 호수/바다(內海)로 채워진 것이 눈길을 끈다. 이러한 '내륙 바다' 혹은 '거대한 중앙호수' 인식은 프톨레마이오스 이래 여러 기록과 더불어 아프리카 지도에서 자주 발견되는 오래된 전통이다.75)

사하라 이남에는 '거대한 늪지와 무수한 호수들'이 있다는 기원전 5세기 역사가 헤로도토스의 언급 이후 프톨레마이오스, 플리니(Pliny, 기원 1세기), 오로시우스(Paulus Orosius, 5세기)의 기록을 거쳐 이러한 생각은 12~13세기 중세지도—귀도니스(Guidonis of Pisa, c.1119년), 소우리(Sawley, c.1129년), 엡스토르프(Ebstorf, c.1235년), 헤리퍼드(Hereford, c.1280년) 등—와 15~16세기 르네상스 시대의 여러 세계지도—프란시스코 로셀리(Francesco Rosselli, 1492년), 마테오 콘타리니(Matteo Contarini, 1506년), 마르틴 발트세뮬러(Martin Waldseemüller, 1507년), 요한 루이치(Johann Ruysch, 1508년), 베르나르도 실바누스(bernardo Sylvanus, 1511년), 피터 아피안(Peter Apian, 1520년), 오론스 파인(Oronce Fine, 1534년), 세바스티안 카보트(Sebastian Cabot, 1544년) 등—에 고스란히 반영된다.

프톨레마이오스의 나일 강에 대한 전통을 이어받은 초기 이슬람 학자들에게도 중앙아프리카에 거대한 호수가 있다는 지리적 인식은 매우 익숙했다. 이것은 알-이드리시나 이븐 파들 알라 알-우마리(Ibn Fadl Allah al-Umari, 1349년)[76]의 세계지도에서 잘 드러난다.[77] 12세기에 들어 이슬람 세계에서 사하라 이남의 수문학(水文學)에 관한 또 다른 견해가 회자되기 시작했는데, 바로 거대한 호수 안에는 '주기적으로 범람하는 섬'이 있다는 생각이 그것이다.[78]

〈혼일강리역대국도지도〉에 대륙 한가운데에 바다처럼 물결무늬로 그려진 커다란 발바닥 모양의 호수/바다에는 '황사'(黃沙)라는 표시가 큼지막하게 자리하고 있다. 이는 사하라 이남이 바다(호수)였다는 정보와 함께 사막(사하라)이라는 정보를 동시에 갖고 있음을 보여주는 흥미로운 표현이다.

또한 사막 혹은 호수/바다 북쪽에는 3개의 섬 모양에 2개의 지명—'起巳里上麻思'는 사각형(육지/사막의 도시?) 안에, '爲它卯'는 원(바다/호수의 섬?) 안에, 다른 하나는 원 모양의 지명 없는 빈칸이다—이 눈에 띈다. 이는 '사막의 도시' 혹은 '섬'을 가리키는 것으로 보인다.

흥미롭게도 무슬림 지리-지도학자 알-이드리시는 『세계의 여러 지역을 횡단하려는 사람의 즐거운 여행』(*Kitab nuzbat al-mushtaq fikhtiraq al-afaq*, 1154년)이라는 책—이 책 안에 그 유명한 알-이드리시의 세계지도가 실려 있다—에서 '금을 거래하던 왕가라(Wangara)라 부르는 한 섬'에 관해 언급한다. 그는 "1년 내내 나일 강으로 둘러싸인 길이 300마일, 너비 150마일의 섬"이라고 기록했다. '섬들이 있는 호수'에 관한 알-이드리시의 아이디어는, 비록 르네상스 시대 대부분의 지도에서는 모르고 있었다지만,[79] 지도상에서 호수의 위치가 약간씩 차이를 드러내고 있는데도 그 후 약 500여 년간 무슬림, 카탈란(Catalan)[80] 그리고 몇몇 유럽인 지도 제작자가 만든 지도에서 차용되곤 했다.

한편, '모래바다'라는 언급은 초기 베네치아 지도에서 발견된다. 피에트로 베스콘테(Pietro Vesconte, c.1320년), 프라 마우로(Fra Mauro, 1459년) 그리고 지오바니 레아르도(Giovanni Leardo, 1452년) 등이 그것이다.[81] 음가상으로나 지도상의 위치로는 〈혼일강리역대국도지도〉에 나오는 두 개의 도시—'起巴里上麻思'(qǐsilǐshāngmásāi)나 '爲它卯'(wéitāmǎo)—중 하나가 알-이드리시가 언급하고 있는 '왕가라'와 음가상으로는 어떤 관련이 있어보이지는 않지만, 그 개념과 인식 혹은 견해와 묘사는 분명히 이슬람 지도의 영향을 받은 것이라는 확신을 갖게 해준다.

나일 강으로 보이는 긴 강은 거의 아프리카 남단에서 발원해 북쪽으로 흘러 (엄격히 말해서 다른 바다처럼 물결 모양의 표시가 없는 지중해가 아닌) 홍해와 연결된다. 한편, '황사' 윗부분에는 북방의 카스피 해(jiǔliùwān, 久六灣) 근처에서 유입되는 나일 강과는 다른 두 개의 강이 흐르는데, 이는 북쪽의 지중해와 연결된다.

몇 개의 높은 산이 표시된 나일 강 상류 지역에는 두 손을 펼친 손가락 모양의 여러 개의 수원이 모여 두 개의 작은 호수가 되었다가 곧 두 강이 합쳐서 흐르면서 매우 긴 강을 이루고 있다. 위치상 오늘날의 백나일 강과 청나일 강의 발원지점과는 크게 차이가 나지만, 빅토리아 호수와 타나 호수에서 발원한 두 개의 나일 강이 수단의 카르툼에서 합쳐져 하나의 나일 강이 되는 모습을 상기시키기에 외양을 충분히 갖추었다.

이처럼 이 지도에서 나일 강이 발원하여 북쪽으로 흘러가는 모습은 프톨레마이오스 지도의 영향을 받은 이슬람의 지도와 유사하며, 나일 강 상류의 수원(水源)의 표현 방법이 유홍선(羅洪先)의 〈광흥도〉(廣興圖), 알-이드리시의 세계지도 및 1267년에 베이징에 가지고 왔던 자말 알-딘의 지구의(地球儀)와 비교할 때 공통점을 발견할 수 있다. 그런 점에서 〈혼일강리역대국도지도〉가 이슬람 계통의 지도에서 영향을 받은 증거자료라 추측할 수 있다.82)

레반트(북아프리카)83) 지역의 지형은 이베리아 반도와 두 개의 강을 사이에 두고 구분되며, 몇 개의 연결된 강으로 표시된 채 지중해와 경계하고 있어 비교적 구분하기가 쉽다. 아프리카 대륙에 표시된 지명들 역시 아라비아 반도와 마찬가지로, 대부분 북쪽(레반트 지역)에 몰려 있으며, 사하라 이남 지역에는 어떤 지명도 나오지 않는다. 지도의 윤곽상 동쪽의 홍해, 서쪽의 지브롤터 해협(강으로 경계 지음) 이남, 북쪽의 지중해를 경계로 할 때 아프리카 대륙에는 총 47개의 지명—게리(Geri)는 총 35개로 보았다84)—이 등장한다. 오늘날 이집트라 여길 만한 지역에 14개가 나오고, 나머지는 모두 마그레브(Maghreb) 지역에 골고루 분포되어 있다.85)

〈혼일강리역대국도지도〉에 등장하는 47개의 아프리카 지명들을 나열하고, 당시의 이슬람 세계가 만든 지도상의 지명들과 단순하게 비교하여 열거하면 대략 아래의 도표와 같다. 다만 필자는 이 지도에 나오는 지명 가운데 '법소'가 모로코의 '페즈'(Fez)와, '마리답살'이 모로코의 '마라케시'(Marrakush)와, '석려도'가 탄자니아의 '킬와'(Kilwa)와 음가상으로 약간 비슷하다고 보인다. 하지만 이는 확언하기 어렵다. 또한 섬으로 표기된 '위타묘'가 묘사나 인식상으로 알-이드리시의 '왕가라'와 관련이 있을 가능성을 열어두고자 한다.

지도에 나오는 47개의 지명을 정리하면 다음과 같다.

번호	본 지명	음가(한글)	음가(한자)	현재 도시
1	禿麻忒那	독마특나	tūmatuīnà	
2	受薛	수설	shòuxue	
3	阿失那	아실나	āshīnā	Azila?
4	阿哈黑麻焉的那	아합흑마언적나	āhāhēimáyāndėna	
5	阿尼	아니	ānī	One?
6	法蘇	법소	fǎsu	Fas(Fez)
7	上合麻	상합마	shǎnghéma	
8	八若那滿那若上	팔약나만나약상	bāruònàmǎnnāruò shǎng	
9	林也明	림야명	línyěmíng	
10	阿尼法	아니법	āníťǎ	
11	加恩選那	가은선나	jiāēnxuǎnnǎ	
12	麻里荅撒	마리답살	málǐdása	Marrākush?
13	八剌哇來	팔랄와래	bālàwālái	
14	法寘照弗那	법치조불나	fǎzhìzhàofúnǎ	
15	昔榣島	석려도	xīlǔdǎo	Kilwa?
16	阿剌八別它思	아랄팔별타사	ālàbābiétāsāi	
17	起巳里上麻思(섬)	기이리상마사	qǐsìlǐshǎngmásāi	Wangara(?)
18	爲它卯(섬)	위타묘	wéitāmǎo	Wangara(?)
19	阿里那	아리나	ālǐna	Aligh?
20	哈必那	합필나	hābìna	Qābis?
21	阿思你也	아사이야	āsīnǐyě	
22	密思	밀사	milsāi	Mizr(Mizr al-Qahira, airo)?
23	撒里撒也	살리살야	sālǐsāye	
24	則沙八	칙사팔	zéshāba	Jerba?
25	黃沙(중앙)	황사	huángsha	Desert
26	敦法荅耶	돈법답야	dūnfǎdáyē	
27	羅佃得如	라전득여	luódiàndėrú	
28	列回撒	렬회살	lièhuísa	
29	阿剌賓伊	아랄빈이	ālàbīnyī	Alexandri?
30	卜那思	복나사	bǔnāsāi	Brawa? Burullus?
31	布	포	bu	
32	察思	찰사	chásī	
33	阿哈明	아합명	ahamíng	Asqalan? Asqalon?
34	用者八	용자팔	yòngzhěba	
35	高思	고사	gāosī	

36	羅的里尼	라적리니	luódílǐní	
37	顔細哈你赤	안세합이적	yánxìhāchì	
38	痲哈答來	마합답래	mahadalái	
39	蠻涌	만용	mányǒng	
40	者魯	자로	zhelǔ	
41	沒徐	몰서	méixu	
42	那哈剌	나합랄	nahala	Nakūr?
43	看地日	간지일	kàndìrì	
44	沒剌春地	몰랄춘지	méilachūndì	
45	欲剌	욕랄	yulà	
46	立顆	입과	lìke	Larache?
47	他剌思布魯	타랄사포로	tālasībulǔ	Tarabulus(al-Gharb)?

지도 콘텐츠를 통해 본
새로운 해석의 가능성

몽골시대 이전에 아시아에서는 (전혀) 알지 못하던 아프리카-유라시아
(Afro-Eurasia)의 지리 정보(지도 콘텐츠)를 담고 있는[86] 〈혼일강리역
대국도지도〉에서 아라비아-아프리카 지역은 축척(縮尺)상 실제 크기
와는 차이가 많으나—고작 한반도 크기와 거의 맞먹는다—생김새/윤
곽은 얼추 비슷하여 금방 알아볼 수 있다.

　그러나 지도의 지리적·지형적 특징이 어떤 지도의 영향을 받은 것
인지, 왜 축척을 이토록 축소했는지, 또 모두 한자(漢字)로 표기된 외래
지명들—발문의 내용으로 볼 때 전체적인 지도의 윤곽과 지명, 특히 '외
부세계'의 그것은 이택민의 지도에 기초한 것으로 본다 하더라도—은
어디에서 어떻게 온 것인지는 여전히 분명하지 않다.

　특히 중세 한자어로 표기된 지명(고유명사)의 본래 음가(音價)를 복

원하기가 무척 까다로울 뿐만 아니라,[87] 지도상 도시의 위치가 어느 정도 실제와 가까운가―이 지도가 지도학상의 축척이나 경위선, 등고선 등 소위 '과학 지도'의 조건을 갖추고 있지 않다 하더라도―하는 점을 알아내기가 쉽지 않다.

지금까지의 몇몇 연구가의 선행연구를 바탕으로 할 때, 이 지도의 콘텐츠, 특히 지명의 유래에 관해서는 다음의 두 학설로 크게 구분할 수 있다.

첫째, 아랍-이슬람 계통의 지도에서 (직접적으로) 영향을 받았거나 그로부터 영향을 받은 지도의 영향을 (간접적으로) 받았기 때문에 지명들 역시 어느 정도 아랍어에서 음역(音譯)한 것으로 보는 견해.

둘째, 원대(元代) 지리적·문화적으로 교류가 용이했던 페르시아(어) 계통의 지도에서 영향을 받았기 때문에 지명이나 국명 표기가 원래의 음(아랍어)에서 상당히 거리가 멀어졌다고 보는 주장.

이 글에서는 기존의 이러한 여러 주장과 연구결과를 염두에 두고 아라비아-아프리카 지역의 지도 콘텐츠, 즉 지형들 및 지명들을 살펴보되 〈혼일강리역대국도지도〉에서 '내부세계'에 비해 왜 '외부세계', 특히 아라비아-아프리카 지역을 상대적으로 축소·왜곡하고 있는 이유에 대해 더 많은 관심을 집중해 지도 해석의 '새로운 가능성'을 열어보고자 한다.

다시 말해서 기존의 연구에서는 이 지도가 어떤 계통의 지도에서 얼마만큼 '직접적 혹은 간접적'인 영향을 받았는가, 얼마나 '객관적' 사실에 바탕을 두고 제작된 것인가, 나아가 이 지도의 콘텐츠는 어디에서 온 것인가 등등 '역사적' 질문들―사실 '극단적'으로 말해서 그러한 질문들은 지도 제작 과정에서는 그렇게 '결정적'으로 중요한 물음이 아닐 수도 있다. 일단 획득한 지리적 정보는 그것이 어디에서 왔는가보다는 그 정보를 제작 목적에 알맞게 어떻게 가공할 것이냐가 더 큰 관심사가 되기 때문이다—에 초점을 두고 있다면, 본 연구에서는 정치-사회적 맥락에서 왜 그렇게 표현했고 또 표현할 수밖에 없었는가 하는 데 그 질문의 초점을 맞추어 살펴볼 것이다.

한 장의 세계지도에는 어차피 수많은 정보와 이야기를 모두 담을 수 없기 때문에—이는 또한 모두 담을 필요가 없다는 것을 의미하기도 한다—지도의 콘텐츠는 지도를 제작하는 당시의 권력층의 판단과 사회적 가치, 정치적 목적에 직접적으로 영향을 받는다는 지도의 '감추어진 구조'—특히 잠재의식적인 지도기하학과의 관계, 지도 콘텐츠에서 '침묵' 하는 내용, 그리고 지도학적 표현에서 나타나는 위계질서의 경향 등—를 결코 간과할 수 없기 때문이다.88)

첫째, 〈혼일강리역대국도지도〉의 지도기하학적 구조를 보자. 지도 기하학적 구조란 땅의 변형적 관계를 결정하여 투영하는 것과 관계된 지도의 시각디자인을 뜻한다.89) 한마디로 지도의 중심에 무엇을 두고 있느냐 하는 것이다. 그것이 의식적으로 조작할 의도를 가진 것이 아니라 하더라도, 이미 그것은 이미지의 정치-사회적 영향을 확대해 보여주는 요소가 된다. 두말할 필요도 없이 〈혼일강리역대국도지도〉는 그 중심에 중국을 담고 있다. 마치 예루살렘을 '지구의 배꼽'으로 여기던 십자군 시대의 세계지도를 보는 듯한 인상을 준다.90)

이 '배꼽 신드롬'(omphalos syndrome)91)은 스스로를 우주의 중심에 둠으로써 동시대의 사회적 공간의식을 지도기하학적 구조 속에 무의식적으로 투영한다. 그런 지도는 바라보는 사람의 시선을 자연스럽게 중앙에 집중하도록 만드는데, 이는 곧 무의식적으로 다른 지역을 '배제'하거나 내부자의 시선으로 확장된 '외부세계'를 보게 함으로써 내향적인 세계관을 갖게 만드는 효과가 있다.92)

이러한 이론을 바탕으로 할 때, 〈혼일강리역대국도지도〉에서 '내부세계,' 즉 중국(과 조선)을 제외한 여타 지역, 특히 (일본과 인도를 포함한) 과도하게 축소·왜곡되어 표현된 '외부세계' 중에서 아라비아-아프리카 대륙—의도적으로 중국을 중앙에 아주 크게 배치하고, 동쪽의 조선과 서쪽의 아라비아-아프리카 지역의 크기를 대칭적으로 균형을 맞춘 듯한 인상을 준다—은 거대한 중국을 더욱 돋보이게 만드는 보조적인 장치/수단에 불과하다는 인식/판단을 하기에 이른다.

이러한 지도의 기하학적 구조는 아무리 드넓은 세계를 지도에 그려 넣었다 하더라도 '미지의 외부세계'에 대한 지적 호기심을 자극하지 못한다. 또한 오히려 그런 '낯선 외부세계'를 '대칭적으로' 그려 넣음으로써 '내부세계', 즉 중국(과 조선)이 얼마나 세계(천하)의 중심에 놓여 있는가를 흔들림 없는 믿음으로 바라보도록 강화해준다(중동학자인 필자조차 2005년 겨울 이 지도를 서울대 규장각 전시실에서 무척 놀라며 처음 보았을 때, 얼핏 이 지도에 아라비아-아프리카 지역이 포함된 사실을 감지하지 못했다. 차분히 안내자의 설명을 듣던 중 얼마간 시간이 흘러서야 비로소 그러한 사실을 인지하게 되었다).

이는 바로 15세기 초 조선의 세계관, 즉 거대한 중국은 문명의 가장 중심에 위치하며, 조선은 스스로 동아시아의 한 작은 국가가 아니라 드넓은 세계에서 ('외부세계' 전체와 견줄 만큼) 매우 크고 중요한 국가라는 점을 반영하는 것이리라. 이 지도를 통해 나타내 보여주고 있는 그들의 야망과 능력은 세계 속에서 자신들의 지위를 확실한 바탕 위에 각인시켜준다.93)

둘째, 지도에서 '침묵'하려는 의향은 감추어진 어떤 정치적 메시지와 관련 있는 것으로 볼 수 있다. 지도는, 문학이나 언술과 마찬가지로, 표현하고 강조하는 모양새만큼이나 생략을 통해서 사회적 영향력을 발휘한다. 침묵 속에 담긴 정치적 저의는 종종 다른 역사적 · 기술적 요인들—역사적으로 실제로 몰랐거나, 정보가 부족했거나, 혹 지식이 정확하지 않았거나, 혹 관심이 덜했거나, 혹 기술적으로 오류를 범한 탓으로만 보기에는 뭔가 석연치 않은—만으로는 설명하기 어렵다.94)

이러한 바탕에서 볼 때, 상대적으로 '내부세계'에 비해서 지도의 '외부세계', 특히 아라비아-아프리카 지역에서는 유난히 '텅 빈 곳'이 많다. 이는 단순하게 생각해서 '외부세계'에 대한 정보가 상대적으로 부족한 탓일 것이라는 상식적인 판단을 넘어선다. 만약 정보의 부족으로만 본다면 유라시아, 중앙아시아, 페르시아 및 메소포타미아 지역, 혹 이베리아 반도에는 어떻게 그 많은 지명을 빼곡하게 넣었겠는가? (물론 그곳의 지명들이 모두 '사실적으로' 확인되느냐 안 되느냐 하는 문제와는 별도이다.) '텅 빈 곳'은 그곳이 자신들이 처음으로 새롭게 지도에 삽입한 '천하는 지극히 넓다'는 정언적(定言的) 선언을 잘 드러내어 보여준다. 또한 그 지역은 단지 드문드문 지명이 나올 뿐 대부분 '텅 빈 땅'일 뿐이라는 감추어진 메시지—곧, 중화적(中華的) 세계관과 조선의 중요성을 분명하게 드러내려는 의도—를 전달/살포하려는 정치적 저의가 깔려 있는 것은 아닌지 의심스럽다.

다시 말해서 '외부세계'의 존재는 인정하되 그들의 가치는 무시하고 있는 것이다. 지도에서 무언가 '침묵'함으로써—이는 문화적으로 이미 진부한 상투수단의 일부가 되어가고 있다—'권력의 지리학'에 관한 '자기-성취적 예언'을 성스럽게 만든다.95)

셋째, 사회적 선언의 한 형태로서 지도의 기능은 소위 땅 모양을 표시하는 '상투적' 또는 지도 제작적 기호라 불리는 분류 시스템과 재현 양식의 위계질서를 통해 강화된다. 도시나 마을 등을 등급과 관련하여 형태적으로나 비례적으로 어떻게 표기하느냐 하는 것은 지도 제작의 오래된 규칙 가운데 하나이다. 고지도에서 시각적인 부호의 계급질서는 종종 법적, 봉건적, 교권적 질서의 층화(層化)와 닮은 것이었다. 층화된 영토사회의 이러한 개념은 현대 지도에서도 그 의미가 사라진 것이 아니다. 예술가들이 지도에 사용한 (황제나 왕이나 교황이나 귀족 등의) 특별한 상징이나 기장(emblem), 십자가나 보주(寶珠), 그리고 장식이나 색채 등도 권력의 계급적 세계를 나타내는 흔적이 될 수 있다. 이처럼 거의 모든 지도 안에는 정치-사회적 계급/층위가 들어 있다.96)

이 이론적 규칙은 〈혼일강리역대국도지도〉에서도 발견되는데, 제목에서 이미 드러나듯이 '역대국도'를 층화의 최상위에 두고 있다. 지도의 제목 바로 아래에는 중국의 역대 제왕의 국도(國都)와 도성(都省)이 세로로 쓰여 있으며, 계급질서의 원칙에 따라 국가명은 적색으로 채색했고, 수도는 원형으로, 보통도시는 사각형으로 각각 표시해 그 안에 채색 없이 지명만 써넣었다. 이렇게 지도 내에 배치되는 공간의 위계질서는 시각적 형태로 구체화된다. 이런 관점에서 볼 때, '외부세계',─유럽 전체97)를 통틀어 단 2개의 국가명이다. 석극나(昔克那, 스칸디나비아), 팔부독아부니(八不督阿不你, 부다페스트?). 14세기 중세유럽은 페스트가 휩쓸었고, 스칸디나비아는 유럽에서조차 그리 큰 세력은 아니었으며, 부다(Buda)와 페스트(Pest)는 몽골의 침략으로 함락되었다─만이 나오며, 북유럽 쪽에 두 개의 십자가가 겹쳐 표시된 한 곳─아랑방석남(阿浪防昔南, 로마? 콘스탄티노플? 아비뇽?)─이 나올 뿐이다.

이에 비해 중국에만 135개의 지명이 적색으로 색칠해져 있으며, 425개의 지명이 표시된 조선에는 1개의 국도(漢城)와 9개의 도성이 등장한다. (특히 아라비아-아프리카 지역 내에서는 71개 지명 전체가 예외 없이 층화의 최하위에 해당되는 보통도시의 사각형 안에 표시되어 있다. 국가명이나 국도는 없고 오직 평범한 도시들뿐이다. 이것을 정보나 관심이 부족하다는 이유로만 설명하기 곤란하다.)

간접적으로나마 이슬람 계통의 지도의 영향을 받아 제작된 것이라면, 특히 아라비아-아프리카 지역의 지명들 중에서 최소한 몇몇 주요한 도시─메카(Mahhah), 메디나(al-Madinah, Dar al-Hijrah), 예루살렘(al-Quds, Bayt al-Maqdis), 다마스쿠스(ash-Sham, Dimashq), 바그다드(Baghdad, Dar as-Salam), 카이로(al-Qahirah, Misr al-Qahirah), 모술(al-Mawsil) 등─의 이름은 보다 상위의 층위 형태로 표시되어 있어야 하지 않았을까.

물론 알-이드리시 세계지도에도 카이로, 알렉산드리아, 예루살렘 등이 지명에서 빠져 있으나, 콘스탄티노플 같은 주요도시는 등장한다. 또 그의 세계지도에서 지중해에는 섬이 하나도 없지만, 지중해 지도에서는 시실리와 사이프러스를 포함하여 수십 개의 섬이 등장한다. 정보 부족과 의도적인 생략은 구별[98]─분명하게 의도된 어떤 층화의 흔적으로 볼 수 있다─되어야 한다. 한 마디로 세계에 대한 인식의 지평은 '외부세계'로 크게 확장하되, 세계의 중심인 중국(이나 조선)과의 위계질서상의 차이를 엄격하게 두어 구별하고 있다.

그럼에도 여전히 〈혼일강리역대국도지도〉의 '외부세계', 특히 아라비아-아프리카 지역 연구에서 가장 까다롭고 어려운 부분은 바로 지명일 것이다. 도대체 중세 한자어로 표기된 지명들은 어디에서 온 것들이며, 또 어떻게 동시대(혹은 오늘날)의 지명들과 동일시할 수 있을까?

지금까지의 연구를 종합할 때, '외부세계' 부분의 지명은『원사』(元史)〈지리지〉(地理志)에 수록된 한자 지명과 일치하지 않는다. 유홍선(羅洪先)의〈광홍도〉(廣輿圖)에 들어 있는 서역도(西域圖)가 당대(唐代)또는 그 이전의 지명을 수록하고 있는 데 반해,〈혼일강리역대국도지도〉에서는 새로운 지명들이 추가·수록되어 있다(이는 이 시기에 새로운 지리적 정보가 유입되었음을 의미한다).99) 이를 통해 볼 때 몽골의 지배하에 있던 아라비아에서 전래된 이슬람 계통의 지도에 수록된 지명을 한역(漢譯)하여 표기한 것으로 보인다.100) 그러나 이러한 추정은 어디까지나 가정일 뿐, 지명 찾기 연구는 여전히 미궁(迷宮)에 빠져 있다.

다카하시 다다시(高橋正)는 이 지도의 동남아시아와 아프리카, 유럽 지역의 한역 지명들이 페르시아화된 아랍어에서 기원한 것으로 추정한다.101) 그러나 엄격히 말해서 다카하시 자신 역시 중세 중국어의 음가의 신빙성을 확신하지 못했다. 류코쿠 대학의 지도 원본에는 나오지 않는, 텐리(天理) 대학 사본에 나오는 '달의 산'102) 등 불과 지명 몇 개에서 얻은 힌트를 통해 전체를 추론했을 뿐, 지명 대부분을 어디에서 유래한 것인지 밝히지 못했다.

필자는 2009~2010년에 걸쳐 두 차례나 옥스퍼드 대학에서 가르치는 여러 분야의 전문가들—중세 중국어 학자, 중국사 학자, 중세 이슬람 지도 학자, 한국사 학자 등—과 논의해가면서 옥스퍼드 대학의 보들레이안 도서관 지도실에서 중세 이슬람 시대의 여러 지도에 표기된 지명들과『중국역사지명대사전』에 나오는 '외부세계'의 지명들을 찾아〈혼일강리역대국도지도〉의 지명 등과 일일이 대조·분석 작업을 실시했다. 하지만 필자 또한 아쉽게도 단지 소수의 지명을 제외하고는—그것마저 대부분 확신할 수 없는 것들이다—지명 간 동일화에 실패했다.

역사적으로 볼 때, 거시적으로는 이 지도를 이슬람 계통 지도의 영향을 받은 중국 지도를 참고하여 제작한 사실은 인정되지만, 미시적으로는 지명 유래 연구 등을 통해 볼 때 그 증거가 불충분하다는 것이 논리적으로 함축하는 바는 무엇일까? 특히 아라비아-아프리카 지역의 지명연구—그것이 이슬람 계통의 지도에서 영향을 받았거나, 더구나 자말 알-딘 같은 아라비아-아프리카 지역을 아주 잘 아는 아라비아 출신의 지도학자가 제작한 지도의 영향을 받은 것이라면, 그 지역의 지명들 역시 '생소한' 아랍어에서 한역(漢譯)한 것이리라 추정하는 것은 매우 당연한 일이다—에서 지명의 동일화 대조작업이 자꾸 실패하는 이유는 무엇일까? '잘못된' 가설 탓일까? 오기(誤記) 때문은 아닐까? 단지 방법론적 한계일까? 과연 획기적인 새로운 사료('중간 화석')가 발견되기 전까지는 풀 수 없는 과제일까? 이 '지도학적 미스터리'에는 몇 가지 추론 가능한 경우의 수가 있다.

(1) 본래 중국 지도의 지명은 아랍어 혹은 페르시아화된 아랍어에서 음역된 것이 분명하지만(이는 중국 지도가 이슬람 계통의 지도에서 영향을 받은 것이라는 기존의 주장을 뒷받침해준다), 600년이라는 시간이 흐른 지금으로서는 음가상의 변화 과정—아랍어의 경우 꾸란의 아랍어를 표준 음가로 하여 오늘날까지 사용해오기 때문에 고유명사라 할지라도 음가상의 변화는 거의 없다—을 추적해서 확인할 수 있는 방법이 없다.

(2) 본래 참고했다는 중국 지도의 지명 정보가 신빙성이 없는 것이었으며(이는 곧 이슬람 계통의 지도에서 직접적·간접적인 영향을 받은 것이 아닐 수 있다. 즉 '제3의 지도'에서 영향을 받았다는 증거로도 채택 가능하다) 이를

무비판적으로 복사한 〈혼일강리역대국도지도〉의 지명 또한 신빙성이 없을 수밖에 없다.

앞의 두 가지 가능성이 지금까지 역사학계에서 진행되어온 논의의 토대였다. 그렇다면 제3의 '새로운 가능성'은 없는 것일까? 필자의 가정은 이렇다.

(3) '외부세계'의 지명, 특히 아라비아-아프리카 지역의 지명들은 '연결고리'가 없는 지금으로서는 구체적으로 추정 불가능한/불확실한/부정확한/추상적인 정보를 바탕으로 제작한 것이다(이는 (1)과 (2)의 전제들을 모두 포함하는 것일 수 있다). 이 시기는 사실상 '외부세계'에 대한 '객관적인' 지리 정보나 '불필요한' 지식이란 그리 중요하게 취급되지 않았을 수도 있다. 처음부터 '실용적인' 목적으로 제작된 것이 아니라 '외부세계'를 '내부자의 시선'으로 끌어들여 '외부세계'에 대한 인식의 틀을 내부자의 목적에 맞게 고정시키기 위한 것이었기 때문이다. 그렇기에 지도 제작 과정에서 제작자의 정치-사회적 목적을 위해 의도적으로 지리적 사실을 '왜곡'하거나 정보를 '오용'했을 가능성을 새롭게 열고두고자 한다(이 주장에 반론을 제기하려면 적어도 지도에 나오는 지명들을 당시 혹은 오늘날의 지명들과 일치시켜 확인할 수 있어야 한다).

어차피 여러 연구들이 사료(史料)의 한계 때문에 가설이나 추론, 혹은 상상력에 의존할 수밖에 없는 현실에서 가장 설득력이 있고 개연성이 높은 경우란 무엇일까? 지금까지 이 글에서 살펴본 대로 〈혼일강리역대국도지도〉는 정치-사회적 맥락에서 해석해볼 때, (3)의 의도적 왜곡과 오용의 가능성이 높다는 것이 필자의 생각이다. 설사 이슬람 계통 지도의 영향을 받았기 때문에 비교적 상세한 지명 정보를 알고 있었다는 가정을 제외 또는 포함하더라도, '외부세계', 특히 '외부세계'의 지명들에 관한 '객관적'인 정보나 '사실적'인 지식은 (처음부터) 그다지 중요한 관심사가 아니었을 개연성이 높다.

지도학자들이나 지도사학자들 사이에서 지도 콘텐츠에 지도 제작의 원칙상 '쏠림/치우침', '왜곡', '비정상', '오용'이라 불리는 현상이 자주 일어난다는 사실은 잘 알려져 있다. 그러한 '쏠림' 혹은 '왜곡'이 일반적으로는 지도 제작 과정에서 기인한 '객관성'의 판단기준에 반하는 것으로 평가된다. (문화유물로서 지도는 여러 사람의 두뇌와 손을 거쳐 최종적으로 만들어진 일종의 '합성'물이다. 그래서 고지도가 사료로서 높은 수준의 도덕성을 담보하고 있는가 하는 점은 역사가들이나 지도학자들 사이에서 논쟁이 되는 주제이다.)103)

하지만 지도가 처음부터 사실에 입각한 정보를 편견 없이 진실하게 표현함으로써 정치적으로 오염된 이미지에서 자유로우면서도 순수하게 '과학적인' 세계의 이미지만을 생산할 수 있다는 생각은 문화신화론에서는 더 이상 받아들이기 어렵다. 우리가 알기에 "지도 이미지는 필연적으로 문화적 산물"이고, "고지도는 신용할 수 없는 증인"이며, 모든 지도학은 "난해한, 통제된 허구"이다104)(따라서 이제 와서 지도의 '객관성', '사실성', '과학성' 여부를 따져 묻는 것은 그 자체가 방법론적 모순이다).

역설적으로 만약 〈혼일강리역대국도지도〉가 확장된 '외부세계'에 대한 교역이나 통상, 외교나 여행 등 좀 더 실용적 목적으로 제작된 것이었다면 지도 콘텐츠, 특히 지명의 표기나 지도상의 위치는 훨씬 달라졌을지도 모를 일이다. 지도를 정해진 기능에 따라 분류하는 것이 가능하기 때문이다.105)

동양 최고(最古)의 세계지도

〈혼일강리역대국도지도〉가 가져다준 지도학사적 의미는 매우 크다. 몇 가지로 정리해본다.

- 현존하는 '동양 최고(最古)의 세계지도'라는 점.
- 17세기 마테오리치의 〈곤여만국전도〉가 처음 소개될 때까지 세계에 대한 정보와 인식은 적어도 동북아 삼국에서는 '가장 넓은 지리적 시야와 지평'을 열었다는 점.
- 조선인의 중국을 넘어선 세계 이해와 '외부세계'에 대한 수용적인 태도를 잘 보여준다는 점.
- 특히 아라비아-아프리카 지역에 대한 묘사는—적어도 유럽에서는 아프리카에 대한 독립적인 생각이 르네상스 시대 이전에는 나타나지 않는다[106]—동서양을 막론하고 매우 독특하다는 점 등.

지금까지 국내외의 여러 연구자들은 이 지도의 제작 배경과 그 과정에 관한 역사적 연원과 유래를 밝히는 데 많은 노력을 경주한 나머지 이 지도 제작이 갖는 정치-사회적 맥락을 간과해왔다. 그것이 아무리 객관적 사실에 바탕을 둔 과학적인 지도라 하더라도 '상징으로서의 지도'와 '지도에 담긴 담론'은 필연적으로 정치-사회적 맥락—그런 의미에서 지도란 결코 가치중립적인 생산물이 아니라 하나의 정치-사회적 생산물이며, 드러내든지 숨기든지 간에 지도에 담긴 수많은 상징과 이야기 역시 정치-사회적 의도와 의미를 지닌다—을 갖게 마련이다.

그래서 지도 연구에서 중요한 세 가지 요소, 즉 지도가 어떻게 만들어졌으며(제작자=수집가+편집자), 어떻게 사용되었는가(사용자) 하는 물음과 마찬가지로 지도를 어떻게 해석할 것인가(해석자)—해석은 일차적으로 지도 제작 과정에서 이미 반영된다. 따라서 지도 해석은 일종의 메타과학이 된다—에 관한 학제 간 통합적(interdisciplinary) 논의는 매우 중요하다. 지도 해석은 그러한 맥락에서 이루어져야 한다.

첫째, 〈혼일강리역대국도지도〉가 하나의 국가적인 프로젝트로서 제작되었음을 주목할 필요가 있다. 지금으로부터 약 600여 년 전 조선개국(1392년) 초기 왕실에서 사신을 외국에 보내 지도 자료를 수집케하고 소략·편집하여—여기서 다시 '정보 수집'과 '정보 처리'는 엄격히 구별된다—세계지도를 제작한 사실은 당시 국내외의 정치적 맥락에서 볼 때 매우 중요한 사업이다는 것을 눈치 채게 해준다.

태종은 정국이 불안정하던 개국 초기 강력한 리더십을 바탕으로 새롭게 체제를 정비하여 사실상 개국의 기틀을 마련한 창업군주였다. 학문에 두루 능통했던 그에게 가장 절실하게 필요했던 것은 통치자로서자신의 원대한 이상과 권력의 정당성을 정치적·이념적·역사적으로대내외에 가시적으로 보여주는 것이었으리라.107) 이것이 바로 '거시적인' 지도 제작의 정치-사회적 맥락이었다.

발문에서 분명히 밝히고 있듯이 '통치'를 원활히 하기 위해 필요한 수단으로서의 세계지도 제작은, 밖으로는 드넓은 천하세계를 나타내보여줌으로써 왕조의 원대한 정치적 이상을 견고히/구체화하고, 안으로는 중국을 천하세계의 중심에 두어 주자학이라는 건국이념을 분명하게 천명함으로써 권력의 정당성과 더불어 중국과의 안정적인 외교관계를 획득하고자 했던 것이다. 이러한 '이중' 목적을 모두 달성하기에 세계지도는 매우 적절한 '정치-사회적' 도구였던 것이다.108)

둘째, 〈혼일강리역대국도지도〉가 '외부세계'를 수용하고 해석하는 방식을 조선 초기의 정치-사회적 '맥락'에서 살펴볼 때, 특히 아라비아-아프리카 지역에 대한 묘사에 나타난 '감추어진 구조'를 '미시적으로' 살펴보면 이 지도가 '거시적으로' 어떤 정치-사회적 목적을 가지고 제작되었는가 하는 점은 더욱 명확해진다.

처음부터 이 지도를 제작한 이유는 '외부세계'에 대한 '사실적'인 지리 정보를 '객관적'으로 수용하거나 '가치중립적'으로 보여주려는 것이 목적은 아니었다. 오히려 '미지의 외부세계'를 활짝 열어 보여줌으로써 중국(과 조선)이 세계의 중심임을 더욱 공고히 하려는 이데올로기적 의도를 감추면서 또한(and/or) 드러내고 있는 것이다.

- 첫째로 지도기하학적 관점에서 볼 때 '외부세계', 특히 아라비아-아프리카 지역을 지나치게 축소함으로써 중국(과 조선)을 상대적으로 더욱 크게 인식하도록 하고자 했다.
- 둘째로 지도 콘텐츠에서 유난히도 '텅 빈 곳'을 많이 남겨둠으로써 '침묵'으로 보여주고자 하는 의도, 즉 천하는 지극히 넓으나 '외부세계', 특히 아라비아-아프리카 지역은 그저 그렇고 그런 땅임을 묵시적으로 감추면서 또한 드러내고자 했다.
- 마지막으로 지도학적 표현에서 사용하는 위계질서의 경향에서 볼 때, 아라비아-아프리카에는 국명도 국도도 없는 보통의 몇 안 되는 도시들만 있는 곳일 뿐이며, 같은 맥락에서 그마저 구체적으로 어느 도시를 일컫는지조차 확인할 수 없는 '불확실한' 것들로 채워져 있을 뿐이다.

필자는 기존의 연구자들이 역사방법론을 통해 어느 정도 밝혀왔듯이 〈혼일강리역대국도지도〉가 중국을 통해 얻은 몽골 제국의 영향을 받은 이슬람 계통 지도의 영향하에 제작되었다는 것을 '거시적으로' 인정한다. 하지만 적어도 아라비아-아프리카 지역의 지형이나 지리, 혹은 지명 정보, 즉 지도 콘텐츠를 '미시적으로' 분석해볼 때, 당시 지도 제작자들이 아라비아-아프리카 지역에 대한 '객관적인' 정보나 '구체적인' 지식을 토대로 하여 지도를 제작했다고 보기에는 그 증거가 불충분하다고 생각한다. 또한 정보 처리 과정에서 지도 콘텐츠를 심각하게 왜곡하고 있다는 것을 확인했다는 점에서 기존 연구자들의 연구결과와 그 맥을 같이 하면서도 또한 달리한다.

불행하게도 〈혼일강리역대국도지도〉가 보여주고 있는 것처럼 외부 세계에 대해 개방적이면서도 수준 높은 조선 초기의 세계 인식과 세계지도 제작 전통은 그 후 약 200여 년간 세계지도 제작사에서 이렇다 할 발전 모습을 보여주지 못한 것은 안타깝다(물론 〈혼일강리역대국도지도〉의 여러 사본 제작이 적어도 150~200여 년간에 걸쳐 드문드문이나마 지속적으로 이루어져 지도 제작 전통이 끊이지 않았음에도, 새로운 계통/형태의 세계지도 제작이 이루어지지 못했음을 말하는 것이다).

15~16세기 주자학(朱子學)을 근본 바탕으로 한 중국 중심의 세계관이 조선사회 문화에 두루 퍼지면서 새로 제작되는 (세계)지도들에는 주로 중국과 한국을 중심으로 한 동아시아만을 표시했다.[109] (그런 지도들을 예로 들면 정척(鄭陟)·양성지(梁誠之)의 〈동국지도〉(東國地圖, 1463년, 세조 9년), 최근 병인양요(1866년) 때 약탈되어 프랑스 파리국립도서관(BNF)에 보관된 외규장각 문서에 포함된 것으로 확인된 〈천하여지도〉(17세기 중반), 고산자(古山子) 김정호(金正浩)의 〈청구도〉(靑邱圖, 1834년, 순조 34

년)와 〈대동여지도〉(大東與地圖, 1861년) 등이 있다.)

　　다만 17~18세기 서양 문물과 지식·정보가 명(明)나라와 청(淸)나라를 통해 전래되면서 그 후 조선에서 제작된 세계지도—1775년에 제작된 〈여지전도〉(與墜全圖)를 포함하여—에서는 일본, 중국, 아프리카를 크게 그려 넣고, 유럽의 잉글랜드 및 스칸디나비아와 인도 등을 포함함으로써 〈혼일강리역대국도지도〉가 개척한 '지리적 시야의 확대'라는 새로운 인식의 지평이 공감대를 얻기 시작했다. 또한 '서구식 세계지도가 보여주는' 천하를 보다 '과학적·객관적으로' 의미 있게 받아들이고 있음은 그나마 다행이라 할 수 있을 것이다.110)

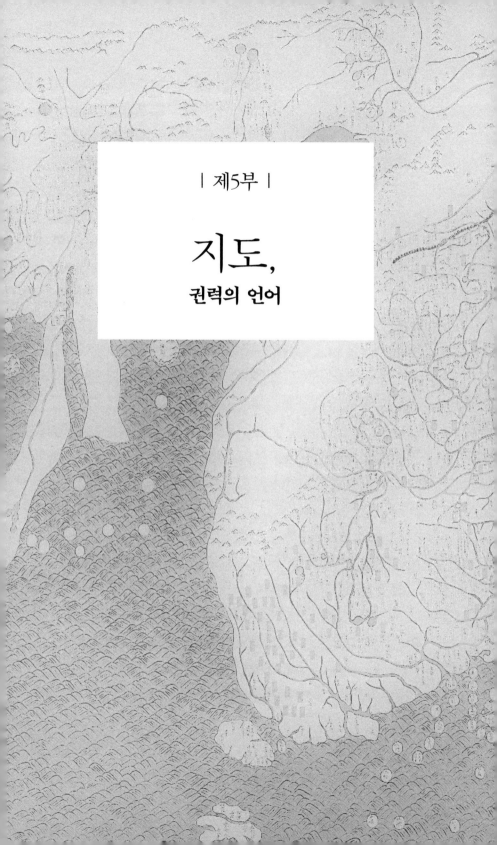

| 제5부 |

지도,
권력의 언어

지난 시대의 문화연구가 주로 시간 중심의 문화적 전환(轉換)에 초점을 맞췄다면, 1990년대 이후부터는 공간 중심의 비평적 경향이 뚜렷하게 나타난다.

기존의 연구가 문화 및 언어이론을 거쳐 신문화 지리학적 특성을 지닌 것이었다면, 오늘날에는 사회이론을 접목해 문화와 권력 관계에 주목하여 비평-지리학에 이르렀다고 할 수 있다.[1] 공간의 문화-비판적 연구에서 지도와 지명은 탁월한 텍스트다. 지도(地圖)란 "지리적 실재의 상징화된 이미지이며, 정선된 특징 혹은 특성들의 재현"이라 정의할 수 있다.[2] 대부분의 지도 제작은 특정 집단의 관심과 세계관 및 정치적 목적을 촉진하기 위해 착수되며, 따라서 지도는 현저하게 권력의 언어다.[3] 한편, 지명(地名)이란 장소에 대한 인간의 인식이 명명화(命名化)된 것으로서 필연적으로 해당 장소와 그곳에 사는 주민들의 문화와 역사 및 정서를 반영할 뿐만 아니라 그들의 정체성과 이념을 재현하기도 한다. 지명이 이름 그 이상의 문화적·정치적·상징적 의미를 갖게 되는 것은 바로 이 때문이다. 그런 맥락에서 지명을 "장소를 형성하는 경관 텍스트"라거나 "사회적 주체의 정체성을 재현하는 문화·정치적 과정"으로 정의할 수 있다.[4]

이 글에서는 문화와 권력 관계에 주목하여 지도와 지명의 문화·정치적 맥락―'문화정치'는 권력이 문화적 생산과 실천의 중심에 있음을 인식하여, 사회적 관계와 제도, 공간과 장소의 구조와 의미를 둘러싼 모든 영역을 문화적 투쟁의 영역으로 간주한다―하에서 논의할 것이다. 이러한 논의는 이스라엘/팔레스타인 지도의 제작 과정과 그 속에서 진행된 지명 바꾸기/지우기 작업이 어떻게 설계되고 추진되어왔는지, 그리고 그 과정에서 얻고자 한 문화-정치적 속셈은 무엇인지를 다음의 세 가지 범주에서 순서대로 진행할 것이다.

첫째, 영국 식민지 시대에 팔레스타인 지도가 제작되기 시작한 그 전후 맥락을 알아보고, 지리 정보가 식민지 지배와 통치에 활용된 역사를 개괄적으로 살펴볼 것이다.

둘째, 현대 이스라엘의 국가 건설 과정에서 시온주의자들이 제작한 히브리어 지도가 새로운 국가 정체성 형성과 유대인의 자기정체성 확립에 활용되었던 과정과, 아울러 지명의 히브리어화가 팔레스타인을 타자화/배제시 어떻게 자기들의 토지소

유권을 정당화하려 했는지 살펴볼 것이다. 즉, '지명의 히브리어화'(Hebrewci-
zation)는 곧 '팔레스타인 땅의 헤브라이즘화(Hebraicization)/이스라엘화(Is-
raelization)'였다는 가설을 논증할 것이다.

셋째, 이스라엘과 팔레스타인 간의 불평등한 힘의 균형 사이에서 두 민족은 어떻게
일상에서 지도를 수사적으로 사용하고 있는지—이를 '정치 지도'라 부를 것이다—
몇몇 사례를 들어 살펴볼 것이다. 분명하게도 양측 모두 자신들의 정치 지도에서는
'실재' 혹은 '실체적 진실'을 보여주지 않고 있음을 알게 될 것이다. '지명 전쟁'(topo-
nymic warfare)을 넘어 '지도 전쟁'(topographic warfare)이라 불리는 이 과정
에서 갈등은 더욱 고조된다. 이러한 정치 지도가 영토분쟁 해결에 역할을 담당할
수 있을까? 과연 대안은 없는 걸까?

식민지 시대의 지도 제작과 발달 과정

식민지 시대에 탐험과 조사를 바탕으로 한 지도 제작이 매우 왕성한 까
닭은 자명하다.5) 베네딕트 앤더슨(Benedict Anderson)에 따르면 식민
지 권력은 인구조사, 지도, 박물관이라는 세 가지 통치수단으로 식민지
지배를 제도화한다. 인구조사는 특정 가계(家系)나 문벌을 합법화(정통
성 부여)하고, 지도는 경계와 영토 관할권/소유권을 적법화하며, 박물관
은 식민지의 이미지나 지배자의 통치권을 자연스럽게 정당화함으로써
통치를 원활히 하려는 데 그 목적이 있다.6)

특히 식민 지배자들이 지도 제작으로 땅의 경계를 새로 긋고, 구역
을 다시 나누고, 지명을 자기 언어로 고쳐 씀으로써 토착세력에게 영토
의 소유권과 토지의 역사성과 토착민의 정체성을 빼앗아오는 과정은
매우 치밀하게 진행된다.7) 이러한 맥락에서 영국이 팔레스타인을 통

치하던 시대(1917~1948년)[8] 지도 제작을 통해 이 지역의 통치와 지배를 공고히 하는 과정을 살피는 것은 의미 있는 일이다.[9] 이 주제는 다음의 세 가지 서로 다른 관점에서 논의 가능하다.

첫째, 지리정보시스템(GIS, Geographic Information Systems)과 지도 제작 기술은 공간을 분석하고 재배치하는 데 있어 역사지도 제작을 돕는데, 이것이 어떻게 활용되고 있는지에 대한 관점이다. 지도 제작 기술의 현저한 발달은 지도의 정밀도를 높이고, 공간 정보를 효과적으로 기술하며, 공간지각(sedentarization, 空間知覺)—공간에 있는 물건의 방향·위치·크기·모양·거리를 인식하는 심적 경험. 공간각(空間覺)이라고도 한다—을 돕는다.

둘째, 제국주의와 지도 제작(Imperialism and mapping)의 관계로서 지도가 어떻게 제국주의를 정당화하고 식민지 지배를 합법화해나가고 있는가 하는 관점이다. 여기서는 통치학상 지도가 어떻게 신뢰 공간을 생산하여 공간 지배를 확보하고, 전략적으로 통합을 이론화하는 수단으로 사용되는지 연구한다.

셋째, 법률 지리(legal geography) 관점으로서 어떻게 지도가 땅의 경계를 나누고 토지 소유권을 정하는 데 주요 수단으로 사용되는가에 대한 관심이다. 여기서는 지명의 개념화 시스템의 윤리적 차원, 즉 사회정의의 관점을 이슈로 삼는다.

이러한 세 가지 접근방식은 이론적으로 상호 배타적으로 작용하기보다는 실질적으로 복수로 연결되어 비평적 지명연구의 방법론적 지평을 넓혀나가게 해줄 것이다.[10]

팔레스타인(Palestine)[11]은 4세기 동안(1517~1917년) 오스만 제

국의 통치하에 있었다. 이 지역의 근대식 토지등기는 1858년 오스만 제국 토지법에 따라 시행되었다.12) 조사를 통해 세부적인 지리 경계가 명시된 토지 문서들과 촌락이나 땅의 경계가 표기된 축척 1:10,000 지도가 처음 등장한 것도 이때다. 그러나 오스만 제국은 지적도(地籍圖)를 체계적으로 관리하지 못하여 이때 제작된 팔레스타인 지도는 대부분 소실되어 사라졌다.13)

1799년 나폴레옹의 침공과 더불어 프랑스 지도학자 피에르 자코틴(Pierre Jacotin)은 축척 1:100,000의 〈이집트 지도〉(*Carte topographique de l'Egypte*, 1799년)를 제작하면서 거기에 팔레스타인 지역을 포함했다(〔지도 1-A〕, 1826년). 그러나 이 지도는 기하학적 형태나 지명의 오류 등 비사실적(허구적) 정보가 많이 삽입된 것으로서 이 지역 연구자들에게 많은 비판을 받았다.14)

19세기 내내 주로 짧은 기간 이 지역을 방문한 여행자들을 통해 출처 없이 함부로 수집된 데이터가 무분별하게 지도상에 표기되면서 혼란이 가중되자, 이 지역에 대한 좀 더 체계적인 조사의 필요성이 제기되었다.15)

당시까지만 해도 팔레스타인 지도 제작은 주로 성서와 관련된 지명 찾기 작업에 불과했다. 1865년 팔레스타인개발기금(PEF, Palestine Exploration Fund)의 지원으로 영국연구회(British Research Society)가 본격적인 조사와 지도 제작 프로젝트에 돌입하는데, 1871~1877년 영국해군 대위 클라우드 콘데르(Claude Reignier Conder)와 호라치오 키치너(Horatio Herbert Kitchener)가 주축을 이루어 모두 26장의 팔레스타인 지도를 제작한다(〔지도 1-C〕, 1880년).16) 1906년 터키-이집트 사이의 국경협정—오늘날 이집트와 이스라엘 간의 국경과 거의 일치한다

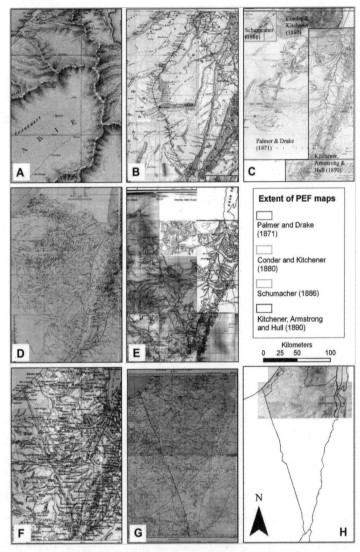

[지도 1] A: Jacotin (1826); B: Kiepert (1841); C: Conder and Kitchener (1880), Schumacher (1886) and Kitchener, Armstrong and Hull (1890); D: Musil (1902); E: TSGS (1906, 1907); F: Fischer (1910); G: War Office (1915); H: Survey of Palestine (1936-1939). 지도 인용: Noam Levin, Ruth Kark and Emir Galilee, "Maps and the settlement of southern Palestine, 1799-1948," *Journal of Historical Geography* 36 (2010), 6.

—은 이 시기에 영국이 제작한 지도([지도 1-E]: TSGS, *British Topographical Section General Staff*, 1906, 1907년)에도 그대로 반영된다.

제1차 세계대전은 팔레스타인 지도 제작에 새로운 시대를 열었다. 영국이 오스만 제국 통치시대의 영토를 정복하고, 효과적으로 지배를 강화할 필요성이 증가했을 뿐만 아니라, 항공사진이 등장하고, 새로운 지리 정보와 지도 제작 기술의 도입과 함께 팔레스타인개발기금(PEF)의 자금 지원이 뒤따르면서 팔레스타인 지도의 제작은 새로운 국면을 맞게 된다. 특히 건조한 남쪽 네게브 사막(Negev Desert)과 시나이 반도에 대한 역사적 관심이 커지면서 이 지역은 이 시기의 지도 제작의 주요 관심대상이 되었다.

네게브 사막이 관심사로 부상한 데에는 다음 세 가지 이유를 들 수 있다.

첫째, 1841년 오스만 제국과 영국 위임통치 정부 간의 분계선이 서쪽의 시나이(이집트)와 동쪽의 요르단과 더불어 네게브 지역에 맞닿아 있기 때문이다.[17]

둘째, 제1차 세계대전 중 영국-이집트 연합군과 오토만-독일 연맹군 사이의 주요 전선이 이 지역에 걸쳐 있었기 때문이다.[18]

셋째, 유목민(베두인)과 정주민(유대-정착민) 사이의 경쟁관계 속에서 둘 사이의 경계는 늘 유동적이어서 정주민과의 충돌이 자주 발생했기 때문이다.[19]

1799년부터 1948년까지 제작된 네게브가 포함된 지도는 총 375점으로 강(와디), 도로, 가옥 및 유목민들의 이동 경로 등과 함께 베두인 부족의 이름이나 그들이 부르는 (주로 아랍어) 지명 등 다양한 정보를 담고 있다.[20] 1915년 영국군 장교가 제작한 축척 1:125,000 지도([지도

1-G], War Office, 1915년)에는 이전 지도에 비해 지명은 물론 도로, 주유소, 모래언덕 및 수자원 등의 정보가 추가적으로 표시되어 있어서 보다 완성도 높은 군사목적의 지도가 되었다.

팔레스타인에 대한 체계적인 지리적 탐사와 지도 제작을 위한 조사는 유럽, 주로 영국과 프랑스의 기구와 개인들에 의해 활발히 진행되었다. 상대적으로 독일, 러시아, 네덜란드, 미국 및 기타 국가들은 소극적이었다.[21] 독일의 폰 램지(Von Ramsay) 소장의 명령으로 제작된 축척 1:250,000 지도는 네게브 지역과 북부 시나이 반도를 포함한다. 이는 영국의 군사령관이자 측량사이며 '아라비아의 로렌스'(T. E. Lawrence)의 동료였던 뉴컴비(S. F. Newcombe, 1878~1956년)가 제작한 1915년 지도를 거의 절반쯤 복사한 것에 불과했다.[22]

제1차 세계대전 당시 독일이 제작한 축척 1:50,000의 팔레스타인 지도에는 네게브 지역이 포함되지 않았으며, 오스만 제국의 조사자가 만든 축척 1:200,000 지도에서도 네게브 지역이 등장하는 것은 1918년 이후였다.[23]

영국군이 본격적으로 항공사진을 이용하여 지도 제작에 박차를 가한 것은 1915년부터다. 전쟁본부(War Office)가 이집트 탐험부대(EEF, Egyptian Expeditionary Force)를 만들어 제7여단에 왕실 기술자 190명을 포함시킨 것이 1917년 말이었다. 가자(Gaza)와 브엘세바(Beer Sheba) 사이의 1,280Km²의 드넓은 지역을 수개월에 걸쳐 탐사하고 사진을 찍어 축척 1:10,000과 1:15,000의 지도를 매우 상세하게 제작하였고, 이 지도를 수천 장 복사했다.[24]

1920년 영국 위임통치기구는 행정용 지도를 제작하는데, 팔레스타인조사(The Survey of Palestine) 기구를 세워, 예루살렘(위임통치 정부의 수도)과 하이파(레반트 지역의 영국 항구도시) 등 전략적으로나 행정적으로 중요한 도시에서 아랍인과 유대인 두 민족의 정치적 정체성이 두드러지게 나타나는 거리 이름을 조사하여 영국식—이때 등장하는 가장 대표적인 거리 이름 가운데 지금까지도 이스라엘 주요 도시의 중심가에 '조지 5세 거리'라는 이름으로 남아 있다—으로 바꾸고,25) 아울러 토지소유권과 관련된 정주민 지적도를 작성한다. 이 지적도는 영국 통치 이전과 이후 이 지역에 대한 조직, 통제, '빈 땅'(empty lands)에 관한 통치 및 관할을 원활하게 하기 위한 목적으로 제작·사용되었다.26)

그럼에도 1930년 이후 팔레스타인조사 기구가 작성한 더 큰 축척의 지도에는 네게브가 점차 빠지고, 유럽에서 이입되는 유대인 인구밀집 지역인 지중해 해안 및 갈릴리 지역에 대한 관심이 점차 커진다.

1930년대 유대기금(Jewish Agency)을 대표해 축척 1:40,000 히브리어 지도를 처음으로 제작한 사람은 유대인 조사자 잘만 리프(Zalman Lif, Lifschitz)와 지도 제작자 여호수아 한킨(Yehoshua Hankin)이었다. 그들은 유대인 소유의 땅을 표기하는 데 그 목적을 두었다.27)

한편 1934년 영국이 비공식적으로 만든 거리이름위원회(SNC, Street Names Committee)가 아랍인 두 명과 유대인 두 명으로 구성되는데, 예루살렘 시의 거리 이름의 경우 도시의 특성상 역사적이고 종교적인 감성을 담아 지명이 결정된다. 사실 제1차 세계대전에서 이 도시를 점령한 영국은 이미 친예루살렘협회(Pro-Jerusalem Society)를 두어 활동을 시작해왔다. 그들은 도시전승이나 정치적 이념보다는 특별히 십자군의 장군들—살라딘(Saladin)이나 볼드윈(Baldwin) 등—이나 이 도시의 기독교-유럽인 통치자의 역사를 드러내는 이름들을 강조했다.

구도시(Old City)의 경우 특별구역으로 설정하여 총 92개의 이름을 두었는데, 주로 아랍-무슬림 역사나 비잔틴-기독교 황제나 교부 등 역사-전통과 통속명(通俗名)에서 차용해 사용했다. 하이파 시(市)의 경우 두 민족이 서로 구역을 나누어 거주했기 때문에 거리 이름을 아랍인 구역은 아랍 이름으로, 유대인 구역은 유대 이름으로 각각 정했다.

공식적인 아랍어명명법(Arab nomenclature) 소개는 1930~1940년대에 후반에 완료된다. 1948년 아랍인과 유대인의 무력 충돌로 정치적·인구학적 헤게모니가 유대인 측으로 넘어가면서 70여 개의 아랍어 지명—아랍문화와 역사전통을 담은 것들로서, 상당수는 과학자(이븐 시나Ibn Sina), 철학자(이븐 루시드Ibn Rushd), 시인(알-부카리Al-Bukhari), 지리학자(알-이드리시Al-Idrisi), 칼리프(칼리드 이븐 알-왈리드Khaled ibn el- Walid, 오마르 알-까땁Omar el-Khattab, 하룬 알-라시드Haroun el-Rashid) 등 중세 이슬람 황금시대의 인물들에게서 빌려온 것들이다—만이 지정되어 남아 있다.[28]

요약하면 영국 식민지 시대 정밀한 모눈 방식으로 제작된 팔레스타인 지도, 특히 네게브 지역에 대한 지도에서는 지형과 자연 조건, 도로와 와디, 정착촌과 농업, 토지 소유권 등 식민지 지배와 통치에 필요한 정보들을 상세하게 담고 있다.

여기에는 초기 종종 비사실적인 정보와 부정확한 경계 등이 포함되어 있지만, 식민지 지배 과정에서 유대-이민자 정착에 관한 영국 정부의 정책과 저의를 파악하기에 충분한 요소가 많이 들어 있다. '거리이름위원회'의 활동으로 대도시에는 다양한 정체성을 나타내는 지명들이 등장하기 시작했고, 시간이 갈수록 지도 제작은 점차 조직화·과학화되었다. 영국이 만든 이 지도들은 UN의 팔레스타인 분할안(1947년) 논의 과정에는 물론 유대-정착민들의 지위와 토지 소유권, 거주지의 경계와 구역의 구분, 도시의 정체성 등 법적 논쟁과 정치적 결정에 상당한 영향을 끼친다.[29]

히브리어 지도 제작과 지명의 히브리어화

현대 이스라엘의 국가건설 과정에는, 수자원 확보 같은 생존 안보와 직결된 하드웨어적인 사안도 있었지만,[30] 히브리어 지도의 제작과 지명의 히브리어화 같은 국가정체성 형성과 문화적 공작(工作)과 밀접하게 연관된 소프트웨어적인 사안도 있었다.

팔레스타인 땅—시온주의자들은 이를 이스라엘 땅('에레츠 이스라엘')이라 불렀다—의 헤브라이즘화(Hebraicization)/이스라엘화(Israelization)/재의미화(Designification)는 현대 히브리어 부활의 '지리적 투영'인 셈이다. 다시 말해서 '지명의 히브리어화'는 곧 '지도의 헤브라이즘화/이스라엘화'인 것이다.

현대 히브리어의 부활은 시온주의 이념과 민족건설의 상상력을 선험적으로 지배하게 만드는 매우 중요한 도구였다.[31] 시온주의자 관점에서 이전에 사용해오던 팔레스타인 지역의 아랍어 지명들을 낯선 것으로 만드는 데에 그것들을 히브리어로 바꾸는 것보다 더 좋은 방법은 없었다. 그것은 팔레스타인인들의 역사적 · 종교적 · 정치적 경험이나 기억을 지워버리는 행위가 되기 때문이다.[32] (반대로 지명을 옛 히브리어 이름으로 바꿈으로써 유대인들은 단절되었던 자신들의 역사적 기억을 자연스럽게 연결/재생할 수 있다.) 팔레스타인 지역에 대한 히브리어 지도 제작과 그 과정은 유대인의 자기정체성과 유대 국가의 민족정체성, 나아가 이 지역에 대한 유대인의 문화적·지리적·정치적 통치권을 이문융합(異文融合, conflation)하는 데 가장 효과적인 방식으로, 이는 치밀하게 고안된 것이었다.33)

1940년대 초 영국 위임통치 정부가 제작한 축척 1:100,000의 공식적인 팔레스타인 지도는 대부분 아랍어 혹은 기독교 전통이 보존하여 사용해온 지명들로 표기되어 있었다. 그것은 당연히 2천 년 만에 유럽에서 건너온 유대민족주의자들의 눈에는 낯선 것이었다. 시온주의자들은 자신들의 끊어진 오래된 과거의 역사·지리적 전통을 잇고자 옛 히브리어 지명들을 찾아 낯선 이름들을 대체하고자 했다.

공식적으로 체계적인 지도의 히브리어화 작업은 1949년 네게브 지역의 헤브라이즘화/이스라엘화에서 시작되었다. 유대민족 부활의 이념으로서 시온주의는 두 가지 주요 관심사에 집중했다. 하나는 유대민족의 고향으로서의 '에레츠 이스라엘'(이스라엘 땅)을 회복하는 일과 유대민족 부활을 위한 이민자들의 정착지를 확보하는 일이요, 다른 하나는 일상어로서의 히브리어 사용을 통해 유대문화의 부활을 앞당기는 것이다.34) 시온주의자들은 체계적인 히브리어 지도 제작과 그 속 지명들을 히브리어로 고쳐 부름으로써 민족 건설과 땅의 회복 및 유대문화의 부활이라는 목표를 더욱 효과적으로 달성할 수 있다고 믿었다.35)

민족 재건과 국가 건설이라는 정치적 운동에서 민족어로 표기된 지명(地名)은 그 땅의 문화적 건설을 촉진하는 데 매우 중요하다. 지명은 사회적 관계와 의미생산 체계의 물리적·지리적·공간적 표현으로서 지명이 재현하는 의미가 사회적 주체의 정체성 형성에 기여한다.

지명은 문화적 텍스트를 공유하게 만든다. 지도에 명시된 텍스트로서의 지명은 그 이름이 내포하고 있는 지리적 공간의 모습이 그곳의 공간적 위치와 배치와 어울려 지도 완성을 돕는다. 다시 말해서 지명은 장소를 표시(denote)함과 동시에 그 이름과 장소의 본질에 관한 특정 이데올로기를 내포(connote)한다.

지명의 인위적 생성과 변형에는 문화-정치적 과정이 개입하는데, 이러한 과정은 언제나 특정한 사회적·정치적·문화적 상황 속에서 진행된다. 여기서 지명은 권력자나 당국자가 수행한 하나의 정치 행위이다. 따라서 지도에 명기된 지명을 읽는다는 것은, 단순히 지도에 표기된 언어적 표시가 아닌, 특정한 문화적 맥락에서 그 장소가 갖는 이데올로기적 메시지와 사회적 실천과 의미론적 기호를 마음에 새기는 것을 의미한다.36)

예컨대 1939년 이후 독일 지배하에서 폴란드 지역의 여러 지명이 '독일어식'으로 표기된 것과는 달리, 1945년 독일이 물러난 이후 독일식 지명들을 폴란드어로 변경함—여기에는 독일어 이름이 폴란드어화 되는 경우, 독일 지명이 폴란드어로 번역되는 경우, 그리고 폴란드어 이름이 독일어 이름을 모델로 삼아 사용되는 경우 등으로 나뉜다—으로써 민족적 선명성과 정체성, 역사성과 이데올로기 등을 드러내고 있음을 상기할 필요가 있다.37)

'에레츠 이스라엘'과 관련해서 지명 대부분은 일반적으로 히브리 성서나 탈무드 또는 유대교 예배와 제의에서 사용하는 텍스트에 나오는 이름을 환치(換置)하여 사용하거나, 디아스포라 시대의 경험을 바탕으로 한 유대인 이미지 제고 혹은 고향을 상기시키거나 상징하는 용어 등을 폭넓게 활용했다. 심지어 유대-이민자들의 고유한 이름조차 히브리식으로 바꿔나갔는데, 예컨대 다비드 그루엔(David Gruen)이 다비드 벤구리온(David Beb-Gurion)으로, 골다 메이어슨(Golda Meyerson)이 골다 메이어(Golda Meir)로, 아리엘 쉐이어만(Ariel Scheinerman)이 아리엘 샤론(Ariel Sharon)으로, 모세 스몰란스키(Moshe Smolansky)가 모세 야알론(Moshe Ya'alon)으로 바뀌는 예를 꼽을 수 있다.

이는 결코 강요된 것이 아니었다.[38] 또한 이것은 실제적인 유대-이민자들의 정착생활의 패턴과 일치하지도 않았다. 그럼에도 이것은 초기 유대-이민자들로 하여금 하루속히 디아스포라 시절의 낡은 껍데기를 벗어버리고, 명실상부한 '에레츠 이스라엘'의 국민으로 재탄생하게 하는 매우 강력한 상징적 행위였다.

이처럼 사람과 땅은 자신만의 고유한 이름을 가질 때 견고히 결합되며, 비로소 의미를 지니게 된다. 지명이 히브리어로 재명명(re-naming)될 때, 새 이름을 가진 새 이민자들은 비로소 그 땅의 역사-지리와 연결되며, 그 땅은 재영토화(re-territorialization)되는 것이다.[39] 그럼으로써 '땅'(territory)은 '고향땅/모국'(homeland)—특히 디아스포라 유대인들에게 '시온'(Zion)으로 상징화된 고향땅(Moledet)이란 언젠가는 반드시 돌아갈 약속의 땅, 메시아의 땅, 유토피아적 미래로 인식된 것이었다[40]—이 된다. 이러한 지명의 (재)명명은 과거의 집단적 기억과 전통이 집단의 현재와 미래적 감각으로 (재)생산/(재)탄생되기 위해 필요한 교활한 서사(書辭)이자 권력의 언설(言說)이다.[41]

이제 히브리어는 단지 하나의 '언어'(a language)가 아니라 영국 통치하에서 유대문화 공동체의 정체성을 그들과 구분하는 '문화'(the culture)가 된다. "히브리어로 생각하고 히브리어로 말함으로써 창조되는 그 모든 것 자체가 '히브리적'인 것이다. '히브리' 정착, '히브리' 경제, '히브리' 교통수단, '히브리' 문학, '히브리' 교육이 그것들이다."42)

시온주의자들이 새로 만들어 사용한 415개 지명 가운데 215개가 독립 이전에 만든 것들이다. 그중 108개는 고대 이스라엘 시기에 사용했던 '역사적 지명'을 복원한 것이며, 187개는 '상징적인 이름'이었다.43)

영국 식민지 시대 팔레스타인에서 히브리어가 영어와 아랍어와 더불어 공식어로 채택된 것이 1922년이었다. 그에 발맞춰 시온주의자들은 재빠르게 히브리어 지명이 배제되지 않고 각종 공문서나 거리 이름에 삽입되도록 힘써나갔다.44)

1940년대 영국 위임통치 정부하에 제작된 축척 1:100,000의 팔레스타인 공식 지도에는 아랍어 지명 3,700개가 표기되었는데, 200개 정도의 유대-정착촌만이 히브리 성서에 나오는 히브리어 이름을 영어 음가로 표기, 등록되어 있다.

예컨대 아랍어로 알-쿠드(Al-Quds)와 알-할릴(Al-Halil)과 아리카(Aricha)로 불리는 예루살렘(Jerusalem)과 헤브론(Hebron)과 예리코(Yericho)가 각각 히브리어에서는 예루살라임(Yerushalaim)과 헤브론(Hevron)과 제리코(Jericho)로 나타나는 식이다.

1949년 초대 수상 벤구리온은 정부지명위원회(Governmental Names Commission)를 창설하고 "히브리어 이름을 네게브 지역의 모든 지명, 산, 골짜기, 샘, 도로에 두는 데 그 역할이 있음"을 선언한다.45) 위원회의 역할은 지리적으로 네게브 지역에 국한되었는데, 이는 네게브가 독립 당시 이스라엘 영토의 절반을 넘었기 때문이다.

1951년 3월 정부는 정부지명위원회—여기에는 고고학자 비란(A. Biran), 역사-지리학자 아비-요나(M. Avi-Yona), 지도학자 브레이버(A. Braver), 지리학자 빌나이(Z. Vilnay), 히브리 문학자 요셉 클라우스너

(Y. Klausner), 시온주의 지도자 벤-쯔비(Y. Ben-Zvi) 등 당대 탁월한 각 분야의 전문가들이 참여했다—가 새로 이주한 유대-정착촌 모두에 히브리식 이름을 두도록 명령한다. 1952년에 설립된 히브리어아카데미(Academy of the Hebrew Language)가 이 과업에 협력함으로써 민족 재건을 위한 헤브라이즘화/이스라엘화 프로젝트는 새로운 국면을 맞게 된다.46)

네게브 지역에 대한 헤브라이즘화/이스라엘화 프로젝트는 8개월 (1949~1950년) 만에 완결된다. 이는 이 지역을 이스라엘의 영토와 국경으로 완전하게 편입하기 위한 것이었을 뿐만 아니라, 시온주의자들의 네게브 개척사업—훗날 벤구리온은 "이스라엘의 미래는 네게브에 있다"고 말하며, 스스로 네게브에 들어가 땅을 개척하며 그곳에서 생을 마감했다—과도 연결된 작업이었다. 1948~1949년 영국이 네게브를 이스라엘의 영토에서 빼내려 하자, 벤구리온은 이 지역에 대해 우선적으로 헤브라이즘화/이스라엘화하는 것이 이스라엘의 통치와 지배권을 기정사실화하는 데 필요조건이라고 판단했던 것이다. 벤구리온은 자신의 일기(1949년 6월 11일자)에 "이 지역에 히브리어 이름을 붙이는 것이 이 사업의 본질이다. 만약 고대 히브리어 이름이 있으면 갖다 붙이고, 없으면 새로 만들면 된다"47)고 적고 있다.

정부지명위원회—위원회 내에 2개의 소위원회를 두었는데 지리소위원회에서는 영국이 작성한 지도의 지명들을 수집, 아랍어 지명을 히브리어로 번역하는 작업을 맡았고, 역사소위원회는 히브리 성서, 탈무드, 이집트와 아시리아 및 그리스-로마 자료 속에 나오는 지명들을 찾아 그것들과 동일화하는 작업을 각각 수행했다—는 총 5개 원칙을 정하고 그 원칙에 입각하여 네게브에 총 560개의 히브리어 지명을 확정하고, 1950년에 축척 1:250,000 히브리어 네게브 지도를 인쇄했다. (5개 원칙은 1) 역사와 동일시화, 2) 히브리 성서에 나오는 이름 사용(지명에만 국한 될 필요 없음), 3) 아랍 지명은 히브리어로 번역, 4) 아랍 지명의 비슷한 음가는 히브리어 형태로 전환 사용, 5) 새롭고 상징적인 이름 고안 등이다.)

총 목록은 정부연감(1951년)에 실렸다. 이 연감에서 위원장은 "위원 회의 첫 결실인 히브리어 네게브 지도는 모든 곳에 히브리어 이름을 둠 으로써 외래어 지명으로부터 (그 땅을) 정화(淨化)했다"고 선언한다.[48] 이에 대해 벤구리온은 위원회에 참여한 이들에게 아래와 같은 편지를 보내 노고를 치하한다.

> 이스라엘 정부의 이름으로 저는 여러분이 성공적으로 수행한 문화적이 고 역사적인 프로젝트인 네게브의 모든 지역—산, 언덕, 골짜기, 강, 나 그네, 샘, 능선, 우물과 분화구—에 (히브리) 이름을 붙이는 과업의 성 과를 치하하고 감사합니다. 여러분은 이스라엘 영토에서 낯설고 이질 적인 언어를 몰아냄으로써 외국인의 지배로부터 네게브를 해방시킨 이 스라엘방위군이 시작한 과업을 비로소 완성했습니다. 저는 여러분이 외국어의 통치로부터 에레츠 이스라엘의 모든 지역을 회복할 때까지 이 과업을 계속 수행해줄 것을 바랍니다.[49]

1950년 12월부터 1951년 3월 사이 정부지명위원회는 북쪽 지역에 대한 같은 작업을 착수한다. 170개의 새 이름을 제안하고, 그중 25개의 지명은 사료(史料)의 것을 차용했다. 정부지명위원회의 설치와 함께 시 작된 지명의 히브리어화 작업은 점차 전 국토로 확대되어 실시되었다. "아랍어 지명을 모두 히브리어 이름으로 대체하고, 지도에 이름이 없는 경우에는 새 지명을 부여한다"는 행정 지침을 재확인했다. 이로써 모든 아랍어 지명—그것이 개인 이름이든 별칭이든 불문하고—을 폐지하고, 지명이 자연현상, 땅 모양, 장소의 특성 등을 나타내는 것들은 모두 같은 뜻의 히브리어로 번역하고, 음가가 비슷한 경우 히브리어 이름으로 계상(計上)하도록 했다.50)

아랍어 지명을 히브리어로 바꾸는 작업은, 두 언어 사이의 뗄 수 없는 언어학적 혈통관계와 무관하지 않으면서도 동시에 새로 부활한 현대 히브리어가 점차 유대인의 일상어로 자리매김해나가는 과정과 같은 선상에서 진행되었다.

현대 히브리어의 아버지라 불리는 벤예후다는 히브리어와 아랍어 사이의 '본질적이고 특징적이며 영적인' 유사성을 강조하면서 '두 셈어는 거의 하나'라고 말한 바 있다.51) 그러나 유대-아랍 민족 갈등의 틀에서 볼 때, 이것은 상호간에 역사적 권리나 정체성의 차원을 넘어 그 지역이나 영토의 통치권이 달린 중요한 사안이 아닐 수 없다.

아랍-팔레스타인의 관점에서 볼 때 이스라엘의 땅 점령과 점령지 내에 건설된 모든 유대-정착촌은 물론 자신들의 고유한 아랍어 지명들이 시온주의자들에 의해 히브리어 이름으로 바뀌거나 아예 지도에서 지워버리는 행위는 국제법적으로나 정서적으로 받아들이기 어려운 부당한 것이다. 이에 반해 이스라엘인들은 "모든 아랍 지명은 본래의 히브리어 이름을 왜곡한 것이었다"라고 주장함으로써 자신들의 작업의 정당성을 주장한다.52)

이스라엘 정부지명위원회가 1955년에 제작한 축척 1:250,000 이스라엘 전도와 그 후 3년이 걸려 1958년에 완성한 축척 1:100,000 이스라엘 전도에는 총 3,000여 개의 히브리어 지명이 등록되었다.53) 지도에 표시된 색인만 해도 강과 지류를 포함 총 780개의 이름이 올라 있다. 220개의 강 이름은 히브리 성서 지명에서 따왔고, 520개의 샘 이름은 히브리 성서와 탈무드에서 차용했으며, 720개의 텔(Tel)과 유적 중에서 170개는 역사적인 지명과 동일시했고, 560개의 산과 언덕의 히브리어 지명이 지도에 올랐다. 1960년대 보고에 따르면 위원회는 당시까지 총 5,000여 개의 히브리어 지명을 이름 붙였다.[54] 지명위원회는 "지도에 지명이 없는 한 누구도 그곳을 소유할 수는 없다"고 말함으로써 이 모든 것이 얼마나 강력하고 필수불가결한 선전수단인지 잘 알고 있었다.[55]

요약하면 시온주의자들의 히브리어 지도 제작은 유대 국가에서 문화적으로 유대인의 정체성을 회복하는 매우 강력한 도구이자 정치적으로 유대인이 그 땅을 통치한다는 명시적 선언이었다. 또한 지명의 헤브라이즘화/이스라엘화는 팔레스타인 지역의 영토를 재영토화함으로써 '영토에 뿌리박고 있는' 팔레스타인의 정체성과 영토주권을 소리 없이 박탈하는 것이었다.[56]

1992년 현재 이스라엘 정부지명위원회는 전국에 걸쳐 약 7,000여 개의 히브리어 지명을 사용한다고 공식 발표한 바 있다.[57] 민족과 땅은 강력하게 연결된다. 거기에 언어가 개입되면 지배력이 완성된다. 유대민족의 히브리어 지도는 단순히 아랍-팔레스타인의 아랍어 지도를 대체한 것이 아니다. 팔레스타인 지도에서 아랍어를 지우고 거기에 히브리어 지명을 써넣는 것은 곧 그 땅에서 아랍 민족의 과거를 지우고 유대인의 '오래된 미래'를 탄생시키는 것이다. 이는 제국주의자들의 식민주의 정책을 꼭 빼닮았다.

이스라엘과 팔레스타인의 지도 전쟁

이스라엘과 팔레스타인의 땅은 하나이자 동시에 둘이다. 지중해와 요르단 강 사이의 쪼개진 모양의 이 땅은 지도에서 칼날처럼 날카롭게 대립한다. 팔레스타인들은 그 땅을 '필리스틴'(فلسطين) 혹은 '역사적 팔레스타인'(historical Palestine)이라 부르고, 이스라엘 사람들은 그 땅을 '에레츠 이스라엘'(이스라엘 땅) 혹은 '확대 이스라엘'(Greater Israel)— 팔레스타인들의 지도와는 달리 이스라엘 지도에는 1967년 시리아로부터 빼앗은 골란 고원이 포함되어 있다—이라 부른다. 불평등한 힘의 균형 사이에서 두 민족은 지도를 수사적으로 사용한다.

일상에서 사용되는 상당수의 이스라엘 지도와 팔레스타인 지도에는 두 영토가 단일체로 통합되어 등장한다((그림 1)). 그러나 이것은 법적으로나 지리학적으로 국제협약을 반영한 것이 아니다. 국제법상 이스라엘은 1967년 이전의 국경을 존중해야 하고, 팔레스타인은 1993년 자치정부가 세워진 이래 자치지구에 한하여 자치권을 인정받고 있음에도 몇몇 지도를 제외하고는 양측 모두 단일체로 표시하고 있다((그림 2)). 분명하게도 정치 지도에서는 '실재'를 보여주지 않는다.58)

이스라엘 지도의 경우 지도가 선전 수단이나 민족 상징으로 이용된 것은 시온주의 운동 초기부터 찾을 수 있다. 1920년대 영국 식민지 시대 팔레스타인 지도는 시온주의자들의 포스터와 우표 등에서 히브리어로 '에레츠 이스라엘'(이스라엘 땅)로 자주 등장한다. 종종 제의에 사용되는 성물(聖物)에도 등장하여 유사-종교적 분위기를 풍기기도 했다.

가장 유명한 사례로 '블루 박스'(Blue Box)라 불리는 시온주의자 기부저금통에 새겨진 지도를 꼽을 수 있을 것이다((그림 3)). 수백만 개나

〔그림 1〕이스라엘 날씨 지도에는 점령지 웨스트뱅크 (West Bank)와 가자 지구(Gaza)가 합병되어 있다(출처: 이스라엘 히브리어 일간지 〈Yediot Aharonot〉, 2013년 7월 14일, 홈페이지 http://www.ynet.co.il /home/0,7340,L-201,00.html에서 저자가 캡처).

〔그림 2〕아랍 도시가 아랍어로 새겨진 팔레스타인 지도 목걸이. 경계는 물론 텔아비브조차 언급되지 않는다(출처: Yair Wallach 논문 360쪽).

〔그림 3〕JNF box(1934)(출처: KKL-JNF photo archive. Yair Wallach 논문 363쪽에서 다시 가져 옴).

제작되어 전 세계 유대인에게 뿌려진 이 저금통은 시온주의자 운동기구 내의 선전국이 주축이 되어 팔레스타인 토지 매입 자금을 위해 조성된 유대민족기금(JNF, Jewish National Fund)이 배포한 것으로써 팔레스타인 전도가 아무런 경계 없이 유대-정착촌만이 표시되어 있으며, 유대 '땅 회복'(Land Redemption)을 위해 기부해달라는 문구가 새겨져 있다.59)

여기서 중요한 것은 시온주의자의 지도가 현대 유대국가의 정체성을 고대 이스라엘의 역사-지리적 서사에서 찾고 있다는 점이다. 이는 1950년대 네게브 지역에 붙인 히브리어 지명들이 히브리 성서나 탈무드 등에 나오는 것들을 사용한 것과 같은 원리다. 이렇게 약 2,000년간 지리적으로 고립되어 있던 고대 히브리인과 현대 유대인들 사이에 정서적 연결고리가 생기고, 고대 이스라엘과 현대 유대국가가 곧바로 역사적으로 이어지도록 함으로써, 마치 자신들이 그 땅의 오래된 주인인 것처럼 정치적 정통성을 획득하게 만든다.

그에 반해, 수천 년간 그 땅에서 살아온 팔레스타인인들과 토착 아랍인들은 자신들의 역사와 단절되고, 그 땅과의 삶의 정서적 고리는 끊어지게 된다. 또한 정치적 권리와 소유권자로서의 정통성이 의심받게 됨으로써 팔레스타인인의 자기정체성은 고스란히 거세되고 만다.60) 결국 누가 그 땅의 주인이고 누가 초대받지 않은 손님인지 주객이 모호해지기 시작한다.

지도가 권력의 수사적 재현이라 한다면 시온주의자들의 지도는 이념적으로 식민주의화의 도구처럼 읽힌다. 왜냐하면 그 지도에서는 어디서도 팔레스타인인들이 내쫓기거나 토지소유권을 강탈당한 흔적을 찾아볼 수 없기 때문이다.61)

지도가 자신의 고유한 정서적 속성과 수행적 역할을 망각한 채, 권력의 도구가 될 때 지도가 보여주는 수사적 과장은 대중조작을 통해 지리적 인식과 정치적 시야를 심하게 왜곡해 망가뜨리고 만다.[62] 땅을 도둑질당한 팔레스타인인인들은 자기정체성마저 도둑질당한 채 자신들의 땅에서 주변화되어 낯선 이방인이 되고 말았다.[63]

팔레스타인인인들의 지도 및 지도 제작의 역사는 아직까지 연구 중의 사안이기는 하나, 팔레스타인 민족주의자들이 팔레스타인 지도를 사용하기 시작한 것은 1930년대 초의 일이다. 기금 모금용 비공식 우표에서 팔레스타인 지도가 나타난다.

영국군과 시온주의 식민주의자에 대항해 총궐기하여 일어난 아랍 반란(1936~1939년) 기간 중인 1938년 욥바(Jaffa)에서 인쇄된 우표 세트에는 바위사원(이슬람)과 성묘교회(기독교) 그림과 함께 영어와 아랍어로 '아랍인을 위한 팔레스타인'(Palestine for the Arabs)이라는 글귀가 새겨진 지도가 나온다.[64] 이는 이슬람과 기독교의 상징적인 건축물을 새겨 넣음으로써 성스러운 분위기와 함께 두 종교 간의 연대의식을 보여주려는 의도로 해석된다.[65]

아랍 지도에도 역시 시온주의자들의 지도와 마찬가지로, 위임통치 하의 팔레스타인의 정치적인 경계는 나타나지 않는다. 여기에 네게브 지역은 포함되지 않는 대신 요르단 강 동쪽, 즉 팔레스타인 영토 바깥까지 포함된다. 이는 아랍 민족주의자들이 자신들의 의사에 반하여 영국과 프랑스 식민지청이 그어놓은 지정학적 틀, 즉 경계 따위에 대해 명확하게 의식하지 않고 있음을 보여주는 것이라 하겠다.[66]

아랍 민족주의자들이 만든 팔레스타인 지도가 크게 위축된 것은 1948

년 이스라엘의 독립, 즉 자신들에게는 '나크바'(Nakba: 재앙)가 된 것이 계기가 되었다. 영국의 위임통치 정부가 그어놓은 대부분의 팔레스타인 영토가 이스라엘의 수중에 들어가자, 고향 마을과 가옥들을 파괴당하거나 빼앗긴 수십만 명의 난민이 발생했고 그 난민들은 이집트와 요르단, 레바논 등지로 쫓겨나고 말았다.67) 1948년 이전의 아랍 정치운동의 목표와 이상이 팔레스타인의 정치적 자유와 해방에 있었다면, 집(고향)을 빼앗긴 이후의 운동은 팔레스타인의 존재와 이름이 배제되고, 부정되고, 쪼개지고, 정치적으로 분열된 '나크바'의 트라우마에서 벗어나기 위한 몸부림으로 현실화되었다 할 수 있을 것이다. 그것은 곧 무장투쟁이었다.68)

이제 영국 식민지청이 만든 팔레스타인 지도가 팔레스타인인들의 상징인 지리-몸(geo-body)이 되었다. 1960년대 초 팔레스타인 지도는 아랍 우표나 예술작품, 또는 정치적 구호나 낙서 등에 다시 등장했다([그림 4]).69) 대부분의 팔레스타인 정치기구들—파타(Fatah)를 포함하여 하마스(Hamas) 등—은 자신들의 로고나 문구, 포스터 등에 영국 식민지청이 만든 팔레스타인 지도를 넣고 있으며, 아울러 이슬람 지하드를 나타내는 용어를 도시명—하이파 근처의 아랍도시 *Umm el Fahm*이나 텔아비브 동쪽 아랍도시 *Kfar Kasm* 등. *Kfar Kasm*의 경우 1956년 10월 29일, 이스라엘 국경수비대와의 충돌로 시민 48명이 학살당한 곳이다—이나 거리 이름에 부여함으로써70) 아랍 국가들은 팔레스타인의 존재와 역사를 부정하고 있는 이스라엘에 맞서 자신들의 단일 정체성과 정치적 이데올로기를 강조하고 있다.71)

1990년대 이후 이스라엘과 팔레스타인 간의 평화협상 과정은 사실상 영토분할이라는 '지리-정치적' 암초에 부딪쳐 오늘날까지 답보 상태

〔그림 4〕쿠웨이트가 제작한 팔레스타인 기념우표(1968)(출처: Mr. Joseph Morris, USA. Yair Wallach 논문 364쪽에서 다시 가져 옴).

에 빠져 있다 해도 과언이 아니다.72) 앞서 보았듯이 팔레스타인 혹은 이스라엘이 영토 야망에 있어 '전부 아니면 전무'라는 극단적 입장을 채택하는 한 상대의 권리는 부정된다. 지난 수십 년간 평화협상 과정에서 조차 이러한 논쟁이 계속되어왔다는데, 팔레스타인 지도에서 이스라엘이 배제되듯이 이스라엘 지도에서 팔레스타인 영토는 최소한 여전히 군사 점령 상태에 놓여 있다. 두 민족 간의 해묵은 갈등을 해소하기 위해 시작된 평화적인 대화와 협상 과정에서 '두-국가 해결책'이 국제사회에서 어느 정도 여론의 지지를 받고 있는 가운데, '단일국가론'이 새롭게 부상하면서 웨스트 뱅크와 가자 지구 및 예루살렘의 지위와 관련한 합의점을 찾지 못하고 있다.

단일국가론자들은, '두-국가 해결책'이 결국 분리정책의 또 다른 이름일 뿐만 아니라 그것이 이스라엘이든 팔레스타인이든지 간에 한쪽이 다른 한쪽을 지배하려는 정치적 욕망에서 자유로울 수 없다고 말한다. 그들은 결국 민족, 땅, 종교, 정부 등의 개념은 민족국가 개념을 넘어서 다인종적이고 다문화적이며 다종교적인 단일체로 나아갈 때 진정한 화해와 상생이 가능하다고 주장한다.[73] 여기서는 두-국가 해결책과는 달리 지리적 경계 긋기보다 정치적 헤게모니 다툼이 더 중요한 요소가 된다.

문화적-정치적 갈등에서 일어나는 투쟁은 헤게모니, 즉 지배집단 또는 지배계급이 주도적으로 공간의 생산을 통제하려 하고, 이러한 지배는 하위집단들의 반헤게모니적 이데올로기에 의해 지속적으로 도전받는다. 저항은 때때로 비타협적이고 상호배제적이며, 대립적이고 또한 상징적이기도 하다. '상징적 저항'이란 지배문화에서 일정한 이미지와 의미를 도용하여 종속집단에게 유리한 새로운 의미와 의미를 가진 상징 형태로 그것들을 변형하는 것이다.[74]

이스라엘은 팔레스타인 지역의 산과 강과 마을과 도시 등에 붙여 있던 아랍어 지명을 히브리어 지명으로 바꿔 그 위에 덧댐으로써 마치 자신들의 고토(古土), 즉 시온을 되찾은 것처럼 입안하고 과거의 기억을 재창조함으로써 오늘날의 자신들의 지배권이 연속적이며 영속적인 것임을 강조하려고 지도를 이용했다.

반면 팔레스타인인들은 점령하에 있는 자신들의 영토를 영원한 민족단결의 닻으로 상징화함으로써 뿔뿔이 흩어져 있는 자신들이 언젠가 돌아가 파괴된 고향을 재건하고 지워진 역사를 재생해 민족정체성을 하나로 규합하고자 지도를 활용했다.

하지만 아마도 두 민족이 품고 있는 풀 수 없는 야망과 망상—한쪽은 결코 연결될 수 없는 신화적 과거와 오지 않은 미래 사이를 연결시키고자 하는 야망, 다른 한쪽은 거의 실현 가능성이 적어 보이는 목표를 향한 현실도피적인 반전(反轉)/역전(逆轉)의 망상75)—은 거의 자기 폐쇄적인 것이기에 해결 불가능한 것에 더 가깝다.

과연 이러한 정치 지도가 영토분쟁 해결에 역할을 담당할 수 있을까? 이러한 상호 배타적 정치 지도에서 상대방은 전혀 찾아볼 수 없다. 타자를 부정하거나 무시하거나 하여 아예 상대방을 자신의 영토에 편입해버리기 때문이다. 여기에는 반동적인 상호대응만 강화될 뿐, 어떤 대화나 타협은 물론 변증법적 논쟁조차 개입할 여지가 없다. 이러한 부정의 문법은 고도의 불안정성만을 드러낸다. 이것은 싫든 좋든 둘 사이의 경계를 스스로 허물어버림으로써 타자에 대한 정당성을 부정해버릴 뿐만 아니라, '우리'(us)의 안정성과 합법성의 토대를 무너뜨리게 된다. 이것이 보여주는 것은 '지리적 정신분열증'(geographic schizophrenia)일 뿐이다. 두 적대자의 비대칭적·적대적 관계는 유기적인 하나의 지리-몸(a single geo-body)으로서의 집단76)으로 결코 자리매김할 수 없을 것이다.77)

지도 제작을 둘러싼 이스라엘과 팔레스타인 간의 거울-이미지 양상은 이 지역의 통치와 지배를 둘러싼 정당성을 얻기 위한 제국주의적 발상임은 몇몇 연구에서도 잘 드러난 사실이다.78) 이러한 연구는 이스라엘 지도가 헤게모니를 장악하기 위한 식민주의적 도구로 활용된다는 사실을 잘 뒷받침해준다.79) 팔레스타인 지도는, 상대적으로 덜 주목 받긴 하지만, 종종 저항의 선전효과를 위해 활용된다.80) 두 진영 모두 각각의 지도를 민족운동의 도구로 활용하고 있음은 자명하다.

이스라엘 지도는 시온주의-민족주의 운동의 정당성과 통치의 권한 강화를 담보하기 위해서, 팔레스타인 지도는 이스라엘 지도의 대응지도로서 저항의 선전용으로 각각 활용되고 있다.[81] 카드몬(N. Kadmon)은 지배권력 또는 지배계급으로부터 주변화된 민족이 저항적 사회운동의 일환으로 지도 위에 지명을 자신의 언어와 문화로 다시 쓰거나 도용하는 현상을 일컬어 '지명 전쟁'(toponymic warfare)이라 불렀다.[82] 지도에서는 어느 한쪽이 다른 집단에 대응하여 일정한 방식으로 언제든지 언어적으로 재디자인된다.

지도의 진정한 시니피앙을 위해

비교적 최근(1990년대 이후) 시도되는 인문지리학계의 비평-지도학(Critical Cartography)은 특히 비판적-정치적 지명(critical-political toponymy)에 관심을 두면서 지명의 사회적 구성에 영향을 미치는 불평등한 권력관계와 정치적 갈등에 주목하고 있다(이는 독도 영유권을 둘러싼 한-일 간의 갈등에서도 잘 드러난다).

다시 말해서 지명을 민족 혹은 언어집단의 기원과 이주, 언어의 분포와 전파를 확인해주는 지표로 삼았던 전통적 인문지리학의 연구 경향과는 달리, 비평-지도학은 지명에 내재된 권력과 의미를 고찰하거나, 공적 기억의 텍스트로서 지명을 분석한다.

또한 이데올로기적 담론과 권력의 헤게모니적 구조화를 재현하는 지명의 의미 등을 연구 대상으로 삼고 있다.[83] 여기서는 장소(공간)나 이름(지명)의 기원이나 어원보다는 그것들이 지닌 문화적 의미와 사회적 권력관계를 중요하게 다룬다.[84]

이러한 맥락에서 볼 때, 영국 식민주의자들이 오스트레일리아 보타니 만에 상륙하여 토착 지명들을 영국식 지명으로 바꾸면서 새로운 지리적 '발견'을 수행했던 것처럼,[85] 또한 미군이 점령한 바그다드 구도시의 역사적 뼈대를 이루는 알-라시드(Al-Rashid)나 쿨라파(Khulafa)의 거리에 오클라호마나 펜실베이니아 거리 같은 '친숙한' 이름을 둠으로써 정서적 안정감을 주려한 것처럼,[86] 이스라엘 시온주의자들은 팔레스타인에 들어와 아랍어 지명을 고대 히브리어 지명으로 바꿈으로써 2,000년간 단절되었던 자신들의 역사를 자연스럽게 '복원'했다.

이는 민족 통합과 국가 건설이라는 내집단의 정치적 과업을 달성함과 동시에 팔레스타인 토착 집단의 언어와 지명을 삭제하거나 변형해 토착 공간의 역사와 문화를 지워버리거나 왜곡해 그들을 주변화·타자화함으로써 외집단에 대한 통치와 지배를 정당화했다.

그러나 그것은 곧바로 저항 집단의 대응 문화현상으로 이어져 끝임없는 헤게모니 쟁탈전으로 나아가, 마치 테러와 반테러가 악순환의 고리에서 빠져나오지 못하는 것처럼, 반동적인 '지명 전쟁'으로 이어질 개연성이 아주 높다. 아랍 지역들에서 제작되는 팔레스타인 지도의 경우가 여기에 해당한다고 말할 수 있다.

이스라엘과 팔레스타인의 지도 및 지명 갈등은 하나의 영토에 대한 한쪽의 소유권 및 통치권의 정당성 선언과 다른 쪽의 대응 선언이 상호 교차하면서 갈등은 더욱 고조된다. 지도를 영토 구획화 선언의 유일한 합법적 수단으로 간주하고 선전도구로 이용하는 한 갈등과 저항의 악순환은 결코 감소하지 않을 것이며, 오히려 상호간에 잘못된 오해만 가중할 뿐이다.

정치 지도의 비영토화 선언—지도가 문화적 기억, 역사와 정체성의 상징 혹은 서사로써 매우 중요한 역할을 담당하지만, 지도가 지니는 의미는 결코 순전히 영토에 의해서만 결정되는 것은 아니다!―이야말로 지도의 '텅 빈 시니피에'(empty signifier)를 진정으로 의미 있는 시니피앙(signifiant)으로 만들지도 모를 일이다.[87]

주

| 제1부 | 이슬람: 고지도의 발전 과정과 세계 이해

1) "우리는 그리스 지리학의 업적을 완전하게 잃어버림으로써 초기 중세의 개략적인 세계 묘사를 빠뜨렸다. 세계 묘사의 기본적인 중심축은 지중해의 위도로 옮겨가야만 한다. 예루살렘이 수세기 동안 세계의 중심이었다. 십자군이 새로운 세계를 연 이후에야 북이탈리아가 지리적 세계의 지평을 확대하는 데 중심이 되었다. … 15세기 프톨레마이오스의 지리학이 〔이슬람 세계를 통해〕 옥시덴트에 알려지기 전까지 그것의 재발견을 주장하지 못하였다." H. Wagner, *Lehrbuch der Geographie*, Hannover, 1930, 264. 재인용. Fuat Sezgin, *The Contribution of the Arabic-Islamic Geographers to the Formation of the World Map*, Frankfurt am Main: Institut für Geschichte der Arabisch-Islamischen Wissenschaften an der Johann Wolfgang Goethe-Universität, 1987, 3.

2) 아직까지도 오늘날 사람들 중에는 중세시대에 지구가 평평하다고 믿었다고 생각하는 경향이 있지만, 플라톤의 우주론은 이미 지구가 둥글다는 사실을 이해하고 있었다. 이는 미국의 저널리스트 워싱톤 어빙(Washington Irving)이 1828년 콜럼버스의 자서전에서 살라만카의 교부가 지구는 둥글다고 주장하는 그를 이단으로 정죄했다는 기술에서 시작한 오해였다. 당시 교회는 지구가 평평하다고 가르친 적이 없었다. 참고. Terry Jones, "Foreword," in *Medieval Views of the Cosmos*, Evelyn Edson and & E. Savage-Smith, Oxford: Bodleian Library, University of Oxford, 2004, 8.

3) Dante, *Paradiso*, XXII and XXVIII, trans. John Ciardi, New York, 1961, 250, 308.

4) 참조. Emilie Savage-Smith, ed., *Magic and divination in early Islam*, Aldershot: Ashgate Variorum, 2004.

5) 초기의 세계지도에 대해 분명하게 언급하고 있는 문서들 중 하나는 역사가 헤로도토스(Herodotos)의 『역사』(*Historiae*)를 꼽을 수 있다. 기원전 499년 밀레투스(Miletus)의 특사가 페르시아 제국에 대항해 반란을 일으킨 이오니아 도시들을 지원해달라는 원조 요청을 허가받기 위해 스파르타를 찾았다. 그는 "청동패 하나를 선물로 가져왔는데, 패의 윗면에

는 지구의 전 구역과 모든 바다와 강이 새겨져 있었다." 이 지도에 군사 비밀이 들어 있음을 눈치 챈 스파르타의 왕 클레오메네스 3세(Cleomenes III)는 제안을 거부한다.

고대 세계에서 정복은 곧 외부세계에 대한 확장된 지식과 인식을 가져다주었으며, 그것을 바탕으로 한 여러 기록은 그러한 변화를 잘 보여준다. 지리적 관심은 스트라보, 플리니, 폼포니우스 멜라 등을 통해 오늘날 우리에게까지 잘 알려져 내려온다. 참고. Rosamond McKitterick, *Medieval World: Mapping History*, London: Times Boos, 2003, 16.

6) Evelyn Edson, *Mapping Times and Space: How Medieval Mapmakers Viewed their World*, London: The British Library, 1997, 2.

7) *Ibid.*, 4-9.

8) Claudius Ptolemy, *Almagest*, trans. and ed. G. J. Toomer, New York and Berlin, 1984.

9) Claudius Ptolemy, *Ptolemy's Geography: An Annotated History of the Theoretical Chapters*, trans. and ed. J. Lennert Berggren and Alexander Jones, Princeton, 2000.

10) 유럽 지도 제작에 끼친 프톨레마이오스의 영향에 관해서는 H. Schmidt-Falkenberg, *Die 'Geographie' des Ptolemäus und ihre Bedeutung für die europäische Kartographie*, Forschungen und Fortschritte 39(1965), 353-357을 참조할 것.

11) 아랍-이슬람 지도 제작자들이 중세 유럽의 세계지도 제작 및 과학기술의 발전에 어떤 영향을 어떻게 끼쳤는가에 관해서는 Fuat Sezgin, *The Contribution of the Arabic-Islamic Geographers to the Formation of the World Map*, Frankfurt am Main: Institut für Geschichte der Arabisch-Islamischen Wissenschaften an der Johann Wolfgang Goethe-Iniversität, 1987, 1-50을 참조할 것.

12) Gerald R. Tibbetts, "The Beginnings of a Cartographic Tradition," in *The History of Cartography* Vol. II, Book I, Cartography in the Traditional Islamic and South Asian Societies, ed. by J. B. Harley and David Woodward, Chicago: The University of Chicago Press, 1992, 90-107.

13) 그럼에도 알-마문의 지도에는 상부 이집트와 하부 이집트 사이의 무슬림 영토의 경계가 표시되지 않았으며, 상부 이집트와 비이슬람 누비아 왕국 사이의 경계 또한 그려지지 않았다. 발히 학파의 23개 지도 중에서 12개는 경계 표시가 없으며, 11개만이 경계로서 핫드 (Hadd: 한계, 제한) 표시가 되어 있다. Ralph W. Brauer, *Boundaries and frontiers in medieval Muslim geography*, Philadelphia: American Philosophical Society, 1995, 3. 아울러 주) 19를 참조할 것.

14) Al-Mas'udi, al-Tanbith; Carra de Vaux, *Livre de l'avertissement* 53(note 12).

15) Gerald R. Tibbetts, "The Balkhi School of Geographers," in *The History of Cartography* Vol. II, Book I, Cartography in the Traditional Islamic and South Asian Societies, ed. by J. B. Harley and David Woodward, Chicago: The University of Chicago Press, 1992, 108-136.

16) 이슬람 지도에서 경계를 나타내는 두 단어 핫드(Hadd)와 투구르(ṭugūr)는 서로 다른 의미로 사용된다. 정치적 관점에서 Hadd는 이슬람 제국이 통치하는 영토 내의 나라와 도시의 경계, 즉 바다나 산맥이나 사막으로 구분되는 영토의 경계를 표시할 때 주로 사용되며, 주로 '경계'로 번역되는 ṭugūr는, 현대 아랍어에서 '항구'로 번역하는데, 바다에서만이 아니라 육지에서 기독교 적들과 마주하고 있는 전선으로 개념화할 수 있다. Ralph W. Brauer, *Boundaries and frontiers in medieval Muslim geography*, Philadelphia: American Philosophical Society, 1995, 12-16.

17) Gerald R. Tibbetts, "Later Cartographic Development," in *The History of Cartography* Vol. II, Book I, Cartography in the Traditional Islamic and South Asian Societies, ed. by J. B. Harley and David Woodward, Chicago: The University of Chicago Press, 1992, 137-155.

18) 아랍어 제목은 *Kītāb Gharā'ib al-funūn wa-mulaḥ al-'uyūn*이다. 모두 두 권으로 되어 있는데, 첫 번째 권은 하늘에 관해 10장으로, 두 번째 권은 땅에 관해 25장으로 구성되어 있다. 진본은 사라지고 남아 있지 않으며, 유일한 사본을 2002년 6월에 옥스퍼드 대학의 보들레이안 도서관이 손에 넣었다.

2000년 10월 런던 크리스티 경매장에 나오기까지 이 희귀자료는 학자들에게 거의 알려져 있지 않았다. 헤리티지 재단, 국립예술수집기금, 보들레이안 도서관 후원회, ARAMCO(사우디), 여러 옥스퍼드 칼리지들이 40만 파운드의 기금을 내어 소장했으며, 그 후 번역과 출판, 디지털화 작업 등이 완료되어 온라인으로 서비스되고 있다.

이 희귀본이 옥스퍼드에 오기까지의 과정에 관해서는 E. Savage-Smith, "The Bodleian and the 'Book of Curiosities'," *Oxford Magazine* 233(2005), 4-7을 참고할 것. 아울러 Yossef Rapoport and Emilie Savage-Smith, "The *Book of Curiosities* and a Unique Map of the World," in *Cartography in Antiquity and the Middle Ages: Fresh Perspectives, New Methods*, Richard J. A. Talbert and Richard W. Unger, ed., Leiden: E. J. Brill, 2008, 121-138; Emilie Savage-Smith, *The Bodleian and the 'Book of Curiosities'*, Oxford: Delates of the O.U.P. 2005; Y. Rapoport and E.

Savage-Smith, "Medieval Islamic View of the Cosmos: The Newly Discovered Book of Curiosities," *The Cartographic Journal* 41(2004), 253-59; J. Johns and E. Savage-Smith, "*The Book of Curiosities*: A Newly Discovered Series of Islamic Maps," *Imago Mundi* 55(2003), 7-24를 참고할 것.

19) 최근 이 지도에서 사용된 색채에 관한 분광학(spectroscopy)적 연구로는 Tracy D. Chaplin, Robin J. H. Clark, Alison McKay, and Sabina Pugh, "Raman spectroscopic analysis of selected astronomical and cartographic folios from the early 13th-century Islamic Book of Curiosities of the Sciences and Marvels for the Eyes," *Journal of Raman Spectroscopy* 37(2006), 865-877을 참고할 것.

20) 알렉산더가 지었다는 '성벽'(sadd)에 관해서는 A. R. Anderson, *Alexander's Gate, Gog and Magog, and the Inclosed Nations*, Monographs of the Medieval Academy of America 5, Cambridge, Mass: The Medieval Academy of America, 1932; E. vav Donzel and Claudia Ott, "Yadjudj wa-madjudj," H. A. R. Gibbs, ed., *Encyclopaedia of Islam*, ed. 2(Leiden: E. J. Brill, 1960-2005), 11.231-35를 참조할 것.

21) 이 지도에서 보여주는 아시아와의 해상무역에 관한 연구로는 Y. Rapoport, "The *Book of Curiosities*: A Medieval Islamic View of the East," in *The Journey of Maps and Images on the Silk Road*, ed. by Phillippe Foret and Andreas Kaplony, Leiden: E. J. Brill, 2008, 155-71을 참조할 것.

22) S. Maqbul Ahmad, "Cartography of al-Sharif al-Idrisi," in *The History of Cartography* Vol. II, Book I, Cartography in the Traditional Islamic and South Asian Societies, ed. by J. B. Harley and David Woodward, Chicago: The University of Chicago Press, 1992, 156-174.

23) 사실 중세 여행자들이 남긴 수많은 기록은 세계와 세계를 잇는 지식의 다리였다. 참고. Roxanne L. Euben, *Muslim and Western Travelers in Search of Knowledge*, Princeton and Oxford: Princeton University Press, 2006; Hiroyuki Mashita, ed., *The Muslim World, 1100-1700: Early sources on Middle East history, Geography and Travel*, London: Routledge, 2007.

24) 참고. 무함마드 깐수, "중세 아랍-무슬림의 신라관: 신라의 인문지리를 중심으로," 「한국중동학회논총」 11(1990): 137-160; _____, "알 이드리시 세계 지도와 신라," 「한국이슬람학회논총」 3집(1993); _____, "中世 아랍인들의 新羅地理觀," 「신라문화제학술발표논문집」 15(1994): 349-388.

25) Fuat Sezgin, *The Contribution of the Arabic-Islamic Geographers to the Formation of the World Map*, Frankfurt am Main: Institut für Geschichte der Arabisch-Islamischen Wissenschaften an der Johann Wolfgang Goethe-Iniversität, 1987, 30-43.

26) 사실 중세시대 유럽의 대학에서 역사 과목은 공식적으로 없었다. 수사학의 곁가지였다. 중세시대 역사학 대가들의 역사책에는 일반적으로 삽화와 지도가 언제나 들어 있지 않았다. 소위 '지도 없는 역사'(histories without maps)였던 것이다. 아울러 중세 지도 제작자들은 과거보다는 현재에 훨씬 더 열의를 가지고 있었다. 그래서 지도에는 역사적 기록을 거의 남기지 않았다. 소위 '역사 없는 지도'(maps without histories)만을 남긴 것이다. Evelyn Edson, *Mapping Times and Space: How Medieval Mapmakers Viewed their World*, London: The British Library, 1997, 97, 132, 166. 그러나 그렇게 남긴 지도는 또 다른 역사를 만들었다. 참고. Lez Smart, *Map that made History*, Richmond: The National Archives, 2004.

| 제2부 | 기독교: 예루살렘은 세계의 중심인가

1) J. B. Harley, "The Map and the Development of the History of Cartography," in *The History of Cartography* I, ed., J. B. Harley and D. Woodward, Chicago, 1987, 1; N. Thrower, Maps and Men: An Examination of Cartography in *Relation to Culture and Civilization*, Englewood Cliffs, 1972, 1.

2) '지리와 역사'의 관계에 관해서는 Ellsworth Huntington, "Geography and History," *The Canadian Journal of Economics and Political Science* 3-4(1937), 565-572를 참조할 것. 아울러 '지도와 예술'의 관계에 관해서는 David Woodward, ed., *Art and Cartography: Six Historical Essays*, Chicago and London: The University of Chicago Press, 1987을 참조할 것.

3) 최초의 인쇄본 예루살렘 지도는 Bernhard von Breydenbach, *Peregrinatio in Terram Sanctam*, Mainz, 1486에서 발견되며, 측량기술을 이용한 최초의 근대 지도는 F. W. Sieber, *Karte von Jerusalem, und seiner naechsten Umgebungen, geometrisch aufgenomen*, Prague, 1818로부터 시작된다. Rehav Rubin, "Sacred space and mythic time on the early printed maps of Jerusalem," in *Jerusalem: Idea and reality*, ed. Tamar Mayer

& Suleiman Ali Mourad, London: Routledge, 2008, 121. 참고. http://usm.maine. edu/maps/exhibition/1/home. 이 웹사이트는 University of Southern Maine가 주관 하여 예루살렘 수도 3,000년을 기념한 "Jerusalem 3000: Three Millennia of History"라 는 제목의 특별 지도 전시회가 1996년 4월 17일부터 10월 5일까지 열리면서 만든 것이다. 카탈로그는 Peggy L. Osher와 Yolanda Theunissen의 도움으로 Harold L. Osher 박사 가, 웹사이트는 Matthew H. Edney 교수가 각각 제작했다.

4) 지도 제작에서의 '예술과 과학', '그림과 지도', '지도와 텍스트'의 관계에 대해서는 Catherine Delano Smith, "Maps as Art and Science: Maps in Sixteenth Century Bibles," *Imago Mundi* 42(1990), 65-83을 참고할 것. 스미스는 이 논문에서 사실 16세기 지도 제작자들이 그린 성지 지도는 그것이 과학적인 방법이든 예술적인 형식이든 간에 '성서 해석'을 위한 하나의 방식이었다는 것을 논증한다. 이와 더불어 그는 그림이 지도가 되고, 지도가 보다 '그림처럼' 그려질 수 있음을 강조한다. 결국 서로 다른 본성과 기능을 가진 예술과 과학, 그림과 지도가 과거에는 상호 소통 가능한 형식이었음을 밝히고 있다.

5) 참고. Bennett Simon, "Ezekiel's Geometric Vision of the Restored Temple: From the Rod of His Wrath to the Reed of His Measuring," *Harvard Theological Review* 102:4(2009), 411-38.

6) (RSV) This is Jerusalem; I have set her in the center of the nations, with countries round about her.

(LXX) ἡ Ιερουσαλημ ἐν μέσῳ τῶν ἐθνῶν τέθεικα αὐτὴν καὶ τὰς κύκλῳ αὐτῆς χώρας

(MS) זֹאת יְרוּשָׁלַ͏ִם בְּתוֹךְ הַגּוֹיִם שַׂמְתִּיהָ וּסְבִיבוֹתֶיהָ אֲרָצוֹת.

7) 비잔틴 예루살렘에 관해서는 Yoram Tsafrir, "Byzantine Jerusalem: The configuration of a Christian City," in *Jerusalem: Its sanctity and Centrality to Judaism, Christianity, and Islam*, ed. Lee Levine, New York: Continuum, 1999, 133-150; 최창모, 『예루살 렘: 순례자의 도시』, 살림, 2004; Oliver Larry Yarbrough, "Early Christian Jerusalem: The City of Cross," in *Jerusalem: Idea and reality*, ed. Tamar Mayer & Suleiman Ali Mourad, London: Routledge, 2008, 67-85를 참조할 것.

8) Zev Vilnay, "Designs of Towns upon Ancient Mosaics," *The Holy Land in Old Prints and Maps*, Jerusalem: Rubin Mass, 1963, XI-X

9) 참고. Michael Avi-Yonah, *The Madaba Mosaic Map*, Jerusalem: Israel Exploration Society, 1954; Herbert Donner, *The Mosaic map of Madaba: an Introductory Guide*,

Kampen: Kok Pharos, 1992; Michelle Piccirillo & Alliata Eugenio, ed., *The Madaba Map Centenary, 1897-1997*, Jerusalem: Studium Biblicum Francescanum, 1999.

10) 또 이 모자이크 지도에는 예루살렘 동쪽에 여리고가 '종려나무의 도시'로 묘사되었고, 사해에서는 두 척의 돛배가 한가롭게 떠 있다. 요르단 강 하구에는 헤엄치는 물고기 한 마리가 사해 쪽으로, 다른 한 마리는 강을 거슬러 올라가고 있는 장면이 매우 회화적(繪畵的)으로 묘사되어 있다. 사해의 짠물과 요르단 강의 민물을 단적으로 설명하고 있다. 예루살렘 북쪽으로는 세겜(Shekhem)이, 해안 쪽으로는 로드(Lod)와 교회가, 그리고 아스글론과 가자가 위치한다.

11) M. Piccirillo, "The Mosaic at Umm er-Rasas in Jordan," *Biblical Archaeologist* 51-4(1988): 208-213.

12) Ariel Tishby, *Holy Land in Maps*, Jerusalem: Israel Museum, 2001, 26.

13) 15세기 성지 순례에 열정을 불태웠던 도미니크 신학자 펠릭스 파브리(Felix Fabri, c.1480 ~1483년)는 "남자가 일생에 행해야 할 세 가지가 있는데, 첫째는 결혼을 약속하는 일이요, 둘째는 전쟁에 나가는 일이요, 셋째는 (예루살렘의) 성묘교회를 방문하는 일이다"라고 했다. 당시의 성지 순례가 무슬림의 적개심이나 질병 등 위험을 무릅쓴 커다란 모험이라는 점을 강조하고 있다. A. Stewart, trans., *The Book of Wanderings of Brother Felix Fabri, in 1481 and 1483*, Palestine Pilgrims' Text Society, 1987, 3, 4; 재인용. G. Dickinson, "The Journey To The Holy Land In The Sixteenth," *French Studies* VIII(1)(1954), 44. 참고. Dorothea R. French, "Pilgrimage, Ritual, and Power Strategies: Felix Fabri's Pilgrimage to Jerusalem in 1483," in *Pilgrims & Travelers to the Holy Land*, ed., Bryan F. Le Beau, Menachem Mor, Nebraska: Creighton University Press, 1996, 169-179.

14) 1250년경 매튜 파리스는 런던에서 예루살렘까지 가는 성지 순례 여정(旅程)을 담은 지도 7장을 제작했는데, 이는 영국에서 가장 오래된 지도 중 하나이다. 그는 런던에서 출발하여 롬바르드(Lombardy)를 지나 로마와 남부 이탈리아를 거쳐 지중해 항해를 통해 악고에 입항하여 육로로 예루살렘까지 가는 경로를 그렸다. 각각의 지도에는 각 지방의 방언에서부터 라틴어로 표기된 일정을 써놓았는데, "서쪽을 향해 길을 가다가… 오른쪽으로… 하룻길… " 하는 식으로 길을 안내한다. 예루살렘을 향해 갈수록 점차 지도의 모양을 하게 되는데, 장애물과 유혹하는 것들이 점차 복잡하게 지도의 공간을 채운다. 세속적인 다른 도시들과는 달리 '세계의 중심'(*le midlui du mund*)으로서의 예루살렘은 신령한 자들에게 어울리는 이상적이고 유일한 거룩한 도시로 독자들에게 소개한다. 참고. Katharine Breen,

"Returning Home from Jerusalem: Matthew Paris's First Map of Britain in Its Manuscript Context," *Representations* 89(2005), 59-93.

15) Philip S. Alexander, "Jerusalem as the *Omphalos* of the World: On the History of a Geographical Concept," in *Jerusalem: Its sanctity and Centrality to Judaism, Christianity, and Islam*, ed. Lee Levine, New York: Continuum, 1999, 104-119.

16) 중세 유럽의 유대 랍비들이나 학자들에게 '미지의 땅'은 별로 관심거리가 아니었다. 유대교 내에서 제작된 지도는 대체로 13세기에 처음으로 등장하는데, 책 속의 삽화 형태로 그려진 소박한 성지 선화(線畵, lineal drawing)였다. 지도 형태의 그림(지리적 정보)은 어디까지나 주로 랍비문학의 편찬 및 해석 과정에서 텍스트를 설명하기 위한 보조 수단이었다. 어느 정도의 정확성을 띤 지도 형태를 갖춘 유대인의 성지 지도는 1620년에 처음 제작되는데, 이마저 기독교인 아드리콤의 지도를 모사한 정도에 불과하다. 지명은 라틴어를 히브리어로 번역하여 명기했다. 참고. E. & G. Wajntraub, *Hebrew Maps of the Holy Land*, Wien: Brüder Hollinek, 1992, X와 "Medieval Hebrew Manuscript Maps," *Imago Mundi* 44(1992), 99-105; Lee I. Levine, "Jerusalem in Jewish history, tradition, and memory," *in Jerusalem: idea and reality*, ed., by Tamar Mayer and Suleiman A. Mourad, London: Routledge, 2008, 27-46.

17) 사실상 초기 이슬람 시대(638~1099년)의 예루살렘—무슬림의 예루살렘 정복 이후 예루살렘은 움마야드 제국의 수도가 아니었다. 팔레스타인의 지방 수도는 716년 이후부터 십자군의 등장 때까지 람레(Ramle)가 대신했다. 물론 예루살렘이 아랍-이슬람의 '정치적' 수도가 아니었다 해서 예루살렘의 '종교적' 중요성까지 사라진 것은 아니었다. 여전히 예루살렘은 그들의 사상 속에서 '이슬람의 거룩한 도시'였다—지도는 부재(不在)하다. 아랍 세계에서는 이미 10~11세기에 들어와 지리적 세계와 지식이 확장되면서 이븐 하칼(Ibn Hawkal), 이븐 바투타(Ibn Battuta), 알-이드리시(Al-Idrisi) 같은 세계지도 제작에 열의를 갖고 있던 저명한 사람들이 없지 않았으나, '도시 지도'는 관심 밖이었던 것으로 보인다. 예루살렘이 비록 10~11세기의 몇몇 아랍 지도학자에게 친숙한 도시였지만, 그 시대 이 도시의 지도는 제작되지 않았다. 참고. Rehav Rubin, *Image and Reality: Jerusalem in Maps and Views*, Jerusalem: The Hebrew University Magness Press, 1999, 21-23; Suleiman A. Mourad, "The symbolism of Jerusalem in early Islam," in *Jerusalem: Idea and Reality*, ed. Tamar Mayer and Suleiman A. Mourad, London: Routledge, 2008, 86-102; Myriam Rosen-Ayalon, "Art and Architecture in Jerusalem in the Early Islamic Period," in *The History of Jerusalem: The Early Muslim*

Period 638-1099, ed. Joshua Prawer and Haggai Ben-Shammai, Jerusalem: Yad Izhak Ben Zvi; New York: New York University Press, 1996, 386-419; 최창모, "중세 이슬람 고지도(古地圖)의 발전 과정과 세계 이해," 「한국이슬람학회논총」 제19-3 (2009), 183-208.

또한, 마멜룩 시대의 예루살렘 지도로는 15세기 제작된 지도의 중앙에 성전 안뜰의 그림 지도를 그려 넣은 작품을 제외하고는 거의 없다. 지도의 중앙에는 오마르 사원, 즉 '바위사 원'(Dome of the Rock)이 자리하고 있으며, 그 옆에는 엘-악사 사원이 그려져 있다. 참고. K. Miller, *Mappae Arabica*, Stuttgart, 1926; Carl Schoy, "The Geography of the Moslems of the Middle Ages," *Geographical Review* 14-2(1924), 257-269. 20세기 시온주의자 유대인이 팔레스타인에 등장하기 이전까지 아랍 세계에서 성지 혹은 팔레스타인은, 지리적으로나 정치적으로 단 한 차례도 독립적으로 취급된 적이 없으며, 항상 시리아의 일부로만 묘사되었다. 참고. Ariel Tishby, *Holy Land in Maps*, Jerusalem: Israel Museum, 2001, 17. 다만 17세기 중엽 이란의 사파비드(Safavid) 왕조 시대에 제작된 메카(Mecca)를 세계의 중심에 놓은 2개의 세계지도가 1989년과 1995년 에 각각 런던 소더비(Sotheby) 경매시장에서 발견되었다는 점은 매우 주목된다. 해시계 모양을 한 격자(格子)로 된 이 동판 지도는 메카의 방향(키블라qibla)과 그곳까지의 거리 를 정확하게 표시하고 있다. 참고. David A. King, *World-Maps for Finding the Direction and Distance to Mecca: Innovation and Tradition in Islamic Science*, Leiden; London: Al-Furqān Islamic Heritage Foundation, 1999.

18) Samuel Y. Edgerton, Jr., "From Mental matrix to Mappamundi to Christian Empire: The Heritage of Ptolemaic Cartography in the Renaissance," in *Art and Cartography*, David Woodward, ed., Chicago, 1987, 26. '배꼽 신드롬'(omphalos syndrome)이라는 용어를 사용하고 있는 그는 자신들을 스스로 우주의 중심에 둠으로써 신이 선택했다고 믿는 사람들을 일컫고 있는데, 고대 바빌로니아, 중국, 델피의 그리스, 메카의 이슬람, 예루살렘 중심의 중세 기독교 등을 꼽았다. 이는 곧 상대를 '배제'하려는 정치적 목적을 담고 있음을 보여주는 것이다.

19) Oleg Grabar, "Space and Holiness in Medieval Jerusalem," in *Jerusalem: Its Sanctity and Centrality to Judaism, Christianity, and Islam*, ed. Lee Levine, New York: Continuum, 1999, 285. 참고. Hava Lazarus-Yafeh, "Jerusalem and Mecca," in *Jerusalem: Its sanctity and Centrality to Judaism, Christianity, and Islam*, ed. Lee Levine, New York: Continuum, 1999, 287-299.

20) 라틴어로 '지구의'(地球儀) 혹은 '지구의 바퀴'라는 뜻으로, 고대로부터 르네상스 시대까지 세계지도 제작사에서 하나의 양식화된 전통으로 이어져왔다. '지구가 둥글다'는 이해는 기원전 500년경 그리스 사람들에게서 시작되었다. 중세 지도 발달사 및 세계 이해에 관해 서는 최창모, "중세 이슬람 고지도(古地圖)의 발전 과정과 세계 이해," 「한국이슬람학회논 총」 제19-3집(2009), 183-208; Samuel Y. Edgerton, Jr., "From Mental Matrix to Mappamundi to Christian Empire: The Heritage of Ptolemaic Cartography in the Renaissance," in *Art and Cartography: Six Historical Essays*, ed., by David Woodward, Chicago and London: The University of Chicago Press, 1987, 10-50. 을 참조할 것.

21) '고대세계의 마지막 스콜라'(*le dernier savant du monde ancien*)라고 불리는 성 이시도 로(스페인어로는 San Isidro 혹은 San Isidoro de Sevilla, 라틴어로는 Isidorus His-palensis, c.560~636년)는 무려 30년에 걸쳐 세비야의 대주교를 역임했으며 이베리아 반도의 중세사가였다. 그가 남긴 책 *Etymologiae*는 고전주의를 바탕으로 한 당시의 우주에 대한 신학적 이해를 잘 보여주는 작품이다. 이 책 속에 들어 있던 그의 T-O 지도는, 지금은 사라지고 없으나 8세기 스페인의 수도사 비투스(Saint Beatus of Liébana, c.730~ c.800년)가 남긴 『묵시록 주석서』(*Commentaria In Apocalypsin*)를 통해 전해 내려온 다. 이시도로의 지도가 후세의 중세지도에 끼친 영향에 관해서는 John Williams, "Isidore, Orosius and the Beatus Map," *Imago Mundi* 49(1997), 7-32를 참고할 것.

22) 참고. Fred Plaut, "Where is Paradise? The mapping of a myth," *The Map Collector* 24(1984), 24-36.

23) D. Woodward, "Reality, Symbolism, Time and Space in Medieval World Maps," *Annals of the American Association of Geography* 75(1985), 510-521; "Medieval Mappaemundi," in *History of Cartography*, B. J. Harley and D. Woodward, ed., Chicago, 1987, 286-370.

24) R. Röhricht, *Zeitschrift des Deutschen Palastina, Vereins*, ZDPV, 1906.

25) P. D. A. Harvey, *Medieval Maps*, London, 1991.

26) 19세기 이 수도원에서 발견된 엡스토르프 지도는 우리가 아는바 중세지도 중에서는 최대 규모이다. 30장의 염소 가죽을 꿰매어 어어 붙여 만든 이 지도는 길이가 약 3.6m×3.6m나 되며(2차 세계대전 당시 하노버 폭격 때 훼손되었다), 중세의 일반적인 삼심렬(三深裂, tripartite) 혹은 T-O 형태의 둥근 지도이다. 동쪽이 위쪽을 향하고 있는데, 이는 아시아를 위쪽(동쪽)에, 아프리카를 오른쪽(남쪽)에, 그리고 유럽은 왼쪽(북서쪽)에 정치(定置)하

는 중세의 관습을 따른 것으로 보며, 중동 지역을 어울리지 않을 만큼 크게 그려 넣은 특징을 발견할 수 있다. 그리스도의 머리가 파라다이스(에덴동산)에 인접한 지도의 맨 위에 그려져 있으며, 그의 양손이 세계를 품듯이 각각 양쪽에 그려져 있는데 기괴한 모양을 한 아프리카 인종들은 왼손 쪽에 그려 넣었으며, 두 발이 지도의 하단에 나란히 그려져 있다. 이 지도의 종교적 혹은 세속적 목적이 어디에 있는지를 분명하게 보여준다 할 수 있다. 참고. Evelyn Edson, *Mapping Time and Space: How Medieval Mapmakers viewed their World*, The British Library, London, 1997, 138; Armin Wolf, "News on the Ebstorf world map: date, origin and authorship," in *Giographie du monde au moyen age et a la renaissance*, Monique Pelletier, Paris, Editions du Comité des Travaux Historiques et Scientifiques, 1989, 51-68.

한편, 이 지도는 같은 시대의 지도 제작자 틸버리의 게르바스(Gervase of Tilbury)가 그린 지도와 닮았다 하여 같은 제작자의 작품일 거라는 논의가 있다. 이 논의의 결론은 같은 사람이 "지나치게 있을 법하지 않은 많은 가정들"을 "매력적인 가능성"으로 받아들이도록 요구하고 있다는 점을 지적한다. 참고. Gervase of Tilbury, *Otia Imperialia*, Oxford Medieval Texts, Oxford, 2002, xxxiv-xxxv.

27) 디지털 확대지도. 참고. http://upload.wikimedia.org/wikipedia/commons/3/39/Ebstorfer-stich2.jpg.

28) P. M. Barber, "Visual Encyclopaedias: The Hereford and other *Mappae Mundi*," *The Map Collector* 48(1989), 3-8; G. R. Crone, "New Light on the Hereford Map," *The Geographical Journal* 131-4(1965), 447-458; Gerald R. Crone, *The World Map by Richard of Haldingham in Hereford Cathedral*, Reproductions of Early Manuscript Maps 3; London, Royal Geographical Society, 1954.

29) Yehoshua Frenkel, "Muslim Pilgrimage to Jerusalem in the Mamluk Period," in *Pilgrims & Travelers to the Holy Land*, ed., Bryan F. Le Beau, Menachem Mor, Nebraska: Creighton University Press, 1996, 63-87.

30) Peter Barber, "The Evesham World Map: A Late Medieval English View of God and the World," *Imago Mundi* 47(1995), 13-33.

31) 중세 후기 기독교 제작자들의 예루살렘 지도에서 유대인과 무슬림이 어떻게 언급되고 있는지에 관해서는 Rehav Rubin, "One city, different views: a comparative study of three pilgrimage maps of Jerusalem," *Journal of Historical Geography* 32(2006), 278-281을 참조할 것.

32) Zev Vilnay, *The Holy Land in Old Prints and Maps*, Jerusalem: R. Mass, 1963, 17.

33) 1187년 예루살렘이 무슬림의 손에 함락된 이후 1299년 십자군이 팔레스타인에서 완전히
떠날 때까지 십자군의 수도가 된 악고는 중세 후기에 만들어진 지도에 자주 등장한다.
13세기 영국의 수도사 마테오 파리스(Matheus Paris, Matthaueus Parisiensis, c.1200
~c.1259)는 십자군 시대의 악고 역사를 연구하기 시작한 최초의 학자 중 하나였다. 지금
은 캠브리지 도서관 소장된 마테오의 필사본에 들어 있는 지도에 자세히 나온다. 참고.
Matthaeus Parisiensis(c.1200~c.1259), *Chronica Maiora* - Cambridge, Corpus
Christi College, 16(13th century), Cambridge, Corpus Christi College, 26(13th
century). 악고가 등장하는 다른 지도로는 1330년 이탈리아 역사가 파울리누스 푸테오라
누스(Paulinus Puteolanus)의 라틴어 저작물이 있는데, 여러 개의 복사본이 있으며 그
중 베니스의 성 마르코 도서관(Biblioteca Nazionale Marciana, Library of St. Mark)에
있는 것이 있다.

34) L. Bagrow, *History of Cartography*, rev. and enl. ed. by R. A. Skelton, London,
1964, 11.

35) O. & M. Dilke, "Marino Sanudo: Was he a Great Cartographer?," *The Map Collector*
39(1987), 29-32.

36) Zev Vilnay, *The Holy Land in Old Prints and Maps*, Jerusalem: R. Mass, 1963, 18.

37) 르네상스 이전과 이후의 예술이 근본적으로 다른 점은, 르네상스 이전에 예술이란 '실재의
거울', 즉 모방으로서의 예술이었다면, 르네상스 이후 소위 원근법(遠近法)으로 대표되는
근대 예술은 '보는 것'(seeing)과 '믿는 것'(believing) 사이의 관계에 의심을 품으면서,
관찰자가 결코 실재의 바깥에 머물 수 없다는 사실을 발견하게 됨으로써 소위 '객관적인'
관점이란 존재하지 않는다는 것을 눈치 채게 된다. 참고. Catherine Delano Smith,
"Maps As Art *and* Science: Maps In Sixteenth Century Bibles," *Imago Mundi* 42
(1990), 65; Manfredo Tafuri, "Science, Politics, and Architecture: Advancements
and Resistance in Venice During the Sixteenth Century," in *Venice and the Renai-
ssance*, Cambridge: Massachusetts Institute of Technology Press, 1989, 103-
138.

38) 따라서 이 글에서 이후부터 사용하는 '성지'라는 용어는, 비잔틴 시대의 개념과는 달리,
단지 성서의 무대가 되는 오늘날의 팔레스타인-이스라엘 지역을 일컫는 말과 동일하게
적용될 것이다.

39) E. Laor, *Maps of the Holy Land: A Cartobibliography of Printed Maps 1475-1800*,

New York and Amsterdam, 1986.

40) D. Woodward, *Five Centuries of Map Printing*, Chicago, 1975; T. Campbell, *The Earliest Printed Maps, 1472-1500*, London, 1987.

41) C. Delano-Smith and E. M. Ingram, *Maps in Bibles, 1500-1600: An Illustrated Catalogue*, Geneve, 1991.

42) L. Ziegler, *Quae intus contineutur*, 1532.

43) 조지 브라운(Georg Braun)이 편집하고 프란츠 호겐베르크(Franz Hogenberg)가 인쇄한 『대도시 지도』(*Civitates Orbis Terrarum*) 제1권이 콜로네(Cologne)에서 출판된 것은 1572년이었다. 제6권과 마지막 권은 1617년에 출간된다. 546개의 전 세계 주요 도시들을 조망하여 지도를 그렸다. 하나의 통일된 형태의 지도를 체계적으로, 포괄적으로 작성한 최초의 지도책이다. 참고. Ronald Vere Tooley, *Tooley's Dictionary of Mapmakers*, N.Y., 1979.

44) 참고. Rehav Rubin, "One city, different views: a comparative study of three pilgrimage maps of Jerusalem," *Journal of Historical Geography* 32(2006), 267-290.

45) Catherine Delano Smith, "Maps As Art *and* Science: Maps In Sixteenth Century Bibles," *Imago Mundi* 42(1990), 76, 79.

46) Rehav Rubin, *Image and Reality: Jerusalem in Maps and Views*, Jerusalem: The Hebrew University Magness Press, 1999, 45-61.

47) Rehav Rubin, "Original Maps and their Copies: Carto-Genealogy of the Early Printed Maps of Jerusalem," *Eretz Israel* 22(1991), 166-183. (in Hebrew); Rehav Rubin, *Image and Reality: Jerusalem in Maps and Views*, Jerusalem: The Hebrew University Magness Press, 1999, 55, 62-109.

48) Rehav Rubin, "Sacred space and mythic time on the early printed maps of Jerusalem," in *Jerusalem: Idea and reality*, ed. Tamar Mayer & Suleiman Ali Mourad, London: Routledge, 2008, 125.

49) 1598년 프란시스코 수도회에 들어가 수사가 된 그가 레반트 지역으로 간 것은 1616년이었다. 1618~1619년에 성지의 최고 수도사로서 '성지의 관리자'(*Custos Rerrae Sanctae*)라는 이름을 부여 받았다. 그는 성지에 관한 책을 여러 권 출판하면서 예루살렘 지도를 포함시켰다. 계보상 '어머니 지도'라 불리는 앙젤리스의 지도를 본떠 만든 그의 예루살렘 지도는 예루살렘의 역사-지리학 연구에서 매우 중요한 가치를 지니고 있다. 여기에는 모두 115개의 지명을 표시하고 있는데, 약 7%가량은 기독교 역사와 관련 없는 지명들이다.

그는 기독교 전통에 입각하여 선명한 세밀화를 삽입해놓았는데, 예수와 그의 제자들의 일상생활에서부터 겟세마네에서의 체포, 올리브 산에서의 승천, 나무에 목을 맨 유다에 이르기까지 예루살렘의 생생한 실제 장면을 보는 것처럼 그려 넣었다. 마치 예루살렘의 역사를 모두 지도에 담으려고 했던 마음을 엿볼 수 있다. Rehav Rubin, "Sacred space and mythic time on the early printed maps of Jerusalem," in *Jerusalem: Idea and reality*, ed. Tamar Mayer & Suleiman Ali Mourad, London: Routledge, 2008, 130-131.

50) E. & G. Wajntraub, *Hebrew Maps of the Holy Land*, Wien: Brüder Hollinek, 1992, 52-54. 참고. http://www.judaica-mall.com/maps.htm. 이 웹사이트는 성지 지도를 복사하여 판매하는 상업 사이트이다.

51) 참고. http://jnul.huji.ac.il/dl/maps/jer/html/gallery3.html. 도시의 세부 내용은 예루살렘 히브리 대학에서 제공하는 디지털화한 지도를 통해 확대하여 볼 수 있다.

52) 어느 시대나 지도 제작자들에게 있어서 성서에 나오는 수많은 지명은 매우 난해한 부분이었다. 성서 해석이 성지 지도 작성, 특히 지명이나 지파 경계 표기에 어떻게 영향을 끼쳤는가에 관해서 Harold Brodsky, "Interpretation of Maps based on the Bible," *Geographical Review* 82-4(1992), 430-440을 참고할 것. 결국 이 시대의 지도상의 오류는 성서 번역 혹은 성서 해석의 오류와 맞닿아 있음을 알 수 있다.

53) Rehav Rubin, "Sacred space and mythic time on the early printed maps of Jerusalem," in *Jerusalem: Idea and reality*, ed. Tamar Mayer & Suleiman Ali Mourad, London: Routledge, 2008, 135.

54) Hieronymo Pradus & Juan Bautista Villalpando, *Ezechielem explanationes et Apparatus uebis, ac templi Hierosolimitani*, I-III, Roma, 1596-1604.

55) Peter M. Barber, "Visual Encyclopaedias: The Hereford and Other Mappae Mundi," *The Map Collector* 48(1989), 3-8.

56) Rehav Rubin, "Sacred space and mythic time on the early printed maps of Jerusalem," in *Jerusalem: Idea and reality*, ed. Tamar Mayer & Suleiman Ali Mourad, London: Routledge, 2008, 125.

57) R. Rubin, "Ideology and Landscape in Early Printed Maps of Jerusalem," in *Ideology and the Landscape in Historical Perspective*, ed., A. R. H. Baker and G. Biger, Cambridge Studies in Historical Geography, Cambridge, 1992, 15-30.

58) Rehav Rubin, "Sacred space and mythic time on the early printed maps of Jeru-

salem," in *Jerusalem: Idea and reality*, ed. Tamar Mayer & Suleiman Ali Mourad, London: Routledge, 2008, 132; Zev Vilnay, *The Holy Land in Old Prints and Maps*, Jerusalem: R. Mass, 1963, 22.

59) 참고. Rehav Rubin, "The Map of Jerusalem by Hermanus Borculus(1538) and Its Copies," *The Cartographic Journal* 27(1990), 31-39.

60) Rehav Rubin, "Sacred space and mythic time on the early printed maps of Jerusalem," in *Jerusalem: Idea and reality*, ed. Tamar Mayer & Suleiman Ali Mourad, London: Routledge, 2008, 134-135.

61) Rehav Rubin, "Sacred space and mythic time on the early printed maps of Jerusalem," in *Jerusalem: Idea and reality*, ed. Tamar Mayer & Suleiman Ali Mourad, London: Routledge, 2008, 132-133.

62) A. Moldovan, "The Lost de Angelis Map of Jerusalem, 1578," *The Map Collector* 24(1983), 17-24; Rehav Rubin, "The de Angelis Map of Jerusalem(1578) and its Copies," *Cathedra* 52(1989), 100-111. (in Hebrew)

63) 참고. Rehav Rubin, "The De-Angelis Map of Jerusalem(1578) and Its Copies," *Cathedra* 52(1989), 100-111. (in Hebrew)

64) L. Bagrow, *History of Cartography*, London, 1964, 103-110; N. Thrower, *Maps and Man*, Englewood Cliffs, 1972, 61-83.

65) Rehav Rubin, *Image and Reality: Jerusalem in Maps and Views*, Jerusalem: The Hebrew University Magness Press, 1999, 149-162.

66) 지형도(地形圖) 작성(topographic mapping) 방법은 17세기 유럽에서 시작되었는데, 이 방법으로 제작된 최초의 팔레스타인 해안지도는 나폴레옹의 이집트 정벌(1798~1799년)에서 비롯했다. 그 후 프랑스와 영국의 팔레스타인 개입은 '군사적' 목적의 과학적인 지도 제작에 큰 영향을 끼친다. 참고. Dov Gavish, "Two Hundred Years of Topographic Mapping, 1799-2000," in *Holy Land in Maps*, ed., Ariel Tishby, Jerusalem: The Israel Museum, 2001, 108-115.

67) 최초의 등고선이 도입된 예루살렘 지도는 윌슨(C. W. Wilson)의 1:2,500 지도였다. 참고. C. Wilson, *Ordnance Survey of Jerusalem, 1:2,500* (Ordnance Survey Office), Southampton, 1864-1865.

68) 르네상스 시대의 이탈리아 지도 제작에 관한 연구로는 Denis Cosgrove, "Mapping New Worlds: Culture and Cartography in Sixteenth Century Venice," *Imago Mundi*

44(1992), 65-89; David Woodward, *Maps as Prints in the Italian Renaissance: Makers, Distributors & Consumers*, London: British Library, 1996을 참고할 것.

69) G. Zuallardo(Zuallart), *Il devotissimo viaggio di Gerusalemme*, Roma, 1587. 예루살렘 지도는 그의 책 131쪽에 나온다.

70) Louis Hayes, *Voiage de Levnat, fait par le commandement de Roy en l'anée 1621*, par le Sr. D.C., Paris 1629.

71) Thomas Fuller, *A Pisgah-Sight of Palestine and the Confines Thereof, with the History of the Old and New Testament Acted Thereon*, London, 1650. 이 책은 옥스퍼드 대학의 보들레이안 도서관 디지털 자료실을 통해 온라인으로 볼 수 있다.

72) Florence Sandler, "Thomas Fuller's Pisgah-Sight of Palestine as a Comment on the Politics of Its Time, *Huntington Library Quarterly* 41-4(1978), 317-343; John Milton, *Complete Poems and Major Prose*, ed. Merritt Y. Hughes, New York, 1957, 184-186.

73) Z. Vilnay, *The Hebrew Map of Eretz-Israel*, 1945, 17. (in Hebrew)

74) J. Doubdan, *Le voyage de la Terre Sainte*, Paris, 1666. 예루살렘 지도는 그의 책 172-173쪽에 들어 있다.

75) Rehav Rubin, *Image and Reality: Jerusalem in Maps and Views*, Jerusalem: The Hebrew University Magness Press, 1999, 154-156.

76) J. W. Konvitz, *Cartography in France, 1660-1848*, Chicago and London, 1987, 33-35.

77) Franz Wilhelm Sieber, *Karte von Jerusalem, und seiner naechsten Umgebungen, geometrische aufgenomen*, Prague, 1818.

78) F. W. Sieber, *Travels in the Island of Crete···, New Voyages and Travels*, VIII, London, 1823.

79) 독일의 십자군 시대 사가(史家)인 뢰흐리흐트(Gustav Reinhold Röhricht, 1842~1905) 교수가 *Bibliotheca geographica Palaestinae: chronologisches Verzeichniss der auf die Geographie des Heiligen Landes bezüglichen Literatur von 333 bis 1878*(Berlin, 1890)에서 작성한 성지 방문 유럽 여행자들의 작품 목록에 따르면, 기원후 333년부터 1878년까지 성지를 방문한 유럽 여행자가 3,500명가량 되는데, 19세기 초(1800년)까지 출판된 책은 단지 1,500여 권에 불과하다. 이는 한 명의 유럽 여행자가 1년에 한 권씩 책을 출판했다는 계산이 된다. 그러나 1800~1878년 사이 약 80년간 성지를

방문하고 책을 발간한 자가 약 2,000명이나 되는데, 이들이 출간된 여행문학은 총 5,000권
이나 된다. 일부는 선교사 등 팔레스타인 거주자도 있었으나 대부분은 방문자였다. 어떤
이는 여러 권의 여행서를 발간하기도 했다. 이를 통해 당시 성지 여행문학이 얼마나 유행했
는가 가늠해볼 수 있다. Yehoshua Ben-Arieh, *Jerusalem in the Nineteenth Century*,
Tel Aviv: MOD Books, 1989, 19. 아울러 이 시대의 영국 학자들의 팔레스타인 연구에서
오리엔탈리즘의 등장에 대해서는 Eitan Bar-Yosef, *The Holy Land in English culture
1799-1917: Palestine and the question of Orientalism*, Oxford: Clarendon Press,
2005를 참고할 것.

80) 1854년 성지를 여행하고 돌아온 짤츠만은 예루살렘의 주요 장소를 찍은 177장의 사진을
담아 2권짜리 사진첩 *Jérusalem: Étude et reproduction photographique des mon-
umnets de la Ville Sainte depuis l'époque judaique jusqu'à nos jours*를 출간하는데,
사진사(寫眞史)에서 획기적인 사건으로 기록될 뿐만 아니라 성지 여행문학의 대중화 및
산업화에 크게 영향을 끼쳤다. 참고. Emmie Donadio, "Seeing is believing: Auguste
Salzmann and the photographic representation of Jerusalem," in J*erusalem: idea
and reality*, ed., Tamar Mayer and Suleiman A. Mourad, London: Routledge, 2008,
140-154. 한편, 최초의 팔레스타인 항공사진(aerial photography)은 파리에서 예루살
렘과 카이로를 오가는 프랑스 항공사가 1913년 12월 31일에 찍은 악고(Acco) 사진이다.
참고. Ariel Tishby, *Holy Land in Maps*, Jerusalem: The Israel Museum, 2001, 162.

81) Y. Jones, "British Military Surveys of Palestine and Syria, 1840-41," *The Carto-
graphic Journal* 10-1(1973), 29-41.

82) C. Wilson, *Ordnance Survey of Jerusalem, 1:2,500* (Ordnance Survey Office),
Southampton, 1864-1865.

83) Zev Vilnay, *The Holy Land in Old Prints and Maps*, Jerusalem: R. Mass, 1963, xxvi.

84) 기원전 700~500년경에 제작된 바빌로니아의 시파르(Sippar)에서 발견된 이 석판지도
는 쐐기문자와 더불어 메소포타미아 세계를 담은 유일한 지도로서 중앙에 바빌론을, 주변
에 아시리아와 엘람 등을 그렸다. 현재 대영박물관에 소장·전시되어 있다. 참고. A. R.
Millard, "Cartography in the Ancient Near East," in *The History of Cartography*,
I, ed., J. B. Harley and D. Woodward, Chicago, 1987, 107-116.

85) J. B. Harley, "Maps, Knowledge, and Power," in *The Iconography of Landscape*,
ed., D. Cosgrove and S. Daniels, London: Cambridge University Press, 1989,
278-279.

86) W. J. T. Michell, *Iconography: Image, Text, Ideology*, Chicago, 1986, 38. 재인용.
   J. B. Harley, "Maps, Knowledge, and Power," In *The Iconography of Landscape*,
   ed., D. Cosgrove and S. Daniels, London: Cambridge University Press, 1989, 279.
87)「韓國中東學會論叢」, 第33-3號, 韓國中東學會, 2013.

| 제3부 | 유대교: 성서 지도와 성서 해석

1) 이 글의 제목이 '유대인의 문학에 나타난' 지도가 아닌 까닭은 역사적으로 유대인이 사용해
   온 아람어, 그리스어, 라틴어, 이디시어, 라디노어, 유대-아랍어 및 여러 유럽어 등으로
   쓴 문학에 등장하는 성지 지도는 포함시키지 않았기 때문이다.
2) *Mishina*, Shabat 6, 1; *Babli*, Shabat 29a; *Nedarim* 50a; *Jerushalmi*, Shabat 6, 1.
3) *Babli*, Baba Kama 97b.
4) Zev Vilnay, *The Holy Land in Old Prints and Maps*, Jerusalem: R. Mass, 1965, 34.
5) Zev Vilnay, *The Holy Land in Old Prints and Maps*, Jerusalem: R. Mass, 1965, XXXIV.
6) Josef W. Meri, *The Cult of Saints among Muslims and Jews in Medieval Syria*, Oxford:
   Oxford University Press, 2002.
7) Mayer I. Gruber, "What happened to Rashi's pictures?" *Bodleian Library Record*
   14:2(1992), 111-24; _____, "Light on Rashi's diagrams from the Asher Library
   of Spertus College of Judaica," *The Solomon Goldman Lectures* 6(1993), 73-85;
   _____, "Notes on the diagrams in Rashi's Commentary to the Book of Kings,"
   Studies in Bibliography and Booklore 19(1994), 29-41; _____, "The sources of
   Rashi's cartography," in *Letters and Texts of Jewish History*, ed. Norman Simms,
   Hamilton, NZ, Outrigger Publishers, 1998, 61-67; _____, "Rashi's map illustrating
   his Commentary on Judges 21:19," *Proceedings of the Rabbinical Assembly* 65(2004),
   135-141; Catherine Delano-Smith and Mayer I. Gruber, "Rashi's legacy: maps
   of the Holy Land," *The Map Collector* 59(1992), 30-35.
8) Ariel Tishby, ed. *Holy Land in Maps*, Jerusalem: The Israel Museum, 2001, 116-119.
9) 카발라주의자는 랍비 유대교의 신비주의 전통을 따르는 일군의 제자들과 학파를 칭한다.
   영원한 조물주와 유한한 피조물 사이의 밀의적(esoteric) 관계를 중시하는 가르침으로써
   전통적인 히브리 성서 바깥에 존재하는 운동이었다는 점에서 유대교 역사에 큰 영향을 끼쳤

다. 우주와 인간의 본성, 존재의 본성과 목적 등 다양한 존재론적 물음에 관해 답하고 있다.

10) 샤바티안(Sabbateans 혹은 Sabbatians)은 일반적으로 샤바타이 쯔비(Sabbatai Zevi, 1626~1676년)를 따르는 일군의 무리를 지칭한다. 샤바타이는 1665년에 가자의 나탄(Nathan of Gaza)에게서 유대 메시아로 칭해졌는데, 1666년 그가 이슬람으로 개종함에 따라 배교자가 되었음에도 불구하고, 많은 디아스포라 유대인들이 그의 가르침을 받아들였다. 유대신비주의 운동의 일환으로 메시아의 도래와 구원에 대한 기대를 고무시킴으로써 당시 유대인의 생활에 큰 영향을 끼쳤다. 샤바타이 추종자들은 'Maaminim'(believers), 'Haberim'(associates), 'Ba'ale Milhamah'(warriors) 등 세 그룹으로 나뉜다.

11) 하시디즘(Hasidism)은 히브리어 '하시드'('경건')에서 유래한 말로 유대 신비주의의 내면화를 통해 얻을 수 있는 영성과 기쁨을 강조하는 정통파 유대교의 한 가지이다. 지나친 율법주의 유대교에 대항하여 18세기 동유럽에서 랍비 이스라엘 바알 셈 토브(Rabbi Israel Baal Shem Tov)에 의해 시작되었다. 신성(神性)을 내면화하고 구체화함으로써—이웃에 대한 친절한 행동과 기도를 통해—지도력이 숭배될 수 있음을 강조함으로써 학자적인 엘리트주의 리더십을 강조하는 기존의 정통파 유대교와 갈등을 빚기도 했다.

12) 유대교의 성인 숭배에 관해서는 주 8)을 참조할 것. 특히 유대교에서의 '성인'(saint)의 개념에 관해서는 같은 책 62-66쪽을, 유대인의 성인 참배 순례에 관해서는 214-250쪽을 참조할 것. 일반적으로 성서시대부터 이어져 내려오는 예루살렘 '순례'는 '알리야'(aliyah: 올라간다)라 하여 유대인에게는 종교적인 의무였으나, 기원 70년 예루살렘 성전 멸망 이후 더 이상의 '알리야'가 불가능해지면서 사실상 중단되었다가 중세 이후 성인 숭배가 하나의 종교적 대중신앙과 문화(popular religion and culture)에서 중요한 위치를 차지하게 되면서 소위 '지야라'(ziyara: 방문하다)가 시작되었다. '지야라'라는 용어는 무슬림 세계에 거주하던 유대인들이 이슬람의 전통에서 아랍어를 차용해 만들었는데, 유대인에게 예루살렘 순례를 의미하는 '알리야'(아랍어 hajj)와 구별하기 위해 팔레스타인을 비롯한 주변 여러 지역에 흩어져 있는 유대교 성인들의 무덤 등을 찾아 참배하는 행위를 의미하는 용어로 사용된다. 유대교에서 '신의 능력을 소유한' '짜디킴'(zaddikim: 성인들)을 찾아 참배하는 것은 '그들의 덕과 선행을 좇아 영혼의 구원을 이루기 위함'이라 여겼기 때문이다(Babli, Sanh. 65b, 93a).

13) Hans Jacob Haag, "Die vermutlich älteste bekannte hebräische Holzschnittkarte des Heiligen Landes(um 1560)," *Cartographica Helvetica* 4(1991), 23-26; _____, "'Elle mas'e vene Yisra'el asher yatz'u me-eretz Mitzrayim: eine hebräische Karte des Heiligen Landes aus dem 16. Jahrhundert," in *Jewish Studies between the*

Disciplines, Judaistik zwischen den Disziplinen: Papers in Honor of Peter Schäfer on the Occasion of his 60th Birthday, ed. Klaus Herrmann, Margarete Schlüter and Giuseppe Veltri, Leiden: Brill, 2003, 269-278; Ariel Tishby, ed. *Holy Land in Maps*, Jerusalem: The Israel Museum, 2001, 120-121; Rehav Rubin, "A Six-teenth-Century Hebrew Maps from Mantua," *Imago Mundi* 62(2010), 30-45.

14) Rehav Rubin, "A Six- teenth-Century Hebrew Maps from Mantua," *Imago Mundi* 62(2010), 37-39, 42.

15) Ariel Tishby, ed. *Holy Land in Maps*, Jerusalem: The Israel Museum, 2001, 121.

16) Rehav Rubin, "A Six- teenth-Century Hebrew Maps from Mantua," *Imago Mundi* 62(2010), 34.

17) 단 한 개의 성문을 통과하여 7개의 서클 안에 미로처럼 둘러싸인 여리고 성을 묘사한 최초의 그림은 1366년에 쓰인 파히 성서(Farhi Bible)에서 발견된다. 그림의 상단에는 히브리어로 "여리고 성을 여기에 그렸다. 오직 한 개의 성문만이 빗장을 걸어 잠그고 있으며 이스라엘 백성이 둘러싸 있다"고 쓰여 있고, 하단에는 "이것이 성문이며 중심으로 이끄는 길이다"라 써놓았다. Zev Vilnay, *The Holy Land in Old Prints and Maps*, Jerusalem: R. Mass, 1965, 35; Avraham Ya'ari, "The Drawing of the Seven Walls of Jericho in Hebrew Manuscripts," *Qiryat Sepher* 18(1941-1942), 179-181. (in Hebrew)

18) David Werner Amram, *Makers of the Hebrew Books in Italy*, Philadelphia: J. H. Greenstone, 1909, 290, 323-324.

19) Denis Cosgrove, "Mapping New Worlds: Culture and Cartography in Sixteenth Century Venice," *Imago Mundi* 44(1992), 65-89; D. Woodward, ed., *Art and Cartography: Six Historical Es says*, Chicago: University of Chicago Press, 1987.

20) Denis Cosgrove, "Mapping New Worlds: Culture and Cartography in Sixteenth Century Venice," *Imago Mundi* 44(1992), 69.

21) 이 연구에 따르면 흥미로운 것은 16세기 후반까지 가톨릭교회가 제작한 성지 지도는 나타나지 않는다. 종교개혁자들의 영향은 단지 성서 번역 출간에 멈추지 않고, 성서 연구에 새로운 계급을 형성함으로써 지도 제작에 열의를 더해갔다. Catherine Delano-Smith, "Maps in Sixteenth-Century Bibles," *The Map Collector* 39(1987), 2-14.

22) Zur Shalev, "Sacred geography, antiquarianism and visual erudition: Benito Arias Montano and the maps of the Antwerp Polyglot Bible," *Imago Mundi* 55(2003), 63.

23) Rehav Rubin, "A Six-teenth-Century Hebrew Maps from Mantua," *Imago Mundi* 62(2010), 41; Yaacov Ben Abraham(Justo) Zaddiq, *Map of Canaan*, Amsterdam: Abraham Goos, 1621. (in Hebrew); Kenneth Nebenzahl, *Maps of the Holy Land: Images of Terra Sancta through two Millennia*, New York: Abbeville Press, 1986; Abraham Bar Yaacov, "Map of the Holy Land," in *The Amsterdam Haggadah*, Amsterdam, 1695. (in Hebrew); Harold Brodsky, "The Seventeenth Century Haggadah Map of Abraham Bar Yaacov," *Jewish Art* 19-20(1993-1994), 148-157.

24) E. & G. Wajntraub, "Medieval Hebrew Manuscript Maps," *Imago Mundi* 44(1992), 99-105; Brüder Hollinek, "Medieval Hebrew Manuscript Maps," *Imago Mundi* 44(1992), 99-105; Lee I. Levine "Jerusalem in Jewish history, tradition, and memory," in *Jerusalem: idea and reality*, edited by Tamar Mayer and Suleiman A. Mourad, London: Routledge, 2008, 27-46.

25) 최창모 편저, 『유월절 기도문』, 서울: 보이스사, 2000. 유월절 하가다는 유대인의 명절인 유월절에 읽는 기도문으로 출애굽 과정, 즉 히브리 민족의 이집트 탈출에서부터 가나안 땅에 들어오기까지의 과정을 이야기 형식으로 엮어 재미있게 풀어낸 책이다. 디아스포라 세계에서 여러 언어로 번역되어 히브리어를 모르는 후손들에게 역사를 가르치기 위한 목적으로 사용하기도 했다. 다양한 삽화를 그려 넣음으로써 이야기를 쉽게 이해하고 오래 기억하도록 했다.

26) Herbert I. Bloom, *The Economic Activities of the Jews in Amsterdam in the Seventeenth and Eighteenth Centuries*, Columbia University, 1937.

27) 최창모, "옛 기독교인의 성지 지도에 나타난 예루살렘 연구," 「지중해지역연구」 13-4 (2011), 1-62.

28) 시편의 내용은 다음과 같다.
"주께서는 이집트에서 포도나무를 뽑아 오셔서, 뭇 나라를 몰아내시고, 그것을 심으셨습니다.
땅을 가꾸시고 그 나무의 뿌리를 내리게 하시더니, 그 나무가 온 땅에 찼습니다.
산들이 그 포도나무 그늘에 덮이고, 울창한 백향목도 포도나무 가지로 덮였습니다.
그 가지는 지중해에까지 뻗고, 새 순은 유프라테스 강에까지 뻗었습니다.
그런데 어찌하여 주께서는 그 울타리를 부수시고 길을 지나가는 사람마다 그 열매를 따먹게 하십니까?"

29) E. & G. Wajntraub, ed. *Hebrew maps of the Holy Land*, Wien: Hollinek, 1992, 158.

30) E. & G. Wajntraub, "Medieval Hebrew Manuscript Maps," *Imago Mundi* 44(1992), 99-105.

31) Elchanan Reiner, "The Attitude of Ashkenazi Society to the New Science in the Sixteenth Century," *Science in Context* 10-4(1997), 589-603.

| 제4부 | 조선시대 고지도, 아라비아-아프리카를 품다

1) 지도(地圖) 혹은 도상(圖像)이란 무엇이며, 어떻게 읽을 것인가에 관해서는 J. B. Harley, *The New Nature of Maps: Essays in the History of Cartography*, Baltimore, Md.; London: Johns Hopkins University Press, 2001; Denis Cosgrove and Stephen Daniels, ed., *The Iconography of Landscape: Essays on the Symbolic Representation, Design and Use of Past Environments*, Cambridge Studies in Historical Geography, Cambridge University Press, 1988; M. J. Blakemore and J. B. Harley, *Concepts in the History of Cartography: A Review and Perspective*, Cartographica 17-4, Monograph 26, Ont: University of Toronto Press, 1980을 참조할 것. 이 글의 이론적 기초는 이 책들에서 빌려온 것이다.

2) 한국의 고지도는 세계지도와 외국지도, 국가와 국토 경영을 위한 전도(全圖)와 도별(道別)지도, 지방행정 구역을 그린 군현(郡縣)지도, 군사 요충지나 군사 시설 등을 그린 관방(關防)지도 등으로 구성되어 있다.

3) 참고. Sun Guangqi, "Zheng He's Expeditions to the Western Ocean and His Navigation Technology," *Journal of Navigation* 45-3(1992), 329-343; Mei-Ling Hsu, "Chinese Marine Cartography: Sea Charts of Pre-Modern China," *Imago Mundi* 40(1988), 96-112. 정화 관련 웹사이트로 http://www.muslimheritage.com/topics/default.cfm?ArticleID=218을 참조할 것.

4) 배우성, "조선후기의 異域 인식,"「朝鮮時代史學報」36(2006), 150쪽.

5) 참고. H. B. Hulbert, "An Ancient Map of the World," *Bulletin of the American Geographical Society* 36(1904), 600-605.

6) 이찬은 "天下圖는 韓國人의 理想的인 世界觀을 表現한 抽象化된 地圖인 데 대하여, 混一疆理圖는 世界에 관한 地理的인 知識을 科學的으로 수집 編輯한 地圖이다"(58쪽)라고 했다. 참고. 李燦, "韓國의 古世界地圖 — 天下圖와 混一疆理歷代國都之圖에 대하여,"「韓國學

報」2-1(1976), 47-66쪽.

7) 이 지도는 1992년 미국에서 열린 콜럼버스 신대륙 발견 500주년기념 지도전시회에 출품되어 많은 찬사를 받았으며, 1994년에 간행된 *The History of Cartography* 시리즈의 아시아 부분(2권 2책)의 표지에 수록되기도 했다.

8) J. B. Harley, "Maps, Knowledge, and Power," in *The Iconography of Landscape*, D. Cosgrove and S. Daniels, eds, London: Cambridge University Press, 1989, 303.

9) 참고. 多元視野で解明する至宝, "混一疆理歴代国都之図」: 龍谷大学創立370周年記念事業 国際シンポジウム・展示," 京都: 龍谷大学人間・科学・宗教総合研究センター, 2009. 대학 측에서는 "디지털 복원(Digital Conservation)이 고지도의 보존성과 관람성의 문제를 해결"했다고 말했으나, 현재까지 기술적인 문제를 들어 원본은 물론 디지털 지도조차 공개하지 않고 있다. 필자는 2010년 7월 26～27일 교토의 류코쿠 대학 오미야 도서관을 직접 방문하여 지도 복원에 참여한 교수와 대면하고, 사진본 및 디지털 지도를 직접 본 바 있다. 복원한 디지털 지도는 컴퓨터 화면에서 원본과 대조하여 볼 수 있도록 제작했다. 필자는 이찬 교수의 규장각본(1983년)의 아라비아-아프리카 지역의 지명들을 류코쿠 대학이 복원한 디지털본과 일일이 대조하여 그 차이가 없음을 확인했다.

10) 현재까지 알려진 사본은 일본 교토에 있는 류코쿠 대학 오미야 도서관의 〈혼일강리역대국도지도〉(1470년경 제작)가 가장 대표적이다. 여기에는 1470년경의 지명이 반영되어 있다. 1928년 일본의 역사지리학자 오가와 다쿠지(Ogawa Takuji)가 처음 세상에 알린 이래, 최근 원본이 발견되기 전까지 대부분의 학자들은 류코쿠 사본을 토대로 연구해왔다. 그 외에 텐리(天理) 대학 부속 텐리 도서관에 소장된 〈대명국도〉(大明國圖: 135.5× 174.0Cm, 제작자・제작연대 미상), 구마모토(熊本) 혼묘지(本妙寺)에 소장된 〈대명국지도〉(大明國地圖) 그리고 1988년에 발견된 것으로 시마바라(島原市) 혼고지(本光寺)에 소장된 〈混一疆理歴代國都地圖〉 등이 있다. 이들 사본들은 일본, 유구국 부분에 약간의 차이가 있으나 전체적인 구조와 형태 등은 대부분 유사하여 지도계보학상 동일계열의 사본임을 알 수 있다. 참고. Gari Ledyard, "Cartography in Korea," in *The History of Cartography*, Vol. II, Book 2, Cartography in the Traditional East and Southeast Asian Societies, ed. by J. B. Harley and David Woodward, Chicago: University of Chicago Press, 1994, 265.

11) 한국의 대표적인 지도학자이자 지리학자였던 고(故) 이찬 교수(전 서울대학교 지리학과 교수)는 1970년 일본 교토의 류코쿠 대학 오미야 도서관에서 〈혼일강리역대국도지도〉 사본을 처음 보았으며, 지명을 읽을 수 있을 정도의 대형사진 4매와 전도 1매를 입수하고,

때를 같이 하여 텐리 대학 소장본〈대명국도〉의 사진도 얻는다. 그는 텐리 대학 소장본에는 권근의 발문이 빠져 있어 류코쿠 사본이 원본에 더 가까운 것으로 여겼다. 李燦, "韓國의 古世界地圖 - 天下圖와 混一疆理歷代國都之圖에 대하여,"「韓國學報」 2-1(1976), 58 쪽. 이찬 교수는 초상화 전문가를 통해 지도를 모사(模寫)하고, 서예가를 통해 지명을 베껴 1983년 마침내 지도 사본을 완성하여 서울대학교 규장각에 기증했다.

12) 기록이 없어 단정할 수는 없지만 류코쿠 사본과 혼묘지 사본은 도요토미 히데요시(豊臣秀吉)의 조선 침략(임진왜란, 1592~1598년) 때 일본으로 건너간 것으로 추정된다. 류코쿠 지도는 소문에 따르면 히데요시가 교토에서 가장 중요한 혼간지 불교사원에 기부한 것으로 알려져 있다. 1840~1850년대에 편집한 혼묘지의 고서와 사본 목록에 이 지도의 이름을 상기시키는 제목의 지도가 들어 있다. Gari Ledyard, "Cartography in Korea," in *The History of Cartography*, Vol. II, Book 2, Cartography in the Traditional East and Southeast Asian Societies, ed. by J. B. Harley and David Woodward, Chicago: University of Chicago Press, 1994, 248.

그러나 이찬에 따르면 류코쿠 사본은 15~16세기 조선에서 제작된 것인데, 적어도 18세기 이전까지 한반도에 머물러 있었다. 그는 1775년에 제작된〈여지전도〉(숭실대학박물관 소장)가 17세기 중국예수회(Sino-Jesuit)가 만든 세계지도의 영향을 받은 것인데, 아프리카나 영국과 스칸디나비아가 나오는 유럽은 류코쿠 사본과 구조적으로 매우 유사하다고 밝힌 바 있다. Gari Ledyard, "Cartography in Korea," in *The History of Cartography*, Vol. II, Book 2, Cartography in the Traditional East and Southeast Asian Societies, ed. by J. B. Harley and David Woodward, Chicago: University of Chicago Press, 1994, 249. 참고. 이찬,『韓國의 古地圖』, 범우사, 1991.

한편, 원본의 디지털화 작업에 참여한 류코쿠 대학의 지도학자 히토시 무라오카(村岡 倫)는 2010년 7월 필자와의 인터뷰에서 "한일합방(1910년) 이후 값을 지불하고 구입해온 것이다"라고 단정적으로 언급했다. 하지만 필자가 그 근거를 제시하도록 요구하자 얼버무릴 뿐이었다. 최근 국제사회에서 국가 간 문화재반환청구권 문제와 관련하여 매우 민감한 사안임을 감안할 때, 필자의 원본 열람 요청을 수차례 거절한 것과 입수 경위에 관한 발언은 그런 맥락에서 이해할 수 있을 것이다.

13) 이 발문은 1674년에 발간된 권근(權近)의『양촌집』(陽村集)(22권 1a-2b, 2a)에도 수록되어 있는데, 제목이〈역대제왕혼일강리도〉(歷代帝王混一疆理圖)로 표기되어 있다. 상당수 고지도의 경우 제작자나 제작년도가 미상인 경우가 많은 것과 비교할 때, 이 지도에는 발문이 있어 지도 제작과 관련된 내용(목적, 과정, 제작자, 연대 등)이 상세하게 적혀 있는

데 '텍스트와 지도가 결합된' 형식의 지도는 지도 제작사에서 흔히 찾아볼 수 없는 매우 드물고 특이한 경우에 해당한다.

14) 이 발문의 한글 번역은 신병주(『규장각에서 찾은 조선의 명품들』, 책과함께, 2007, 134-136쪽)와 오상학("조선시대의 세계 지도와 세계 인식," 서울대학교 문학박사학위논문, 2001, 58-59쪽)의 번역을 바탕으로 필자가 약간 다듬었다. 권근의 『양촌집』에 수록된 본문과 거의 차이가 없다.

15) 오상학, 『조선시대 세계 지도와 세계 인식』, 창비, 2011, 95.

16) J. B. Harley, *The New Nature of Maps: Essays in the History of Cartography*, Baltimore, Md.; London: Johns Hopkins University Press, 2001, 55; J. B. Harley, "Maps, Knowledge, and Power," in *The Iconography of Landscape*, D. Cosgrove and S. Daniels, eds. London: Cambridge University Press, 1989, 280.

17) E. H. Gombrich, *Art and Illusion: A Study in the Psychology of Pictorial Representation 1909-2001*, London: Phaidon Press; New York: Pantheon Books, 1960, 90. 재인용. M. J. Blakemore and J. B. Harley, "Early Maps as Language," *Cartographica* 17-4(1980), 100.

18) 참조. http://people.aks.ac.kr(한국학중앙연구원 한국역대인물종합정보시스템 웹사이트 검색창).

19) Gari Ledyard, "Cartography in Korea," in *The History of Cartography*, Vol. II, Book 2, Cartography in the Traditional East and Southeast Asian Societies, ed. by J. B. Harley and David Woodward, Chicago: University of Chicago Press, 1994, 245.

20) 전종한 외 지음, 『인문지리학의 시선』, 논형, 2005, 94, 97쪽; 지도가 선전의 도구임을 밝힌 논문으로는 Louis O. Quam, "The Use of Maps in Propaganda," *Journal of Geography* 42(1943), 21-32; Louis B. Thomas, "Maps as Instruments of Propaganda," *Surveying and Mapping* 9(1949), 75-81; John Ager, "Maps and Propaganda," Society of University Cartographers, *Bulletin* 11(1977), 1-14를 참조할 것.

21) 조선 초기 대(對)중국(명나라) 외교는 '사대'(事大)로, 대(對)일본 외교는 '교린'(交隣)으로 요약된다. 오키나와(琉球) 열도와 일본에 대한 조선의 해양외교정책은 중국 중심의 국제관계 모델보다 훨씬 복잡한 것이었다. 참고. Bae Woo Sung, "Joseon Maps and East Asia," *Korea Journal*, Spring 2008, 46-79; Kenneth R. Robinson, "Centering

the King of Chosŏn: Aspects of Korean Maritime Diplomacy, 1392-1592," *The Journal of Asian Studies* 59-1(2000), 109-125.

22) 참고. 배우성, "조선후기의 異域 인식,"「朝鮮時代史學報」36(2006), 145-177쪽. 배우성은 여기에서 '중화세계의 주변, 혹은 그 바깥쪽'으로서의 이역(異域)과 유럽으로서의 '서양'(西洋)을 구분하여 다루고 있으며, 중국의 이역에 대한 인식이 조선사회에 어떻게 영향을 끼쳤는가에 초점을 맞추고 있다. 그러나 이 글에서 필자는 '이역', '서양 혹은 '서역(西域)이라는 용어 대신에 중화세계 서쪽의 모든 지역을 일컫는 지리적 용어로서 '외부세계'라 칭할 것이다. 이는 '내부세계'에 대한 대칭적 개념이다.

23) 이는 노자(老子, Laozi)—"One knows the whole world without taking a step out-doors, see the Way of Heaven without taking a look out the window. The farther one goes, the less one knows. Therefore, the sage knows without acting, see without looking, accomplishes without doing"(「도덕경」, 47장)—혹은 소옹(邵雍, Shao Yong, 1011~1077년)—"One can contact heaven and earth directly without going outdoors"—의 사상으로 해석하기보다는 중국 남송의 유학자 주희(朱熹, 1130~1200년)의 가르침—"One must understand the Way of Heaven through internal reflection"—으로 해석하는 것이 옳다. Bae Woo Sung, "Joseon Maps and East Asia," *Korea Journal*, Spring 2008, 74-75.

24) J. B. Harley, "Maps, Knowledge, and Power," in *The Iconography of Landscape*, D. Cosgrove and S. Daniels, eds. London: Cambridge University Press, 1989, 278-279, 300-302.

25)「철종실록」1.17a.

26)「태종실록」4.10b-11a.

27) Gari Ledyard, "Cartography in Korea," in *The History of Cartography*, Vol. II, Book 2, Cartography in the Traditional East and Southeast Asian Societies, ed. by J. B. Harley and David Woodward, Chicago: University of Chicago Press, 1994, 245.

28) M. J. Blakemore and J. B. Harley, "Early Maps as Language," *Cartographica* 17-4(1980), 93.

29) 참조. http://people.aks.ac.kr(한국학중앙연구원 한국역대인물종합정보시스템 웹사이트 검색창).

30) 참조. http://people.aks.ac.kr(한국학중앙연구원 한국역대인물종합정보시스템 웹사

이트 검색창). 〈조선팔도도〉는 조선시대 최고(最高)의 지도로 평가되고 있으나 현존하지
는 않는다. 한반도의 윤곽이 비교적 정확한 세밀도이며, 독특한 산맥 표시방법 등이 돋보인
다.

31) Kenneth R. Robinson, "Yi Hoe and His Korean Ancestors in T'aean Yi Genealo-
gies," *Journal of Korean Studies* 21-2(2008), 221-250.

32) M. J. Blakemore and J. B. Harley, "Early Maps as Language," *Cartographica* 17-4
(1980), 104.

33) 참조. W. J. T. Mitchell, ed., *The Language of Images*, Chicago: University of
Chicago Press, 1980. '이미지의 언어'란 이미지에 관한(about) 언어, 언어로서의(as)
이미지, 이미지에 의해 형성된(informed by) 시스템으로서의 언어 등으로 구별된다.

34) M. J. Blakemore and J. B. Harley, "Early Maps as Language," *Cartographica* 17-4
(1980), 90-1.

35) J. B. Harley, *The New Nature of Maps: Essays in the History of Cartography*, Balti-
more, Md.; London: Johns Hopkins University Press, 2001, 56, 63. 역사적으로
이슬람 시대에는 칼리파가, 오토만 제국에서는 술탄이, 인디아에서는 모굴 황제들이 지도
를 군사, 정치, 종교, 선전의 목적으로 제작·사용한 예는 얼마든지 찾아볼 수 있다. 고대
중국에서도 세밀한 군현(郡縣)지도나 관방(關防)지도는 통치자의 정책에 따라서 관료적
·정치적 도구로서, 제국의 운명의 공간적 표상으로서 활용되었다. 근대 유럽의 이탈리아,
네덜란드, 스칸디나비아, 포르투갈에서도 절대왕국들은 언제나 지도의 중요성을 인식하
고 외부적으로는 방어와 전쟁, 내부적으로는 중앙정부의 행정, 국가정체성의 정당성을
위한 선전도구로 지도를 활용해왔다. 이처럼 역사적으로 "지도는, 총과 군함처럼, 제국주의
의 무기였다." J. B. Harley, "Maps, Knowledge, and Power," in *The Iconography
of Landscape*, D. Cosgrove and S. Daniels, eds. London: Cambridge University
Press, 1989, 281-282, 287. 참고. E. van Donzel, B. Lewis and Ch. Pellat, ed.,
"Kharita(Map)," in *Encyclopedia of Islam*, Leiden, 1978, Vol. 4, 1077-1083; Joseph
Needham, *Science and Civilization in China*, Vol. 3, Cambridge, 1959.

36) Kenneth R. Robinson, "Chosŏn Korea in the Ryukoku *Kangnido*: Dating the
Oldest Extant Korean Map of the World (15th Century)," *Imago Mundi* 59-2
(2007), 178.

37) 아직까지 〈혼일강리역대국도지도〉의 물리적 양상에 관한 분광학적 분석(spectroscopic
analysis)은 진행된 바 없다. 그러나 대체로 지도 제작에 사용한 잉크나 그림물감은 화학합

성물로 구성되며, 동시대 최고의 비법들을 사용한다. 지도학적 소통구조에서 의미를 강조하기 위해 색채를 사용하기도 하는데, 이는 지도 해석에서 매우 중요한 요소가 된다. 서체역시 고려사항이 될 수 있다. 공간 내의 위계질서를 나타내는 지도언어의 문법은 곧 여러역사적 맥락에서 메시지의 조건이 되기 때문이다. M. J. Blakemore and J. B. Harley, "Early Maps as Artefacts," *Cartographica* 17-4(1980), 53. 중세 이슬람 지도에서사용된 색채에 관한 분광학적 연구로는 Tracy D. Chaplin, Robin J. H. Clark, Alison McKay, and Sabina Pugh, "Raman Spectroscopic Analysis of Selected Astrono-mical and Cartographic Folios from the Early 13th-Century Islamic Book of Curiosities of the Sciences and Marvels for the Eyes," *Journal of Raman Spectro-scopy* 37(2006), 865-877을 참고할 것.

38) 高橋正(Takahashi Tadashi), "東漸せる中世イステム世界図—主として混一疆理歷代國都之図について," 「龍谷大學論集」 第374號(1963年 9月), 77-95＝Takahashi Tadashi, "Tozen seru chusei isuramu seikaizu (Eastward diffusion of Islamic world maps in the medieval era)," *Ryukoku Daigaku Ronshu* 374(1963), 77-95; 高橋正(Takahashi Tadashi), "『混一疆理歷代国都之図』再考," 龍谷史壇(小笠原'宮崎兩博士華甲記念特集) 56-57(合刊號, 1966年12月), 204-215.; 高橋正(Takahashi Tadashi), "『混一疆理歷代国都之図』續考," 「龍谷大學論集」 第400·401號(1973年 3月), 586-600; Sang-woon Jeon, *Science and Technology in Korea: Traditional Instruments and Techniques*, Cambridge, Mass; London: MIT Press, 1974, 282.

39) Liu Gang, "The Chinese Inventor of Bi-Hemispherical World Map," *e-Perimetron* 2-3(2007), 192.

40) M. J. Blakemore and J. B. Harley, "Early Maps as Language," *Cartographica* 17-4 (1980), 102.

41) 참고. Matsutarō Namba, Nobuo Muroga, Kazutaka Unno, *Old Maps in Japan*, Osa-ka: Sōgensha, 1973; Kazutaka Unno, "On the Anonymous Map of China Owned by the Tenri Central Library," *Osaka Gakugei Daigaku Kiyo* 6(1958), 60-67.

42) 『세종실록』 권 80(20년 2월)에 건문 3년(태종 1년, 1401년) 통신관으로 일본에 건너간 박돈지(朴敦之)가 상세한 일본 지도를 입수했다는 암시가 나오는데, 이때 입수하여 가져온 일본 지도는 '행기도(行基圖)'로 불리는 일본 지도의 일종'으로 〈혼일강리역대국도지도〉 제작에 활용된 것 같다. 李燦, "韓國의 古世界地圖 - 天下圖와 混一疆理歷代國都之圖에 대하여," 「韓國學報」 2-1(1976), 62쪽. 그러나 지도에 표시된 일본은 위치나 크기

면에서 실제와 큰 차이가 난다. 조선과 중국을 중심으로 일본은 조선의 남쪽에 작게 그려져 있다. 조선 초기 일본에 대한 정보가 그리 많지 않았음을 고려하더라도, 이것은 15세기 초반 일본을 보잘것없는 작은 나라로 간주한 당시 조선 집권층의 세계관을 반영한다 하겠다. 보다 정확한 일본 지도는 1443년 일본 통신사의 서장관으로 간 신숙주가 1471년(성종 2년) 왕명으로 편찬한 『해동제국기』에 나온다. 15세기 후반부터 본격화된 일본과의 교류가 비로소 16세기 이후에 일본에 관한 비교적 정확한 지도를 만들 수 있는 배경이 된다. 한편 '우리나라 지도를 증광(增廣)했다'는 것은 〈조선팔도도〉를 기초로 했음을 일컫는 말일 것이다. 이 부분에 관해서는 여기서 더 상세하게 논의하지 않겠다. 참고. Kenneth R. Robinson, "Chosŏn Korea in the Ryukoku *Kangnido*: Dating the Oldest Extant Korean Map of the World (15th Century)," *Imago Mundi* 59-2(2007), 177-192.; 오상학, "조선시대의 일본지도와 일본 인식,"「대한지리학회지」38-1(2003), 3-47쪽.

43) Gari Ledyard, "Cartography in Korea," in *The History of Cartography*, Vol. II, Book 2, Cartography in the Traditional East and Southeast Asian Societies, ed. by J. B. Harley and David Woodward, Chicago: University of Chicago Press, 1994, 246.

44) 중세 이슬람 사회는 종교적이며 질서정연한 우주와 세계의 지도를 그리는 한편, 넓은 사라센 제국을 통치하기 위한 기초자료로서뿐만 아니라 성지 순례, 교역 및 항해 등 실용적이고 합리적인 필요에서 지리학을 발전시키게 되었다. E. Edson & E. Savage-Smith, *Medieval Views of the Cosmos*, Bodleian Library, University of Oxford, 2004, 이정아 옮김, 『중세, 하늘을 디자인하다 - 옛 지도에 담긴 중세인의 우주관』, 이른아침, 2006, 32.

45) Chang, Kuei-sheng, "Africa and the Indian Ocean in Chinese Maps of the Fourteenth and Fifteenth Centuries," *Imago Mundi* 24-1(1970), 30.

46) Chang, Kuei-sheng, "Africa and the Indian Ocean in Chinese Maps of the Fourteenth and Fifteenth Centuries," *Imago Mundi* 24-1(1970), 21, 30. 참고. Mei-Ling Hsu, "Chinese Marine Cartography: Sea Charts of Pre-Modern China," *Imago Mundi* 40(1988), 96-112; Michael Flecker, "A Ninth-Century AD Arab or Indian Shipwreck in Indonesia: First Evidence for Direct Trade with China," *World Archaeology* 32-3(2001), 335-354.

47) 이희수, 『한·이슬람 교류사』, 문덕사, 1991, 22; 참고. L. Carrington Goodrich, *A Short History of the Chinese People*, New York: Harper & Brothers, 1943; M. Khan, *Islam in China*, Delhi: National Academy, 1963; Raphael Israeli, "Muslims in China:

The Incompatibility between Islam and the Chinese Order," *T'oung Pao* 63-4/5
(1977), 296-323; Raphael Israeli, "Established Islam and Marginal Islam in China
from Eclecticism to Syncretism," *Journal of the Economic and Social History of
the Orient* 21-1(1978), 99-109; Donald Daniel Leslie, *Islam in Traditional China:
A Short History to 1800*, Canberra: Canberra College of Advanced Education,
1986; Dru C. Gladney, "Islam in China: Accommodation or Separatism?" *The
China Quarterly* 174(2003), 451-467. 한편, 15세기 초반 중국과 이란의 관계에 관해서
는 Felicia J. Hecker, "A Fifteenth-Century Chinese Diplomat in Herat," *Journal
of the Royal Asiatic Society* 3-1(1993), 85-98을 참조할 것.

48) 이희수, 앞의 책, 97-101; 참조. Toby E. Huff, *The Rise of Early Modern Science: Islam,
China, and the West*, Cambridge: Cambridge University Press, 1993, Second
Edition 2003; Donald Daniel Leslie, *Islam in Traditional China: A Short History
to 1800*, Canberra: Canberra College of Advanced Education, 1986, Part 3 "Under
the Mongols."

49) 중세 이슬람 지도학은 고대 그리스-로마시대의 선진적인 프톨레마이오스(Claudios
Ptolemaeos, c.90~c.168년) 지도학을 계승하고 있는데, 이는 9세기 초 칼리프의 후원으
로 프톨레마이오스의 저서인 『알마게스트』(*Almagest*)와 『지리학 안내』(*Géographió
hyphégésis*)가 아랍어로 번역되면서 이슬람 세계에서 지리학과 지도 제작 분야에 활기를
띠게 되었기 때문이다. E. Edson & E. Savage-Smith, *Medieval Views of the Cosmos*,
Bodleian Library, University of Oxford, 2004, 이정아 옮김, 『중세, 하늘을 디자인하다
- 옛 지도에 담긴 중세인의 우주관』, 이른아침, 2006, 50, 75, 105-106; John O. E.
Clark, *Remarkable Maps: 100 Examples of How Cartography Defined*, Great Britain:
Conway, 2005, 김성은 옮김, 『지도 박물관: 역사상 가장 주목할 만한 지도 100가지』,
웅진지식하우스, 2007, 56-61쪽; 최창모, "중세 이슬람 고지도(古地圖)의 발전과정과
세계 이해," 「한국이슬람학회논총」 19-3(2009), 183-208. 또, 그들은 지도상에 나타난
오류를 수정하고 나름대로 자신들의 세계관을 지도에 반영했다. Ahmet T. Karamustafa,
"Introduction to Islamic Maps," in *The History of Cartography*, Vol. II, Book 1 -
Cartography in the Traditional Islamic and South Asian Societies, eds., J. B.
Harley and David Woodward, University of Chicago Press, 1991, 4. 재인용. 오상학,
"조선시대의 세계 지도와 세계 인식," 서울대학교 문학박사학위논문, 2001, i, 78.

50) 참고. Liu Gang, "The Chinese Inventor of Bi-Hemispherical World Map," *e-Peri-*

metron 2-3(2007), 185-193; Mei-Ling Hsu, "An Inquiry into Early Chinese Atlases through the Ming' Dynasty," in *Images of the World: The Atlas through History*, ed. by John. A. Wolter and Ronald E. Grim, Washington, D.C: Library of Congress, 1997, 31-50; Richard J. Smith, *Chinese Maps: Images of "All Under Heaven"*, Hong Kong; Oxford: Oxford University Press, 1996; 朱思本, 『廣興圖』 2卷/〔朱思本原圖; 羅洪先增纂; 胡松刊補〕, 影印本, 台北: 學海出版社, 1969.

51) Gari Ledyard, "Cartography in Korea," in *The History of Cartography*, Vol. II, Book 2, Cartography in the Traditional East and Southeast Asian Societies, ed. by J. B. Harley and David Woodward, Chicago: University of Chicago Press, 1994, 246. 참조. Aoyama Sadao, "Gendai no chizu ni tsuite," (On maps of the Yuan dynasty) *Toho Gakuho* 8(1938), 103-52; 참고. 青山定雄(Aoyama Sadao) 編, 『讀史方輿紀要索引中国歷代地名要覽』(Dokushi hōyō kiyō sakuin Chūgoku rekidai chimei yōran), 東京: 大安(Tōkyō: Daian), 1965.

52) 참고. 宮紀子, 『モンゴル帝国が生んだ世界図』, 東京: 日本経済新聞出版社, 2007; 『조선이 그린 세계 지도: 몽골 제국의 유산과 동아시아』, 김유명 옮김, 소와당, 2010, 154쪽.

53) 몽골 지역 지명의 유래(toponymy)가 페르시아어와 관련되었다는 연구로는 V. Minorsky, "Mongol Place-Names in Mukri Kurdistan," *Bulletin of the School of Oriental and African Studies* 19-1(1957), 58-81을 참조할 것.

54) 김호동, "몽골제국과 「大元一統志」의 편찬," 「포스코 아시아 포럼 *Proceedings*」, 2010, 18쪽.

55) Takahashi Tadashi, "Tozen seru chusei isuramu seikaizu"(Eastward diffusion of Islamic world maps in the medieval era), *Ryukoku Daigaku Ronshu* 374(1963), 86-94. 재인용. Gari Ledyard, "Cartography in Korea," in *The History of Cartography*, Vol. II, Book 2, Cartography in the Traditional East and Southeast Asian Societies, ed. by J. B. Harley and David Woodward, Chicago: University of Chicago Press, 1994, 246-247.

56) 지도계보학상 같은 계통의 〈혼일강리역대국도지도〉의 복사본들 사이에서조차 똑같은 형태의, 똑같은 지명의 지도는 발견되지 않는다. 참고. Gari Ledyard, "Cartography in Korea," in *The History of Cartography*, Vol. II, Book 2, Cartography in the Traditional East and Southeast Asian Societies, ed. by J. B. Harley and David Woodward, Chicago: University of Chicago Press, 1994, 265.

57) J. B. Harley, *The New Nature of Maps: Essays in the History of Cartography*, Balti-more/London: Johns Hopkins University Press, 2001, 37. 참고. Rehav Rubin, "Original Maps and their Copies: Carto-Genealogy of the Early Printed Maps of Jerusalem," *Eretz Israel* 22(1991), 166-183. (in Hebrew); Rehav Rubin, *Image and Reality: Jerusalem in Maps and Views*, Jerusalem: The Hebrew University Magness Press, 1999.

58) M. J. Blakemore and J. B. Harley, "Early Maps as Language," *Cartographica* 17-4(1980), 93.

59) '외부세계'의 지명들은 14세기 초의 상황을 개략적으로 반영한다. 마그레브와 이베리아 반도는 (텐리 사본에서) 제노아와 베니스가 빠진 것을 제외하고는 대체로 상세하게 표시되어 있다. http://en.wikipedia.org/wiki/Kangnido.

60) 남쪽이 지도의 위로 향하고 있는 프톨레마이오스 지도에서 나일 강은 '달의 산'으로부터 북류(北流)하면서 합쳐져 지중해로 들어간다. 이러한 형태는 알-이드리시(Abu Abdallah Mohammed al-Sharif al-Idrish, 1099~1166년)의 세계지도와 일치한다. '달의 산'을 의미하는 '제벨 알-카말'이라는 지명이 텐리 사본에서는 '這不魯哈麻'(*zhèbùlǔhǎmā*)라고 표기되어 있어서 이슬람 지도학의 영향이 반영되어 있음을 알 수 있다. Takahashi Tadashi, "Tozen seru chusei isuramu seikaizu"(Eastward diffusion of Islamic world maps in the medieval era), *Ryukoku Daigaku Ronshu* 374(1963), 86-94. 재인용. Gari Ledyard, "Cartography in Korea," in *The History of Cartography*, Vol. II, Book 2, Cartography in the Traditional East and Southeast Asian Societies, ed. by J. B. Harley and David Woodward, Chicago: University of Chicago Press, 1994, 246-247.

61) 오상학, "조선시대의 세계 지도와 세계 인식," 서울대학교 문학박사학위논문, 2001, 81쪽; 전종한 외 지음, 『인문지리학의 시선』, 논형, 2005, 96.

62) 1398년경 명나라에서 제작된 작자 미상의 채색 세계지도(비단, 386×456Cm, 중국 베이징 제1역사당안관 소장)로 1944년 이 지도를 열람했던 월터 퓨크스(Walter Fuchs)가 세상에 처음 알린다. 이 지도에는 조선과 일본은 물론 아프리카, 유럽, 인도까지 포괄하고 있는데, 일본과 인도를 제외하고는 〈혼일강리역대국도지도〉와 거의 윤곽이 비슷하다. 〈대명혼일도〉에서 일본은 좀 더 서쪽에 치우쳐 있으나 매우 크게 그려져 있고, 인도는 좁고 긴 반도로 표시되어 있다. 〈혼일강리역대국도지도〉가 〈대명혼일도〉의 영향을 직접 받은 것인지 여부는 불분명하나, 모두 이택민의 〈성교광피도〉를 참고한 것으로 같은 계통의

지도인 것은 개연성이 충분하다. 李燦, "韓國의 古世界地圖 – 天下圖와 混一疆理歷代國都之圖에 대하여," 「韓國學報」 2-1(1976), 60; 한영우·안휘준·배우성, 『우리 옛 지도와 그 아름다움』, 효형출판, 1999, 28.

63) 꾸란에서 지구는 "양탄자처럼 넓게 퍼져 있고 산들에 의해 굳게 제자리를 지키고 있으며" (13:3; 15:19), "일곱 개의 친구들에 대응하는 일곱 개의 지구들 중 하나다"(65:12)라는 언급이 있을 뿐이나, 하루 다섯 번 카바(Kabah)를 향해 기도하는 이슬람 세계에서는 각기 다른 시간 계산과 천문학적 지식은 물론 지리학과 기하학 역시 필수였다. 이런 종교적 필요성 때문에 둥근 모양의 지구 위에 위치한 두 지역(예배자의 위치와 카바의 위치) 사이의 거리 측정을 위해 도표와 지도, 도구들이 생겨났다. 참조. E. Edson & E. Savage-Smith, *Medieval Views of the Cosmos*, Bodleian Library, University of Oxford, 2004, 이정아 옮김, 『중세, 하늘을 디자인하다 – 옛 지도에 담긴 중세인의 우주관』, 이른아침, 2006, 31-32.

64) 원형의 구형도로 제작된 아라비아 지도로는 모로코의 지리학자 알-이드리시가 제작한 세계지도가 대표적이다. 알-이드리시는 1154년 시칠리아의 노르망 왕 로제르 2세(Roger II, 1095~1154년)의 명을 받아 400Kg 상당의 은으로 만든 공 모양의 지구의를 제작했는데, 표면에는 7개의 대륙을 새기고, 강과 호수, 주요 도시들과 무역로와 같은 상세한 정보까지 묘사했다. 여기에는 세계 여러 나라의 종교와 언어, 풍습과 같은 다양한 정보를 담은 일람표가 곁들여졌다. 일종의 지리해설서인 이 일람표를 『알-키타브 알-루자리』(*Al-Kitab al-Rujari*)라 불렀는데, 『로제르 왕의 서(書)』라고도 불린다.
알-이드리시의 지도는 기본적으로 프톨레마이오스 전통을 계승하여 9개의 위선(클리마타)와 11개의 경선을 기입했다. 하지만 프톨레마이오스가 사용한 비직선 투영법과 같은 개념은 아니고 오히려 중국의 방격과 유사하다. 7개의 지방을 구분하고 10도 간격의 위선으로 나누었지만 각 위선의 간격은 일정하지 않다. 그럼에도 천문학적으로 규정된 '지방' 체계와 동쪽으로 확장된 아프리카 대륙에 대한 그의 개념을 이 지도의 기초로 삼았다는 점에서 볼 때 프톨레마이오스가 끼친 영향력은 무시할 수 없다. 그러나 프톨레마이오스 지도와는 달리 인도양이 내해가 아니고 카스피 해도 만이 아님을 밝힌 것은 진전된 부분이다. 오상학, "조선시대의 세계 지도와 세계 인식," 서울대학교 문학박사학위논문, 2001, 78, 주) 124; Edson & E. Savage-Smith, *Medieval Views of the Cosmos*, Bodleian Library, University of Oxford, 2004, 이정아 옮김, 『중세, 하늘을 디자인하다 – 옛 지도에 담긴 중세인의 우주관』, 이른아침, 2006, 112; Val Ross, "The Mapmaker's Best Friend: King Roger II and Al-Idrisi," in *The Road to There: Mapmakers and their*

Stories, Toronto: Tundra Books, 2003, 12-21. 참조. G. R. Tibbetts, *A Study of the Arabic Texts Containing Material on South-East Asia*, Oriental Translation Fund, New Series Vol. XLIV, Leiden: E. J. Brill, 1979.

65) 한영우, "우리 옛 지도의 발달과정," 『우리 옛 지도와 그 아름다움』, 효형출판사, 1999, 20; 중국의 〈천하도〉(天下圖)에는 조선과 일본이 빠져 있는 것이 상례이다. 〈화이도〉(華夷圖)와 〈우적도〉(禹跡圖, 1137년)에도 변방지역은 제외하거나 기록한다 해도 간략하게 넣었고, 중국인의 세계관을 반영하여 중국만을 그렸다. 李燦, "韓國의 古世界地圖 – 天下圖와 混一疆理歷代國都之圖에 대하여," 「韓國學報」 2-1(1976), 61.

66) 李燦, "韓國의 古世界地圖 – 天下圖와 混一疆理歷代國都之圖에 대하여," 「韓國學報」 2-1(1976), 58.

67) J. B. Harley, "Maps, Knowledge, and Power," in *The Iconography of Landscape*, D. Cosgrove and S. Daniels, eds. London: Cambridge University Press, 1989, 287, 289.

68) Jeremy Johns and Emilie Savage-Smith, "The Book of Curiosities: A Newly Discovered Series of Islamic Maps," *Imago Mundi* 55-1(2003), 11.

69) 참고. A. F. L. Beeston, "Some Observations on Greek and Latin data relating to South Arabia," *Bulletin of the School of Oriental and African Studies* 42-1(1979), 7-12.

70) 김호동, "몽골제국과 「大元一統志」의 편찬," 「포스코 아시아 포럼 *Proceedings*」, 2010, 13.

71) Gari Ledyard, "Cartography in Korea," in *The History of Cartography*, Vol. II, Book 2, Cartography in the Traditional East and Southeast Asian Societies, ed. by J. B. Harley and David Woodward, Chicago: University of Chicago Press, 1994, 248. 한편 대부분의 유럽 지도―베손테(Petrus Vesconte, c.1321년), 비앙코(Andrea Bianco, 1436년), 레아르도(Giovanni Leardo, 1453년), 카타란 지도(Catalan-Este Map, c.1450년), 빌란드 지도(the Vinland Map, c.1440년) 등―에서는, 이슬람 지도와 마찬가지로 아프리카가 동쪽에 위치하고 있다. Chang, Kuei-sheng, "Africa and the Indian Ocean in Chinese maps of the fourteenth and fifteenth centuries," *Imago Mundi* 24-1(1970), 23. 참고. I. Norwich Pam Kolbe; Jeffrey C Stone; I Norwich, *Norwich's Maps of Africa: An Illustrated and Annotated Carto-bibliography*, 2nd ed./revised and edited by Jeffrey C. Stone, Norwich, Vt: Terra Nova Press, 1997.

72) 참고. 최창모, "중세 이슬람 고지도(古地圖)의 발전과정과 세계 이해," 「한국이슬람학회논총」 19-3(2009), 183-208.

73) Chang, Kuei-sheng, "Africa and the Indian Ocean in Chinese maps of the fourteenth and fifteenth centuries," *Imago Mundi* 24-1(1970), 21.

74) Walter Fuchs, "Was South Africa Already Known in the 13th Century?" *Imago Mundi* 10(1953), 50-51.

75) Gerald J. Rizzo, "The Patterns and Meaning of a Great Lake in West Africa," *Imago Mundi* 58-1(2006), 80-89. 리조는 이 논문에서 900년에서 1900년까지 제작된 400여 개의 아프리카 대륙 지도 가운데 약 95%의 지도에서 '내륙 호수'(inland lake)가 발견된다고 했다(87쪽 footnote 2).

76) في الإنصاف بين المشرق والمغرب : قطعة من مسالك الأبصار في ممالك الأمصار لابن فضل الله العمري، 1349-1301/749-700 Fi l-inṣāf bayna al-Mashriq wa-al-Maghrib: qiṭ'ah min Masālik al-abṣār fi mamālik al-amṣār 700-749/1301-1349 ابن فضل الله العمري، أحمد 1349.-1301 ،بن يحيى ; Ahmad ibn Yahyá Ibn Faḍl Allāh al-'Umari 1301-1349. 옥스퍼드 대학 보들레이안 도서관 MS Pococke 375, fol.3v-4.

77) Francese Relano, "The Great Central Lake," in *Shaping of Africa: Cosmographic Discourse and Cartographic Science in Late Medieval and Early Modern Europe*, Aldershot: Ashgate, 2002, 205-214.

78) 아프리카 지도학에 관한 아랍자료 및 이슬람 지도에 관해서는 Nehemia Levtzion and J. E. P. Hopkins, *Corpus of Early Arabic Sources for West African History*, Princeton: Markus Wiener, 2000; William Desborough Cooley, *The Negroland of the Arabs Examined and Explained or An Inquiry into the Early History and Geography of Central Africa*, London: Arrosmith, 1841, 2nd edition. London: Frank Cass & Co., 1966; Jeremy Johns and Emilie Savage-Smith, "The Book of Curiosities: a Newly Discovered Series of Islamic Maps," *Imago Mundi* 55(2003), 7-24 등을 참조할 것.

79) 알-이드리시의 아랍어 책—*Kitāb Nuzhat al-Mushtāq fi dhikr al-amṣār wa-al-aqtār wa-al-buldān wa-al-juzur wa-al-madā'in wa-al-afāq = De geographia universali,* Idrisi, ca.1100-1166, Tipografia medicea orientale, printer, Romae: In typographia Medicea. M.D.XCII(1592)—이 1592년 로마에서 출판되기 전까지는 유럽 기독교 세계에 알려지지 않았다. 이 책은 옥스퍼드 대학의 Christ Church Library, St.

John College Library, All Soul college Library에 공동으로 소장되어 있다.

80) 카탈란어로 쓰인 람몬 룰(Ramon Llull, c.1272년) 같은 유럽 기독교 선교사의 작품에는 다섯 개의 물줄기에 의해 만들어진 '거대한 호수의 중간에 있는 섬'에 사는 흑인 지역을 언급하고 있다. 참고. Pekka Masonen, "Libre De Blanquerna: The Adventures of Ramon Llull," in *The Negroland Revisited: Discovery and Invention of the Sudanese Middle Ages*, Helsinki: Academia Scientiarum Fennica, 2000, 74-112; Francese Relano, "The Impact of portolan charts," in *Shaping of Africa: Cosmographic Discourse and Cartographic Science in Late Medieval and Early Modern Europe*, Aldershot: Ashgate, 2002, 91-115.

81) Gerald J. Rizzo, "The Patterns and Meaning of a Great Lake in West Africa," *Imago Mundi* 58-1(2006), 82-83.

82) 李燦, "韓國의 古世界地圖 – 天下圖와 混一疆理歷代國都之圖에 대하여,"「韓國學報」 2-1(1976), 59, 61.

83) 북아프리카에 관해 언급하는 중국의 사료(史料)에 관해서는 Chang, Kuei-sheng, "Africa and the Indian Ocean in Chinese maps of the fourteenth and fifteenth centuries," *Imago Mundi* 24-1(1970), 21을 참조할 것.

84) Gari Ledyard, "Cartography in Korea," in *The History of Cartography*, Vol. II, Book 2, Cartography in the Traditional East and Southeast Asian Societies, ed. by J. B. Harley and David Woodward, Chicago: University of Chicago Press, 1994, 247.

85) 한편, 텐리사본에는 마그레브와 이베리아 반도가 더욱 구체적으로 묘사되어 있으며, 제노아와 베니스 같은 주요도시가 빠져 있다. 북아프리카에는 카이로를 지칭하는 아랍어 'Misr'와 소말리아의 수도 '모가디슈(Maqdashaw)가 보인다. 또, 파고다(pagoda: 탑) 한 개가 묘사되어 있는데, 알렉산드리아에 있었던 유명한 파로스(Pharos) 등대를 탑 모양으로 나타낸 것으로 보여 이채롭다. 등대 모양으로 그려진 것은 북유럽 쪽에도 보이는데 이는 천문대일 가능성이 있다. 1259년 일한국의 수도인 타브리즈에 가까운 마라가(Maragheh)에 페르시아인 천문학자 나시르 알-딘(Nassir al-Din, 1201~1274년)이 천문대를 세웠는데, 이를 그린 것이 아닌가 하는 견해도 있다. 당시의 마라가는 이슬람 천문학의 일대 중심으로서 서쪽에서는 스페인, 동쪽에서는 중국에서 천문학자가 찾아들어 연구하고 있었던 곳이기도 하다. 참고. 야부우치 기요시, 『중국의 과학문명』, 전상운 역, 민음사, 1997, 136-137.

86) http://en.wikipedia.org/wiki/Kangnido.

87) 우리가 알기로 고전중국어 표기에서는 구두점/마침표(punctuation)를 찍지 않았다. 오늘날의 독자가 고전중국어로 쓴 글을 제대로 읽으려면 'segmenting'(분절, 마디와 마디 사이를 구분하기 위해서)이라 불리는 구두점/마침표를 찍어야 한다. 오늘날 중국 지도 연구가들 사이에서도 잘못된 'segmenting'으로 발생하는 오독(誤讀)으로 인하여 참뜻을 이해하는 데 실패하는 경우가 종종 있다. Liu Gang, "The Chinese Inventor of Bi-Hemi-spherical World Map," *e-Perimetron* 2-3(2007), 187.

88) J. B. Harley, "Maps, Knowledge, and Power," in *The Iconography of Landscape*, D. Cosgrove and S. Daniels, eds. London: Cambridge University Press, 1989, 289-294.

89) 축척의 조작, 지도의 방향, 조직된 공간에 대한 모눈(grid) 사용 등 지도기하학적 요소의 사회적 의미에 관해서는 Robert Sack, *Conceptions of Space in Social Thought: A Geographic Perspective*, London: Macmillan, 1980을 참조할 것. 재인용. J. B. Harley, "Maps, Knowledge, and Power," in *The Iconography of Landscape*, D. Cosgrove and S. Daniels, eds. London: Cambridge University Press, 1989, 308, footnote 68.

90) 참고. 최창모, "옛 기독교인의 성지 지도에 나타난 예루살렘 연구," 「지중해지역연구」, 13-4(2011), 1-62.

91) Samuel Y. Edgerton, Jr., "From Mental matrix to *Mappamundi* to Christian Empire: The Heritage of Ptolemaic Cartography in the Renaissance," in *Art and Cartography*, David Woodward, ed., Chicago, 1987, 26.

92) Samuel Y. Edgerton, Jr., "From Mental Matrix to *Mappa mundi* to Christian Empire: The Heritage of Ptolemaic Cartography in the Renaissance," in *Art and Cartography*, David Woodward, ed., Chicago: University of Chicago Press, 1987, 27. 사무엘은 지도가 어떻게 사회적 우주론의 하부구조에 기여할 수 있는가를 잘 보여주고 있다.

93) Gari Ledyard, "Cartography in Korea," in *The History of Cartography*, Vol. II, Book 2, Cartography in the Traditional East and Southeast Asian Societies, ed. by J. B. Harley and David Woodward, Chicago: University of Chicago Press, 1994, 248. '발견의 시대'에 유럽에서도 '새 땅'의 존재에 관해서 사실을 분명히 인지하고 다양한 형식과 내용으로 명확하게 표현하면서도 자신들의 기존 세계관을 해치지 않으려는 비슷한

메시지를 지구의, 해도, 반구체 지구본 등에 담은 바 있다. 여기서 '새로운 세계'의 이미지가 어떻게 낡은 세계 인식에 영향을 끼치는가, 지도 이미지가 인간의 사유와 행위에 미치는 영향은 무엇인가 하는 것은 지도학사에서 매우 중요한 의제가 된다. M. J. Blakemore and J. B. Harley, "Early Maps as Language," *Cartographica* 17-4(1980), 104, 106.

94) 18세기 식민지 시대의 북아메리카 지도에서 '원주민'에 관해서 침묵하거나, 종종 건국 과정에서 이스라엘이 제작한 지도에서 팔레스타인 지역의 지명이나 시설물에 대해 생략하고 있는 것과 흡사하다. 참고, J. B. Harley, "Power and Legitimation in the English Geographical Atlases of the Eighteenth Century," in *Images of the World: The Atlas through History*, John A. Wolter and Ronald E. Grim, ed., Washington, D.C.: Library of Congress, 1997, 161-204; Maoz Azaryahu and Arnon Golan, "(Re)naming the landscape: The formation of the Hebrew map of Israel 1949-1960," *Journal of Historical Geography* 27-2(2001), 178-195; Noga Collins-Kreiner, "Maps and Meaning: Reading the Map of the Holy Land," *The Qualitative Report* 10-2(2005), 257-275.

95) J. B. Harley, "Maps, Knowledge, and Power," in *The Iconography of Landscape*, D. Cosgrove and S. Daniels, eds. London: Cambridge University Press, 1989, 292.

96) J. B. Harley, "Maps, Knowledge, and Power," in *The Iconography of Landscape*, D. Cosgrove and S. Daniels, eds. London: Cambridge University Press, 1989, 292.

97) 이 지도상에서 유럽 지역의 경계를 구분하는 것은 매우 어렵다. 먼저, 북아프리카의 위쪽에 있는 이베리아 반도와 지중해의 두 반도를 이탈리아와 그리스로 볼 때 서유럽의 윤곽은 대략적인 파악이 가능하다. 여기에는 총 47개 지명이 나오는데, 각각 이베리아 반도(25개), 서유럽(5개), 이탈리아(7개), 그리스(7개), 북유럽(3개) 등이다. 동유럽의 경우 경계가 매우 애매하여 지도상에 등장하는 수많은 지명의 숫자를 파악하는 것은 거의 힘들다. 하지만 대략 아라비아 반도 북쪽 끝에서부터 티그리스 강 유역 상류에 맞닿는 지역, 카스피 해 서쪽 지역 및 러시아를 경계로 할 때 약 80개의 지명이 파악된다. 이로써 서유럽(47개)과 동유럽(80개)을 합쳐 약 127개의 국명과 지명이 원 또는 사각형 안에 한자로 표기되어 있다. 필자의 계산은 원재연의 논문("조선시대 학자들의 서양인식,"「大丘史學」73(2003), 58)에서 밝히고 있는 '대략 120개'와 약간 차이가 난다.

98) Jeremy Johns and Emilie Savage-Smith, "The Book of Curiosities: A Newly

Discovered Series of Islamic Maps," *Imago Mundi* 55-1(2003), 11-12.

99) 참조. Aoyama Sadao, "Gendai no chizu ni tsuite," (On maps of the Yuan dynasty) *Toho Gakuho* 8(1938), 103-52.

100) Kenneth R. Robinson, "Chosŏn Korea in the Ryūoku *Kangnido:* Dating the Oldest Extant Korean Map of the World (15th Century)," *Imago Mundi* 59-2 (2007), 179.

101) 1960년대 일본의 다카하시는 네 개의 중국 지도에 나오는 유럽의 지명들을 알-이드리시 지도에 나오는 지명들과 대조 작업을 진행했으나, 대부분 일치시키는 데 실패했다. 高橋正(Takahashi Tadashi), "東漸せる中世イステム世界図 - 主として混一疆理歷代國都之図について,"「龍谷大學論集」第374號(1963年 9月), 77-95: Takahashi Tadashi, "Tozen seru chusei isuramu seikaizu (Eastward diffusion of Islamic world maps in the medieval era)," *Ryukoku Daigaku Ronshu* 374(1963), 77-95: 高橋正, "『混一疆理歷代国都之図』再考,"「龍谷史壇」(小笠原宮崎兩博士華甲記念特集), 56-57(合刊號, 1966年 12月), 204-215; 高橋正, "『混一疆理歷代国都之図』續考,"「龍谷大學論集」第400·401號(1973年 3月), 586-600. 재인용. Gari Ledyard, "Cartography in Korea," in *The History of Cartography*, Vol. II, Book 2, Cartography in the Traditional East and Southeast Asian Societies, ed. by J. B. Harley and David Woodward, Chicago: University of Chicago Press, 1994, 246-247.

102) '달(月)'의 산과 관련한 신화의 기원에 관해서는 알려진 게 거의 없다. 다만, 이슬람 지도에서 '달의 산'(*jabal al-qamar*, Mountain of the Moon)이 처음으로 나오는 것은 11세기 작자 미상의 『과학의 진기한 것들과 경이로움에 관한 글』(*The Book of Curiosities of the Sciences and Marvels for the Eyes*)에 나오는 직사각형 세계지도에서인데, 지도의 정중앙 위쪽(남쪽)에 녹색으로 그려져 있다. 참고. 최창모, "중세 이슬람 고지도(古地圖)의 발전과정과 세계 이해,"「한국이슬람학회논총」19-3(2009), 183-208; 다카하시에 따르면, '달의 산'을 의미하는 페르시아화된 아랍어 '제벨 알-카말'(*Djebel al-Qamar*)은 텐리 대학 사본에는 '*zhèbùlǔhǎmǎ*(這不魯哈麻)'라고 표기되어 있는데, 유홍선(羅洪先)의 〈광홍도〉에서는 '*zhèbùlǔmǎ*(這不魯麻)'라 표기되어 차이가 난다. 高橋正, "東漸せる中世イステム世界図 - 主として混一疆理歷代國都之図について,"「龍谷大學論集」第374號(1963年 9月), 77-95.

한편, 유럽에서는 19세기까지 아프리카의 내부(the interior of Africa), 특히 나일 강의 연원(淵源)에 대해서는 본격적인 탐험이 시작되기 전까지 전설 속에서조차 베일에 싸여 있었다. 다만 나일 강을 거룩한 차원에서 이해하고 있던 고대 이집트의 사상이 플라톤이나 아리스토텔레스 같은 철학자들을 통해 그리스의 우주론적 이상으로 이어져 프톨레마이오스에게 와서 뚜렷하게 구현(具現)된 것으로 여겨진다. Francese Relano, "The Mountains of the Moon," in *Shaping of Africa: Cosmographic Discourse and Cartographic Science in Late Medieval and Early Modern Europe*, Aldershot: Ashgate, 2002, 197-204.

103) 참고. J. B. Harley, "Cartography, Ethics and Social Theory," *Cartographica* 27-2 (1990), 1-23; J. B. Harley, "Deconstructing the map," *Cartographica* 26-2(1989), 1-20; M. J. Blakemore and J. B. Harley, "Early Maps as Artefacts," *Cartographica* 17-4(1980), 45-53.

104) J. B. Harley, *The New Nature of Maps: Essays in the History of Cartography*, Baltimore, Md.; London: Johns Hopkins University Press, 2001, 62; M. J. Blakemore and J. B. Harley, "Early Maps as Language," *Cartographica* 17-4(1980), 102.

105) M. J. Blakemore and J. B. Harley, "Early Maps as Language," *Cartographica* 17-4 (1980), 103.

106) Francese Relano, *Shaping of Africa: Cosmographic Discourse and Cartographic Science in Late Medieval and Early Modern Europe*, Aldershot: Ashgate, 2002, 1.

107) Kenneth R. Robinson, "Chosŏn Korea in the Ryukoku *Kangnido*: Dating the Oldest Extant Korean Map of the World (15th Century)," *Imago Mundi* 59-2 (2007), 182.

108) 필자는 "〈혼일강리역대국도지도〉를 포함하여 15세기의 관찬 세계지도 내지 동아시아 지도는 일차적으로 지리 파악에 목적이 있었으므로 그 자체에 성리학적 이념성이 담겨 있는 것은 아니었다"는 배우성의 주장—배우성, "고지도를 통해 본 조선시대의 세계 인식,"「震檀學報」83(1997), 58—을 받아들이기 어렵다. 왕실이 후원하는 지도 제작 과정에서 당대의 지배층의 세계관 혹은 지배 이데올로기—그것이 실용적인 목적에 바탕을 둔 그 무엇이든지 간에—가 배제되기란 어렵기 때문이다. J. B. Harley, "Maps, Knowledge, and Power," in *The Iconography of Landscape*, D. Cosgrove and S. Daniels, eds. London: Cambridge University Press, 1989, 300.

109) 〈혼일강리역대국도지도〉이후에 제작된 세계지도들—〈혼일역대국도지리지도〉(고려대학교 인촌기념관 소장), 〈화동고지도〉(서울대학교 규장각 소장), 〈혼일역대국도강리지도〉(일본의 소심사 인양원 소장), 〈혼일역대국도강리지도〉(일본 궁내청 소장), 〈대명

국지도〉(일본 水戶 彰考館 소장) 등—에는 지역적 범위가 주로 중국을 중심으로 한 동아시아 일대로 축소된 형태를 띤다. 이 지도들에서 아라비아, 아프리카, 유럽 대륙이 사라진 까닭은 원(元)이 사라지고 명(明)이 중원을 장악하면서 영토가 대폭 축소되었을 뿐만 아니라, 원제국 때 이루어졌던 광범위한 문화 교류는 명과 주변의 일부 조공국에 한정되어 버렸기 때문으로 추정된다. 이로써 15세기 이후 중국에서 제작된 대표적인 지도인 〈황명일통지리지도〉(皇明一統地理之圖, 1536년)나 〈고금형승지도〉(古今形勝之圖, 1555년) 등에서도 유럽과 아프리카 지역은 찾아볼 수 없게 된다.

조선의 경우 주자성리학이 사회 운영의 원리로 체계적으로 정립되면서 그에 따라 대외관계에서도 같은 맥락에서 파악되는데, 문화적 중화관인 중화＝명, 소중화＝조선이라는 양자 군신관계에 의한 의식이 반영되어 교류가 거의 없던 지역은 중화의 주변이자 오랑캐로 여김으로써 큰 의미를 지닐 수 없게 된 데 따른 결과라 할 수 있을 것이다. 참조. 오상학, "조선시대의 세계 지도와 세계 인식," 서울대학교 문학박사학위논문, 2001, 96-102; 李燦, "韓國의 古世界地圖 - 天下圖와 混一疆理歷代國都之圖에 대하여,"「韓國學報」 2-1(1976), 66.

110) Ledyard, Gari, "Cartography in Korea," in *The History of Cartography*, Vol. II, Book 2, Cartography in the Traditional East and Southeast Asian Societies, ed. by J. B. Harley and David Woodward, Chicago: University of Chicago Press, 1994, 249; 배우성, "고지도를 통해 본 조선시대의 세계 인식,"「震檀學報」 83(1997), 52.

| 제5부 | 지도, 권력의 언어

1) 김순배, "비판적-정치적 지명 연구의 형성과 전개 - 1990년대 이후 영미권 인문지리학계를 중심으로,"「地名學」 18(2012), 28.

2) 국제지도학협회(International Cartographic Association, 1995). 인용. Dorling and Fairbaim, *Mapping: Ways of Representing the World*, Harlow, 1997, 3.

3) J. B. Harley, "Maps, knowledge and power," in D. Cosgrove and S. Daniels (eds), *The Iconography of Landscape*, *Cambridge*, 1988, 277-312.

4) 주성재, "유엔의 지명 논의와 지리학적 지명연구에의 시사점,"「대한지리학회지」 46-4 (2011), 443.

5) A. J. Christopher, *The British Empire at its Zenith*, London, New York and Sydney, 1988.

6) B. Anderson, *Imagined Communities, Reflections on the Origin and Spread of Nationalism*, London and New York, 1983.

7) D. Pinder, "Mapping worlds: cartography and the politics of representation," in A. Blunt, P. Gruffudd, J. May, M. Obgorn and D. Pinder, eds., *Cultural Geography in Practice*, London, 2003, 172-187; T. Bassett, "Cartography and empire building in nineteenth-century west Africa," *Geographical Review* 84(1994), 316-335; R. Herman, "The aloha state: place names and the anti-conquest of Hawai'," *Annals of the Association of American Geographers* 89(1999), 76-102; C. Withers, "Authorizing landscape: 'authority' naming and the Ordnance Survey's mapping of the Scottish Highlands in the nineteenth century," *Journal of Historical Geography* 26 (2000), 532-554.

8) 영국 식민지 시대 외교정책에 대해서는 Paul M. Kennedy, "The tradition of appeasement in British foreign policy 1865-1939," *British Journal of International Studies* 2(1976), 195-215를 참조할 것.

9) 이러한 관점에서 남부 네게브(Negev)에 대한 연구로는 Noam Levin, Ruth Kark and Emir Galilee, "Maps and the settlement of southern Palestine, 1799-1948," *Journal of Historical Geography* 36(2010), 1-18이 있다.

10) Reuben Rose-Redwood, Derek Alderman and Maoz Azaryahu, "Geographies of toponymic inscription: new directions in critical place-name studies," *Progress in Human Geography* 34(2010), 456.

11) 기원전 12세기(람세스 3세) 이집트 메디네트 하부(Medinet Habu) 신전 문서에 처음으로 나타나기 시작하는 '펠레세트'(P-r-s-t)는 이집트를 침공한 해양민족(Sea People)이 거주하는 지역을 일컫는 말이었다. 기원전 8세기 아시리아 기록에는 그 지역을 '팔라슈투'(Palashtu) 혹은 '필리스투'(Pilistu)라 불렀다. 기원전 5세기 고대 그리스의 역사학자 헤로도토스(Herodotus)는 페니키아와 이집트 사이의 '팔라이스티네(Palaistinê)라 불리는 시리아 지역' 일대를 일컫는다고 했다. 그 후 이 용어를 로마의 여러 작가들—Ovid, Tibullus, Pomponius Mela, Pliny the Elder, Statius, Plutarch, Dio Chrysostom, Philo of Alexandria, Josephus, Strabo 등—이 사용했고, 기원 135년 로마제국이 공식적인 행정구역으로 '시리아-팔레스티나'(Syria Palaestina)를 둔다. 히브리 성서에 약 250

회 이상이나 나오는 '블레셋'(פְּלֶשֶׁת)은 그리스어 Παλαιστίνη를 음역한 것으로써, '블레셋 사람이 거주하는 땅'(γῆ τῶν Φυλιστιείμ, LXX)과 함께 주로 그리스 해양 민족 또는 그들이 거주하는 해안 평야 일대를 제한적으로 일컫는 용어로 사용된다. 7세기 확대-시리아(Greater Syria)를 정복한 아랍은 이 지역을 아랍어로 '필리스틴'(فلسطين)이라 불렀고, 오늘날 '팔레스타인'(Palestine)이라는 용어는 유럽의 르네상스 시대 이후 일반적으로 부르게 되었다.

12) R. Kark and H. Gerber, "Land registry maps in Palestine during the Ottoman period," *The Cartographic Journal* 21(1984), 30-32; R. Kark, "Land purchase and mapping in a mid-nineteenth-century Palestinian village," *Palestine Exploration Quarterly* 129(1977), 150-161; R. Kark, "Mamluk and Ottoman cadastral surveys and early mapping of landed properties in Palestine," *Agricultural History* 71 (1997), 46-70; R. S. Fischel and R. Kark, "Sultan Abdülhamid II and Palestine: private lands and imperial policy," *New Perspectives on Turkey* 39(2008), 129-166 등을 참조할 것.

13) Kark and Gerber, "Land registry maps in Palestine during the Ottoman period," *op. cit.*, note 7; D. Gavish and R. Kark, "The cadastral mapping of Palestine, 1858-1928," *The Geographical Journal* 159(1993), 70-80.

14) Y. Karmon, "An analysis of Jacotin's map of Palestine," *Israel Exploration Journal* 10(1960), 155-173. 사실 당시의 지도는 '그림 지도'에 가까웠으며, 지도 제작 기술이 오늘날과 같은 '사실 지도'를 그리기에는 아직 미치지 못했다. 지도 제작 기술의 발달과 관련해서는 최창모, "중세 이슬람 고지도(古地圖)의 발전 과정과 세계 이해," 「한국이슬람학회논총」 19-3(2009), 183-208; 최창모, "옛 기독교인의 성지 지도에 나타난 예루살렘 연구," 「지중해지역연구」 13-4(2011), 1-62를 참고할 것.

15) 보다 체계적인 팔레스타인 지역의 조사와 과학적인 사실 지도 제작을 위해 영국팔레스타인협회(British Palestine Association)가 세워진 것은 1804년의 일이었다. 참고. R. Kark and H. Goren, *Pioneering British-Holy Land Exploration: the Palestine Association, The RGS and the PEF*, ASTENE Association for the Study of Travelers to Egypt and the Near East, International Conference, Manchester, UK, July 2005.

16) C. R. Conder and H. H. Kitchener, in: E. H. Palmer and W. Besant, eds., *The Survey of Western Palestine, Memoirs of the Topography, Orography, Hydrography and Archaeology*, 3 Vols., London, 1881-1883; J. Elster, "The British Palestine

Exploration Fund map," in J. Elster, M. Gilead, D. Amiran, N. Rosenan, M. Girdon, M. Zidon and N. Kadmon, eds., *Atlas of Israel*, Jerusalem, Israel, 1956, I/6. (in Hebrew); N. Levin, "The Palestine Exploration Fund map(1871-877) of the Holy Land as a tool for analyzing landscape changes: the coastal dunes of Israel as a case study," *The Cartographic Journal* 43(2006), 45-67.

17) G. Biger, *The Encyclopedia of International Boundaries*, Israel, 1995.

18) Y. Sheffy, *British Military Intelligence in the Palestine Campaign 1914-1918*, London, 1998.

19) E. Epstein, "Bedouin of the Negeb," *Palestine Exploration Quarterly* 71(1939), 59-73; S. Krakover, "Urban settlement program and land dispute resolution: the State of Israel versus the Negev Bedouin," *GeoJournal* 47(1999), 551-561; A. Meir and E. Marx, "Land, Towns and Planning: the Negev Bedouin and the State of Israel," *Geography Research Forum* 25(2005), 43-62; H. Yahel, "Land disputes between the Negev Bedouin and Israel," *Israel Studies* 11(2006), 1-22.

20) Noam Levin, Ruth Kark and Emir Galilee, "Maps and the settlement of southern Palestine, 1799-1948," *Journal of Historical Geography* 36(2010), 3.

21) Y. Ben-Arieh, "The geographical exploration of the Holy Land," *Palestine Exploration Quarterly* 104(1972), 81-92; Y. Jones, "British military surveys of Palestine and Syria, 1840-1841," *The Cartographic Journal* 10(1973), 29-41; D. Gavish, *A Survey of Palestine under the British Mandate, 1920-1948*, London, 2005; B. Rosen, "Mapping the coastline of Israel by the British navy," *Cathedra* 64(1992), 59-78. (in Hebrew); H. Goren, "Scientific organizations as agents of change: the Palestine Exploration Fund, the Deutsche Verein zur Erforschung Palästinas and nineteenth-century Palestine," *Journal of Historical Geography* 27(2001), 153-165; H. Goren, "Sacred, but not surveyed: nineteenth-century surveys of Palestine," *Imago Mundi* 54(2002), 87-110; M. Frumin, R. Rubin and D. Gavish, "A Russian Naval Officer's Chart of Haifa Bay(1772)," *Imago Mundi* 54(2002), 125-128.; R. Kark, "The lands of the Sultan - newly discovered Ottoman cadastral maps in Palestine," in G. Tolias and D. Loupis, Eds., *Mediterranean Cartographies*, Athens: Institute for Neohellenic Research INR/NHRF 2004, 197-222.

22) A. Gavish, *A Survey of Palestine under the British Mandate, 1920-1948*, London,

2005, *op. cit.*, note 9를 참조할 것.

23) D. Gavish, "The Ottoman topographical mapping in Palestine, 1917-1918," in E. Pimentel and E. Schiller, eds., *The First World War in Palestine: the Day After, The Battles Around Beer Sheva in November 1917*, Sde-Boker, 2006, 13-17.

24) P. Collier and R. J. Inkpen, "Mapping Palestine and Mesopotamia in the First World War," *The Cartographic Journal* 38(2001), 143-154.

25) Maoz Azaryahu and Rebecca Kook, "Mapping the nation: Street names and Arab-Palestinian identity: three case studies," *Nations and Nationalism* 8(2002), 197.

26) R. J. P. Kain and E. Baigent, *The Cadastral Map in the Service of the State, A History of Property Mapping*, Chicago and London, 1992. 아울러 팔레스타인의 지적도에 관해서는 A. Gavish, *A Survey of Palestine under the British Mandate, 1920-1948*, London, 2005를 참조할 것.

27) Noam Levin, Ruth Kark and Emir Galilee, "Maps and the settlement of southern Palestine, 1799-1948," *Journal of Historical Geography* 36(2010), 9.

28) Maoz Azaryahu and Rebecca Kook, "Mapping the nation: Street names and Arab-Palestinian identity: three case studies," *Nations and Nationalism* 8(2002), 200-204.

29) Noam Levin, Ruth Kark and Emir Galilee, "Maps and the settlement of southern Palestine, 1799-1948," *Journal of Historical Geography* 36(2010), 18.

30) Basheer Nijim, "Water Resources in the History of the Palestine-Israel Conflict," *GeoJournal* 21(1990), 317-323.

31) E. Gellner, *Encounters with Nationalism*, Oxford, 1994, 166.

32) Julie Peteet, "Words as interventions: naming in the Palestine-Israel conflict," *Third World Quarterly* 26(2005), 158.

33) Maoz Azaryahu and Arnon Golan, "(Re)naming the landscape: The formation of the Hebrew map of Israel 1949-1960," *Journal of Historical Geography* 27-2(2001), 178-195.

34) 최창모, 『이스라엘사』, 서울: 대한교과서(주), 2005, 423쪽 이하.

35) S. B. Cohen and N. Kliot, "Israel' place-names as reflection of continuity and change in nation-building," *Names* 29(1981), 227-248; S. B. Cohen and N. Kliot, "Place-names in Israel' ideological struggle over the administered territories,"

Annals of the Association of American Geographers 84(1992), 653-680.

36) J. Duncan and N. Duncan, "(Re)reading the landscape," *Environment and Planning D: Society and Space* 6(1988), 117-126.

37) E. Meyer, "Die mittelalterichen deutschen Stadtnamen im Bereich der späteren preussischen Provinz Schlesien und ihre heutige polnischen Entsprechungen," *Mitteilungen des Beuthener Geschichtes- und Museums-vereins* 150(1992), 197.

38) O. Almog, *The Sabra: the Creation of the New Jew*, Tel Aviv, 2000, 151. (in Hebrew)

39) Nir Cohen, "From legalism to symbolism: anti-mobility and national identity in Israel, 1948-1958," *Journal of Historical Geography* 36(2010), 21.

40) David Newman, "From national to post-national territorial identities in Israel-Palestine," *GeoJournal* 53(2001), 238.

41) Julie Peteet, "Words as interventions: naming in the Palestine-Israel conflict," *Third World Quarterly* 26(2005), 157.

42) E. Schweid, *The Idea of Judaism as a Culture*, Tel Aviv, 1995, 300.

43) 정부지명위원회(Governmental Names Commission)가 1952년 4월 4일 작성한 보고서, 이스라엘정부문서보관소(Israel State Archive, ISA), 문서번호 C/3788/5551. 재인용. Maoz Azaryahu and Arnon Golan, "(Re)naming the landscape: The formation of the Hebrew map of Israel 1949-1960," *Journal of Historical Geography* 27-2 (2001), 183.

44) Y. Katz, "Identity, nationalism, and place names: Zionist efforts to preserve the original local Hebrew names in official publications of the mandate government of Palestine," *Names* 43(1995), 103-118.

45) 정부지명위원회(Governmental Names Commission)가 1958년 9월에 작성한 보고서, 이스라엘정부문서보관소(ISA), 문서번호 C/5551/3787. 재인용. Maoz Azaryahu and Arnon Golan, "(Re)naming the landscape: The formation of the Hebrew map of Israel 1949-1960," *Journal of Historical Geography* 27-2(2001), 185.

46) Maoz Azaryahu and Arnon Golan, "(Re)naming the landscape: The formation of the Hebrew map of Israel 1949-1960," *Journal of Historical Geography* 27-2 (2001), 185.

47) G. Rivlin and E. Oren, eds., *The War of Independence. Ben-Gurion's Diary* III, Tel Aviv, 1983, 989.

48) 정부지명위원회(Governmental Names Commission)가 1952년 4월 4일에 작성한 보고서, 이스라엘정부문서보관소(ISA), 문서번호 C/5551/3788. 재인용. Maoz Azaryahu and Arnon Golan, "(Re)naming the landscape: The formation of the Hebrew map of Israel 1949-1960," *Journal of Historical Geography* 27-2(2001), 186.

49) 벤구리온이 1950년 9월 6일, 정부지명위원회의 위원들에게 보낸 편지, 이스라엘정부문서보관소(ISA), 문서번호 C/5550/3782. 재인용. Maoz Azaryahu and Arnon Golan, "(Re)naming the landscape: The formation of the Hebrew map of Israel 1949-1960," *Journal of Historical Geography* 27-2(2001), 187.

50) 수상실에서 지리위원회에 보낸 행정지침 1, 이스라엘정부문서보관소(ISA), 문서번호 C/3783/5550. 재인용. Maoz Azaryahu and Arnon Golan, "(Re)naming the landscape: The formation of the Hebrew map of Israel 1949-1960," *Journal of Historical Geography* 27-2(2001), 187.

51) E. Ben-Yehuda, *Prolegomena to the Complete Dictionary of Ancient and Modern Hebrew*, Jerusalem, 1940, 10.

52) D. Bar-Ilan, "Archeology used to bash Israel," *Jerusalem Post*, 5 April 1996, 9.; U. Elitzur, "Point out: Hevron, Schechem and Jerusalem," *Yediot Ahronot*, 30 September 1996, 5.

53) 정부지명위원회(Governmental Names Commission)가 1958년 9월에 작성한 보고서, 이스라엘정부문서보관소(ISA), 문서번호 C/3787/5551. 재인용. Maoz Azaryahu and Arnon Golan, "(Re)naming the landscape: The formation of the Hebrew map of Israel 1949-1960," *Journal of Historical Geography* 27-2(2001), 187.

54) 정부지명위원회(작성일자 없음), 이스라엘정부문서보관소(ISA), 문서번호 C/3787/5551, 1. 재인용. Maoz Azaryahu and Arnon Golan, "(Re)naming the landscape: The formation of the Hebrew map of Israel 1949-1960," *Journal of Historical Geography* 27-2(2001), 188.

55) Maoz Azaryahu and Arnon Golan, "(Re)naming the landscape: The formation of the Hebrew map of Israel 1949-1960," *Journal of Historical Geography* 27-2(2001), 188.

56) Nir Cohen, "From legalism to symbolism: anti-mobility and national identity in Israel, 1948-1958," *Journal of Historical Geography* 36(2010), 20.

57) H. Bitan, *The Governmental Names Commission*, 369. 재인용. Maoz Azaryahu and

Arnon Golan, "(Re)naming the landscape: The formation of the Hebrew map of Israel 1949-1960," *Journal of Historical Geography* 27-2(2001), 192.

58) Yair Wallach, "Trapped in mirror-images: The rhetoric of maps in Israel/Palestine," *Political Geography* 30(2011), 359.

59) Yair Wallach, "Trapped in mirror-images: The rhetoric of maps in Israel/Palestine," *Political Geography* 30(2011), 363.

60) N. Peled-Elhanan, "The denial of Palestinian national and territorial identity in Israeli schoolbooks of history and geography 1996-2003," In R. Dolón, & J. Todolí, eds., *Analysing identities in discourse: Discourse approaches to politics, society and culture*, Philadelphia: J. Benjamins, 2008.

61) E. Said, *The politics of dispossession: The struggle for Palestinian self-determination*, London: Chatto & Windus, 1994.

62) M. Biggs, "Putting the state on the map: cartography, territory, and European State formation," *Comparative Studies in Society and History* 41(1999), 374-411.

63) Ghazi-Walid Falah, "Dynamics and patterns of the shrinking of Arab lands in Palestine," *Political Geography* 22(2003), 206.

64) N. A. Shaath & H. Mikdashi, *Palestine: Stamps (1865-1981)*, Beirut: Dar al-Fata al-Arabi, 1981.

65) T. Sorek, "The orange and the 'cross in the crescent': imagining Palestine in 1929," *Nations and Nationalism* 10(2004), 269-291.

66) B. Doumani, "Palestine versus the Palestinians? The iron laws and ironies of a people denied," *Journal of Palestine Studies* 36(2007). 49-64.

67) Ahmad H. Sa'di, "Catastrophe, memory and identity: Al-Nakbah as a component of Palestinian identity," *Israel Studies* 7-2(2002), 175-200.

68) Y. Y. Sayigh, *Armed struggle and the search for state: The Palestinian national movement, 1949-1993*, Oxford: Oxford University Press, 1997.

69) H. Wolinetz, *Arab Philatelic propaganda against the State of Israel*, Ann Arbor: H. D. Wolinetz, 1975.

70) Maoz Azaryahu and Rebecca Kook, "Mapping the nation: Street names and Arab-Palestinian identity: three case studies," *Nations and Nationalism* 8(2002), 197.

71) Yair Wallach, "Trapped in mirror-images: The rhetoric of maps in Israel/Palestine," *Political Geography* 30(2011), 365.

72) D. Newman, "The geopolitics of peacemaking in Israel-Palestine," *Political Geography* 21(2002), 629-646.

73) 참고. 일란 파페,『팔레스타인 현대사: 하나의 땅, 두 민족』, 유강은 역, 후마니타스, 2009.

74) D. Cosgrove and P. Jackson, "New Directions in the Cultural Geography," *Area* 19-2(1987), 95-101.

75) 레바논 작가 엘리아스 쿠리(Elias Khoury)의 소설『낯선 이들의 왕국』(*The Kingdom of StrangersThe Kingdom of Strangers*, 1993)은 총에 맞아 죽은 11살 팔레스타인 소년 파이잘이 고향으로 돌아가고자 하는 꿈을 꾸지만, 그것은 결코 돌아갈 수 없는 판타지임을 묘사한다.

76) T. Winichakul, *Siam mapped: A history of the geo-body of a nation*, Honolulu: University of Hawaii Press, 1994.

77) Yair Wallach, "Trapped in mirror-images: The rhetoric of maps in Israel/Palestine," *Political Geography* 30(2011), 360.

78) M. Benvenisti, *Sacred landscape: The buried history of the Holy Land since 1948*, Berkeley: University of California Press, 2000; D. Gavish, *A survey of Palestine under the British Mandate, 1920-1948*, London: Routledge, 2005; J. J. Moscrop, *Measuring Jerusalem: The Palestine exploration fund and British interests in the Holy Land*, London; New York: Leicester University Press, 2000.

79) J. B. Harley, "Deconstructing the map," *Cartographica* 26(1989), 1-20.

80) L. Mogel & A. Bhaga, eds., *An atlas of radical cartography*, Los Angeles: Journal of Aesthetics & Protest Press, 2008.

81) D. Wood, *Rethinking the power of maps*, New York: Guilford Press, 2010, 246.

82) N. Kadmon, "Toponymy and geopolitics: the political use- and misuse- of geographical names," *The Cartographic Journal* 41(2004), 85-87.

83) 김순배, "비판적-정치적 지명 연구의 형성과 전개 - 1990년대 이후 영미권 인문지리학계를 중심으로,"「地名學」18(2012), 29, 30.

84) Reuben Rose-Redwood, Derek Alderman and Maoz Azaryahu, "Geographies of toponymic inscription: new directions in critical place-name studies," *Progress in Human Geography* 34(2010), 453-470.

85) 김순배, "비판적-정치적 지명 연구의 형성과 전개 - 1990년대 이후 영미권 인문지리학계를 중심으로," 「地名學」 18(2012), 29, 35.

86) Reuben Rose-Redwood, Derek Alderman and Maoz Azaryahu, "Geographies of toponymic inscription: new directions in critical place-name studies," *Progress in Human Geography* 34(2010), 453.

87) Yair Wallach, "Trapped in mirror-images: The rhetoric of maps in Israel/Palestine," *Political Geography* 30(2011), 361.

참고문헌

| 제1부 | 이슬람: 고지도의 발전 과정과 세계 이해

Bennison, Amira K. and Gascoigne, Alison L. *Cities in the pre-modern Islamic World: the urban impact of religion, state and society*, London: Routledge, 2007.

Bodleian Library. *Medieval Islamic Views of the Cosmos: The Book of Curiosities*, 2002.
  *12~13세기경 이집트에서 제작된 작자 미상의 *Kitāb Gharā'ib al-funūn wa-mulaḥ al-'uyūn*(*The Book of Curiosities of the Sciences and Marvels for the Eyes*)을 옥스퍼드 대학의 보들레이안 도서관에서 영인본으로 제작하여 온라인으로 제공하는 자료임. 참고. http://www.ouls.ox.ac.uk/bodley.

Brauer, Ralph W. *Boundaries and Frontiers in Medieval Muslim Geography*, Philadelphia: American Philosophical Society, 1995.

Corbishley, Mike. *Medieval World*, illustrated by James Field, London: Hamlyn, 1993.

Culpin, Christopher and Macdonald, Fiona. *Collins History Connections. 1, Medieval realms 1066-1500; The World of Islam*, London: Collins Educational, 1995.

Daftary, F. and Meri, J. ed. *Culture and Memory in Early and Medieval Islam: A Festschrift in honor of Wilferd Maelung*, London, 2003.

Edson, Evelyn. *Mapping Times and Space: How Medieval Mapmakers Viewed their World*, London: The British Library, 1997.

_____. *The World Map, 1300-1492: the Persistence of Tradition and Transformation*, Baltimore, Md: The Johns Hopkins University Press, 2007.

_____. & Savage-Smith, E. *Medieval Views of the Cosmos*, Oxford: Bodleian Library, University of Oxford, 2004; 이정아 옮김, 『중세, 하늘을 디자인하다 – 옛 지도에 담긴 중세인의 우주관』, 서울: 이른아침, 2006.
  * 이 책은 이 글이 주로 참고한 책이며, 여기서 사용한 지도는 출판사의 허가를 얻어 사용한 것임을 밝혀두는 바이다. 신저작권법에 따라 보호받는 자료이므로 출판사의

허가 없이 지도 복제를 금한다.

Euben, Roxanne L. *Journeys to the Other Shore: Muslim and Western Travelers in Search of Knowledge*, Princeton, N.J.; Oxford: Princeton University Press, 2006.

Habib, Irfan. *Medieval Technology Exchanges between India and the Islamic World*, Aligarh: Viveka, 1985.

Harley, J. B. and Woodward, David. *Cartography in the Traditional Islams and South Asian Societies*, History of Cartography, vol. 2, book.1, Chicago: The University of Chicago Press, 1992.

Kennedy, Edward S. *Astronomy and Astrology in the Medieval Islamic World*, Aldershot: Ashgate, 1998.

Mashita, Hiroyuki, ed. *The Muslim World, 1100-1700: early sources on Middle East history, geography and travel*, London: Routledge, 2007.

McKitterick, Rosamond. *Medieval World: Mapping History*, London: Times Boos, 2003.

Meri, Josef W. ed., *Medieval Islamic Civilization: An Encyclopedia*, 2 Vols., London: Routledge, 2006.

Netton, Ian Richard. ed. *Islamic and Middle Eastern Geographers and Travellers*, London: Routledge, 2008.

Ruthven, Malise. *Historical Atlas of the Islamic World*, Oxford: Oxford University Press, 2004.

Savage-Smith, Emilie. *The Bodleian and the 'Book of Curiosities'*, Oxford: Delates of the O.U.P., 2005.

_____. ed. *Magic and Divination in Early Islam*, Aldershot: Ashgate Variorum, 2004.

_____. *Islamicate Celestial Globes: their History, Construction, and Use*, Washington, D.C: Smithsonian Institution Press, 1985.

_____ and Smith, Marion B. *Islamic Geomancy and a thirteenth-century Divinatory Device*, Malibu, Calif: Undena Publications, 1980.

Sezgin, Fuat. *The Contribution of the Arabic-Islamic Geographers to the Formation of the World Map*, Frankfurt am Main: Institut für Geschichte der Arabisch-Islamischen Wissenschaften an der Johann Wolfgang Goethe-Iniversität, 1987.

Stern, S. M. *History and Culture in the Medieval Muslim World*, London: Variorum Reprints, 1984.

Talbert, Richard J. A. and Unger, Richard W. ed. *Cartography in Antiquity and the Middle Age: Fresh Perspective, New Methods*, Technology and Change in History Vol. 10, Leiden: E. J. Brill, 2008.

| 제2부 | 기독교: 예루살렘은 세계의 중심인가

Alexander, Phillip S. "Jerusalem as the *Omphalos* of the World: On the History of a Geographical Concept," in *Jerusalem: its sanctity and centrality to Judaism, Christianity, and Islam*, ed., Levine, Lee I., New York: Continuum, 1999, 104-119.

Baker, A. R. H. and Biger, G. *Ideology and Landscape in Historical Perspective*, Cambridge, 1992.

Ben-Arieh Y. *Jerusalem in the Nineteenth century*, Tel-Aviv: MOD Books, 1989.

_____ and Alhassid N. "Some Notes on the Maps of Jerusalem 1470-1600," Choen A. (ed.), *Jerusalem in the Early Ottoman Period*, Yad Ben Zvi, Jerusalem, 1979, 112-151. (Hebrew)

Brodsky, Harold. "Interpretation of Maps based on the Bible," *Geographical Review*, 82-4(1992), 430-440.

Campbell, Tony. *The Earliest Printed Maps 1470-1500*, London: British Library, 1987.

The Colombia Encyclopedia, New York, 1966.

Delano-Smith, C. "Maps as Art *and* Science: Maps in Sixteenth-Century Bibles," *Imago Mundi* 42(1990), 65-83.

Dickinson, G. "The Journey To The Holy Land In The Sixteenth Century," *French Studies* VIII-1(1954), 44-56.

Eckardt Alice L. ed. *Jerusalem: City of the Ages*, New York: University Press of America, 1987.

Harley J. B. "The Map and the Development of the History of Cartography," in *The History of Cartography*, I, ed., Harley J. B and Woodward D., Chicago, 1987, 1-42.

_____. "Maps, Knowledge, and Power," in *The Iconography of Landscape*, D. Cosgrove and S. Daniels, eds. London: Cambridge University Press, 1989, 277-312.

_____. *The New Nature of Maps: Essays in the History of Cartography*, Baltimore, Md.; London: Johns Hopkins University Press, 2001.

Harvey, P. D. A. *Medieval Maps*, London, 1991.

The Holy Land in Ancient Maps: with eight reproductions, Jerusalem: Universitas Booksellers, 1956.

Kuehnel, B. *From the Earthly to the Heavenly Jerusalem: Representation of the Holy City in Christian Art of the First Millennium*, Rome, 1987.

Laor, Eran. *Maps of the Holy Land: A Cartobibliography of Printed Maps 1475-1800*, New York: Alan Liss & Amsterdam: Meridian, 1986.

Levine, Lee I. ed. *Jerusalem: its sanctity and centrality to Judaism, Christianity, and Islam*, New York: Continuum, 1999.

Levy M. "Medieval Maps of Jerusalem," in *The History of Jerusalem: The Crusaders and Ayyubids (1099-1250)*, ed., Prawer J. and Ben-Shamai, Jerusalem: Yad Ben Zvi, 1991, 418-507. (in Hebrew)

Mayer, Hans Eberhard. *Geschichte der Kreuzzüge*, 10. völlig überarbeitete und erweiterte Auflage, Stuttgart: Kohlhammer, 2005.

Mayer, Tamar & Mourad, Suleiman A. ed. *Jerusalem: idea and reality*, London: Routledge 2008.

Nebenzahl K. *Maps of the Holy Land*, New York: Abbeville Press, 1986.

Prawer, Yehoshu'a & Ben-Shamai, Hagai. ed. ספר ירושלים: התקופה הצלבנית והאיובית (Sefer Yerushalayim: ha-tekufah ha-Tsalbanit yeha-Ayubit, 1099-1250), Yerushalayim: Yad Yitshak Ben-Tsevi, 1991. (in Hebrew)

Ran, Nachman. ed. Tel Aviv: Terra Sancta *Tracks to the Promised Land: Ancient Maps, Prints and Travelogues through the Centuries* Arts Ltd., 1987.

Riley-Smith, Jonathan. Hrsg. *The Oxford History of the Crusades*, New edition, Oxford: Oxford University Press, 2002.

Robinson A. H and Petchenik B. B. *The Nature of Maps*, University of Chicago Press, 1976.

Röhricht, Reinhold. *Regesta regni Hierosolymitani (1097-1291)*, 2 Bände, Innsbruck: Wagner, 1893-1904, New York: Auch Nachdruck, Franklin, 1960.

_____. *Geschichte des Königreichs Jerusalem(1100-1291)*, Innsbruck, 1898.

Rubin R. "Jerusalem in Maps and Views," *Gifts of Tamar and Teddy Kollek to the Israel Museum* (Catalogue of an Exhibition in the Israel Museum), Jerusalem, 1990.

_____. "Fantasy & Reality-Ancient Maps of Jerusalem," *Bible Review* 9-2(1993), 34-42.

_____. *Image and Reality: Jerusalem in Maps and Views*, Israel studies in Historical Geography, Magnes Press, Jerusalem, 1999.

_____. "One City, Different Views: a Comparative Study of Three Pilgrimage Maps of Jerusalem," *Journal of Historical Geography* 32(2006), 267-290.

Schoy, C. "The Geography of the Moslems of the Middle Ages," *Geographical Review* 14(1924), 257-269.

Thrower, N. *Maps and Men: An Examination of Cartography in Relation to Culture and Civilization* Englewood Cliffs, 1972.

Tishby, Ariel. ed. *Holy Land in Maps*, Jerusalem: Israel Museum, 2001.

Vilnay, Zev. *The Holy Land in Old Prints and Maps*, Jerusalem: R. Mass, 1963.

Wajntraub, E. & G. *Hebrew Maps of the Holy Land*, Wien: Brüder Hollinek, 1992.

_____. "Medieval Hebrew Manuscript Maps," *Imago Mundi* 44(1992), 99-105.

Woodward, D. "Reality, Symbolism, Time and Space in Medieval World Maps," *Annals of the American Association of Geography* 75(1985), 510-521.

_____. "Medieval Mappaemundi," in *The History of Cartography* I, ed., Harley J.B and Woodward D., Chicago, 1987, 286-370.

_____. ed. *Art and Cartography: Six Historical Essays*, Chicago: University of Chicago Press, 1987.

최창모. 『예루살렘: 순례자의 도시』, 살림, 2004.

_____. "중세 이슬람 고지도(古地圖)의 발달과정과 세계 이해," 「한국이슬람학회논총」, 제 19-3집(2009), 183-208.

웹사이트

http://jnul.huji.ac.il/dl/maps/jer/index.html 예루살렘 히브리대학교 디지털 지도.

http://usm.maine.edu/maps/exhibition/1/home 예루살렘 3000년 특별 지도전시회 홈 페이지.

http://www.geographicus.com/ 15세기부터 19세기에 제작된 희귀 고지도 및 인쇄본 제작 판매 사이트.

| 제3부 | 유대교: 성지 지도와 성서 해석

Amram, David Werner. *Makers of the Hebrew Books in Italy*, Philadelphia: J. H. Green-stone, 1909.

Bloom, Herbert I. *The Economic Activities of the Jews in Amsterdam in the Seventeenth and Eighteenth Centuries*, Columbia University, 1937.

Brodsky, Harold. "The Seventeenth Century Haggadah Map of Abraham Bar Yaacov," *Jewish Art* 19-20(1993-1994), 148-157.

Cosgrove, Denis. "Mapping New Worlds: Culture and Cartography in Sixteenth Century Venice," *Imago Mundi* 44(1992), 65-89.

Delano-Smith, Catherine and Gruber, Mayer I. "Rashi's legacy: maps of the Holy Land," *The Map Collector* 59(1992), 30-35.

Delano-Smith, C. "Maps in Sixteenth-Century Bibles," *The Map Collector* 39(1987), 2-14.

Gold, Leonard Singer. *A Sign and a Witness: 2,000 Years of Hebrew Books and Illuminated Manuscripts*, New York: New York Public Library; Oxford: Oxford University Press, 1988.

Goldman, Bernard, ed. *The Discovery of Dura-Europos*, New Haven: Yale University Press, 1979.

Gruber, Mayer I. "What happened to Rashi's pictures?" *Bodleian Library Record* 14:2 (1992), 111-24.

_____. "Light on Rashi's diagrams from the Asher Library of Spertus College of Judaica," *The Solomon Goldman Lectures* 6(1993), 73-85.

_____. "Notes on the diagrams in Rashi's Commentary to the Book of Kings," *Studies in Bibliography and Booklore* 19(1994), 29-41.

_____. "The sources of Rashi's cartography," in *Letters and Texts of Jewish History*, ed. Norman Simms, Hamilton, NZ, Outrigger Publishers, 1998, 61-67.

_____. "Rashi's map illustrating his Commentary on Judges 21:19," *Proceedings of the Rabbinical Assembly* 65(2004), 135-141.

Haag, Hans Jacob. "Hebräische karte des Heiligen Landes um 1560," in *Zentralbibliothek Zürich, Schätze aus vierzehn Jahrhunderten*, Zürich: Zentralbibliothek, 1991, 66-71, 173-74.

_____. "Die vermutlich älteste bekannte hebräische Holzschnittkarte des Heiligen Landes(um 1560)," *Cartographica Helvetica* 4(1991), 23-26.

_____. "'Elle mas'e vene Yisra'el asher yatz'u me-eretz Mitzrayim: eine hebräische Karte des Heiligen Landes aus dem 16. Jahrhundert," in *Jewish Studies between the Disciplines*, Judaistik zwischen den Disziplinen: Papers in Honor of Peter Schäfer on the Occasion of his 60th Birthday, ed. Klaus Herrmann, Margarete Schlüter and Giuseppe Veltri, Leiden: Brill, 2003, 269-278.

Hollinek, Brüder. "Medieval Hebrew Manuscript Maps," *Imago Mundi* 44(1992), 99-105.

The Holy Land in Ancient Maps: with eight reproductions, Jerusalem: Universitas Booksellers, 1956. Sackler LibraryFloor 1205, 21.

Laor, Eran. *Maps of the Holy Land: Cartobibliography of Printed Maps, 1475-1900*, New York: A. R. Liss ; Amsterdam: Meridian Pub., 1986. (*이스라엘 국립도서관 및 예루살렘 히브리대학교 소장 성지 지도 목록)

Levine, Lee I. "Jerusalem in Jewish history, tradition, and memory," in *Jerusalem: idea and reality*, edited by Tamar Mayer and Suleiman A. Mourad, London: Routledge, 2008, 27-46.

Meri, Josef W. *The Cult of Saints among Muslims and Jews in Medieval Syria*, Oxford: Oxford University Press, 2002.

Meshorer, Yaakov. *Coins from the Holy Land* 1, New York American Numismatic Society, 2004.

Nebenzahl, Kenneth. *Maps of the Holy Land: Images of Terra Sancta through two Millennia*, New York: Abbeville Press, 1986.

_____. "Zaddiq's Canaan," in *Theatrum orbis librorum: liber amicorum presented to Nico Israel*, ed., Ton Croiset van Uchelen, Koert van der Horst and Günter Schilder (Utrecht, HES), 1989, 39-46.

Ran, Nachman. ed. *Tracks to the Promised Land: Ancient Maps, Prints and Travelogues through the Centuries*, Tel Aviv: Terra Sancta Arts Ltd., 1987.

Reiner, Elchanan. "The Attitude of Ashkenazi Society to the New Science in the Sixteenth Century," *Science in Context* 10-4(1997), 589-603.

Rubin, Rehav. "A Sixteenth-Century Hebrew Maps from Mantua," *Imago Mundi* 62 (2010), 30-45.

Shalev, Zur. "Sacred geography, antiquarianism and visual erudition: Benito Arias Montano and the maps of the Antwerp Polyglot Bible," *Imago Mundi* 55(2003).

Tafuri, Manfredo. "Science, Politics, and Architecture: Advancements and Resistance in Venice During the Sixteenth Century," in *Venice and the Renaissance*, Cambridge: Massachusetts Institute of Technology Press, 1989, 103-138.

Tishby, Ariel. ed. *Holy Land in Maps*, Jerusalem: The Israel Museum, 2001.

Vilnay, Zev. *The Holy Land in Old Prints and Maps*, Jerusalem: R. Mass, 1965.

Wajntraub, E. & G. ed. *Hebrew maps of the Holy Land*, Wien: Hollinek, 1992.

_____. "Medieval Hebrew Manuscript Maps," *Imago Mundi* 44(1992), 99-105.

Woodward, D. ed. *Art and Cartography: Six Historical Essays*, Chicago: University of Chicago Press, 1987.

_____. "Medieval Mappaemundi," in *The History of Cartography*, I, ed., Harley J. B and Woodward D., Chicago, 1987, 286-370.

_____. *Maps as Prints in the Italian Renaissance: Makers, Distributors & Consumers*, London: British Library, 1996.

Yaacov, Abraham Bar. "Map of the Holy Land," in *The Amsterdam Haggadah*, Amsterdam, 1695. (in Hebrew)

Ya'ari, Avraham. "The Drawing of the Seven Walls of Jericho in Hebrew Manuscripts," *Qiryat Sepher* 18(1941-1942), 179-181. (in Hebrew)

Zaddiq, Yaacov Ben Abraham(Justo). *Map of Canaan*, Amsterdam: Abraham Goos, 1621. (in Hebrew)

최창모 편저. 『유월절 기도문』, 서울: 보이스사, 2000.

_____. "옛 기독교인의 성지 지도에 나타난 예루살렘 연구," 「지중해지역연구」 13-4(2011), 1-62.

웹사이트

http://www.jnul.huji.ac.il/dl/maps/pal/html/ Holy Land Maps © Jewish National & University Library, The Eran Laor Cartographic Collection, David and Fela Shapell Family Digitization Project.

| 제4부 | 조선시대 고지도, 아라비아-아프리카를 품다

권정. "古地圖に顯れる朝鮮初の自國認識 -「混一疆理歷代國都之圖」を通じて." 「일본문화학보」 41(2009), 181-196.

국립지리원. 「한국의 지도 - 과거, 현재, 미래」, 서울: 대한지리학회, 2000.

김인덕 외 지음. 「과학문화」, 서울: 솔출판사, 2005.

김호동. "몽골제국과 「대원일통지」의 편찬," 포스코 아시아 포럼 *Proceedings*, 2010, 1-18.

배우성. "고지도를 통해 본 조선시대의 세계 인식," 「진단학보」 83(1997), 43-83.

_____. "조선후기의 이역(異域)인식," 「조선시대사학보」 36(2006), 145-177.

서울대학교 규장각 한국학연구원 편. 「명품 도록 - 국보·보물/의궤/고지도/서화」, 서울: 서울대학교출판부, 2006.

서정철. 「서양고지도와 한국」, 서울: 대원사, 1996.

신병주. 「규장각에서 찾은 조선의 명품들」, 서울: 책과함께, 2007.

영남대학교 박물관 소장. 「한국의 옛 지도」, 대구: 영남대학교박물관, 1998.

오길순. "「혼일강리역대국도지도」 모사 자료 보고," 「한국과학사학회지」 27-2(2005), 155-169.

오상학. 「조선시대의 세계 지도와 세계 인식」, 서울: 서울대학교 문학박사학위논문, 2001.

_____. 「조선시대의 세계 지도와 세계 인식」, 서울: 창비, 2011.

이찬. "韓國의 古世界地圖 - 天下圖와 混一疆理歷代國都之圖에 대하여," 「韓國學報」 2-1 (1977), 47-66.

_____. 「韓國의 古地圖」, 범우사, 1991.

_____. "조선전기의 세계 지도," 「학술원논문집」 31(1992).

이희수. 「한·이슬람 교류사」, 문덕사, 1991.

전종환 외 지음. 「인문지리학의 시선」, 서울: 논형, 2005.

최창모. "중세 이슬람 고지도(古地圖)의 발전과정과 세계 이해," 「한국이슬람학회논총」 19-3

(2009), 183-208.

_____. "옛 기독교인의 성지지도에 나타난 예루살렘 연구," 「지중해지역연구」 제13권 제4호 (2011), 1-62.

한영우 외. 『우리 옛지도와 그 아름다움』, 서울: 효형출판, 1999.

Ager, John. "Maps and Propaganda," *Bullitin* 11(1977), 1-14.

Andrews, John Harwood. *Meaning, knowledge and power in the map philosophy of J. B. Harley*, Dublin: Department of Geography, Trinity College, 1994.

Aoyama. *Toho gakuho*, Tokyo, 1938, 103-152.

Beeston, A. F. L. "Some Observations on Greek and Latin data relating to South Arabia," *Bulletin of the School of Oriental and African Studies* 42-1(1979), 7-12.

Blakemore, M. J. and Harley, J. B. *Concepts in the History of Cartography: A Review and Perspective*, Cartographica 17-4, Monograph 26, Ont: University of Toronto Press, 1980.

Bodleian Library. *Medieval Islamic Views of the Cosmos: The Book of Curiosities*, 2002. 온라인 자료 http://www.ouls.ox.ac.uk/bodley.

Cattaneo, Angelo. *Europe on late Medieval and early Renaissance world maps*, International BIMCC Conference, Nov. 2007.

Chang, Huei-sheng. "Africa and the Indian Ocean in Chinese Maps of the 14th and 15th Centuries," *Imago Mundi* 24(1970), 21-30.

Clark, John O. E. *Remarkable Maps: 100 Examples of How Cartography Defined*, Great Britain: Conway, 2005, 김성은 옮김. 『지도 박물관: 역사상 가장 주목할 만한 지도 100가지』. 서울: 웅진지식하우스, 2007.

Cosgrove, Denis E. & Daniels Stephen. *The Iconography of Landscape : Essays on the Symbolic Representation, Design and use of past environments*, Cambridge: Cambridge University Press, 1988.

Culpin, Christopher and Macdonald, Fiona. *Collins history connections. 1, Medieval realms 1066-1500; The world of Islam*, London: Collins Educational, 1995.

Edgerton, S. Y. Jr. "From Mental Matrix to *Mappamundi* to Christian Empire: The Heritage of Ptolemaic Cartography in the Renaissance," in *Art and carto-graphy*, David Woodward, ed., Chicago: The University of Chicago Press, 1987, 10-50.

Edson, E. & Savage-Smith, E. *Medieval Views of the Cosmos*, Oxford: Oxford University Press, 2004, 이정아 옮김. 『중세, 하늘을 디자인하다 - 옛 지도에 담긴 중세인의 우주관』, 서울: 이른아침, 2006.

Flecker, Michael. "A Ninth-Century AD Arab or Indian Shipwreck in Indonesia: First Evidence for Direct Trade with China," *World Archaeology* 32-33(2001), 335-354.

Fuchs, W. "Was South Africa Already Known in the 13th Century?" *Imago Mundi* 10 (1953), 50-51.

_____. *The 'Mongol Atlas' of China by Chu Ssu-Pen and the Kuang Yü T'u*, Peking, 1946.

Huff, T. E. *The Rise of Early Modern Science: Islam, China, and the West*, Cambridge: Cambridge University Press, 1993, 2nd ed. 2003.

Gang, Liu. "The Chinese Inventor of Bi-Hemispherical world Map," *e-Perimetron* 2-3 (2007), 185-193.

Gladney, D. C. "Islam in China: Accommodation or Separatism?" *The China Quarterly* 174(2003), 451-467.

Gombrich, E. H. *Art and Illusion: A Study in the Psychology of Pictorial Representation 1909-2001*, London: Phaidon Press; New York: Pantheon Books, 1960.

Goodrich L. C. *A Short History of the Chinese People*, New York: Harper & Brothers, 1943.

Guangqi, Sun. "Zheng He's Expeditions to the Western Ocean and His Navigation Technology," *Journal of Navigation* 45-3(1992), 329-343.

Harley J. B. *The New Nature of Maps: Essays in the History of Cartography*, Baltimore, Md.; London: Johns Hopkins University Press, 2001.

_____. "Power and Legitimation in the English Geographical Atlases of the Eighteenth Century," in *Images of the World: The Atlas through History*, John A. Wolter and Ronald E. Grim, ed., Washington D.C: Library of Congress, 1997, 161-204.

Hecker, F. J. "A Fifteenth-Century chinese diplomat in Herat," *Journal of the Royal Asiasic Society* 3-1(1993), 85-98.

Hsu, Mei-Ling. "Chinese Marine Cartography: Sea Charts of Pre-Modern China," *Imago Mundi* 40(1988), 96-112.

Hulbert, H. B. "An Ancient Map of the World," *Bulletin of the American Geographical Society* 36(1904), 600-605.

Israeli, Raphael. "Muslims in China: The Incompatibility between Islam and the Chinese Order," *T'oung Pao* 63-4/5(1977), 296-323.

_____. "Established Islam and Marginal Islam in China from Eclecticism to Syncretism," *Journal of the economic and Social History of the Orient* 21-1(1978), 99-109.

Jackson, Peter. *The Mongols and the West*, Harlow: Pearson/Longman, 2005.

Khan, M. *Islam in China*, Delhi: National Academy, 1963.

Kuei-sheng, Chang. "Africa and the Indian Ocean in Chinese Maps of the Fourteenth and Fifteenth Centuries," *Imago Mundi* 24-1(1970), 21-30.

Ledyard, Gari. "Cartography in Korea," in *The History of Cartography*, Vol. II, Book 2, *Cartography in the Traditional East and Southeast Asian Societies*, ed. by J. B. Harley and David Woodward, Chicago: University of Chicago Press, 1994, 235-345.

_____. "The Kangnido: A Korean World Map, 1402," in *Circa 1492: Art in the Age of Exploration*, ed., Jay A. Levenson, Yale University Press, 1991, 328-332.

Leslie, D. D. *Islam in Traditional China: A Short History to 1800*, Canberra: Canberra College of Advanced education, 1986.

Masaaki, Sugiyama(杉山正明). *Tōzai no sekaizu ga kataru jinrui saisho no daichihei*『東西の世界図が語る人類最初の大地平, 大地の肖像』, 2007, 54-83.

Minorsky, V. "Mongol Place-Names in Mukri Kurdistan," *Bulletin of the School of Oriental and African studies* 19-1(1957), 58-81.

Mitchell, W. J. T. ed. *The Language of Images*, Chicago: University of Chicago Press, 1980.

Needham, J. *Science and Civilization in China*, vol. 3, Cambridge: University Press, 1959, 554-556.

Noriko, Miya(宮紀子). *Kon'itsu Kyōri Rekidai Kokuto no Zu he no michi*「混一疆理歴代国都之図」への道.

_____. *Mongoru jidai no shuppan bunka*,『モンゴル時代の出版文化』, 名古屋大學出版會(2006), 487-651.

_____.『モンゴル帝国が生んだ世界図』, 東京: 日本経済新聞出版社, 2007;『조선이 그린 세계 지도: 몽골 제국의 유산과 동아시아』, 김유명 옮김, 소와당, 2010.

Pouwels, Randall L. *African and Middle Eastern world, 600-1500*, New York: Oxford University Press, 2005.

Quam, L. O. "The Use of Maps in Propaganda," *Journal of Geography* 42(1943), 21-32.

Relano, F. *Shaping of Africa: cosmographic Discourse and cartographic Science in Late Medieval and Early Modern Europe*, Aldrshot: Ashgate, 2002.

_____. "The Great Central Lake," in *Shaping of Africa: cosmographic Discourse and cartographic Science in Late Medieval and Early Modern Europe*, Aldrshot: Ashgate, 2002, 205-214.

_____. "The Mountains of the Moon," in *Shaping of Africa: Cosmographic Discourse and Cartographic Science in Late Medieval and early Modern Europe*, Aldershot: Ashgate, 2002, 197-204.

Rizzo, G. J. "The Patterns and Meaning of a Great Lake in west Africa," *Imago Mundi* 58-1(2006), 80-89.

Robinson, Kenneth R. "Centering the King of Chosŏn: Aspects of Korean Maritime Diplomacy, 1392-1592," *The Journal of Asian Studies* 59-1(2000), 109-125.

_____. "Chosŏn Korea in the Rykoku *Kangnido*: Dating the Oldest Extant Korean Map of the World (15th Century)," *Imago Mundi* 59-2(2007), 177-192.

_____. "Yi Hoe and His Korean Ancestors in T'aean Yi Genealogies," *Journal of Korean Studies* 21-2(2008), 221-250.

Ross, Val. *The Road to There: Mapmakers and their Stories*, Toronto: Tundra Books, 2003; 홍영분 역.『지도를 만든 사람들: 미지의 세계로 가는 길을 그리다』, 아침이슬, 2007.

Rubin, Rehav. *Image and Reality: Jerusalem in Maps and Views*, Jerusalem: The Hebrew University Magness Press, 1999.

Sack, R. *Conceptions of Space in Social Thought: A Geographic Perspective*, London: Macmillan, 1980.

Sang-woon Jeon. *Science and Technology in Korea: Traditional Instruments and Techniques*, Cambridge, Mass; London: MIT Press, 1974.

Spuler, Bertold. *Geschichte der Mongolen, nach östlichen und europäischen Zeugnissen* des 13. und 14. Jahrhunderts, English trans. by Helga and Drummond, Stuart. *History of the Mongols: based on eastern and western accounts of the thirteenth and fourteenth centuries*, Routledge and K. Paul, 1972.

Thomas, L. B. "Maps as Instruments of Propaganda," *Surveying and Mapping* 9(1949), 75-81.

Tibbetts, G. R. *A Study of the Arabic Texts Containing Material on South-East Asia*, Oriental Translation Fund, New Series Vol. XLIV, Leiden: E. J. Brill, 1979.

Trudinger, Mark. "Maps of Violence, Maps of Hope: Using Place and Maps to Explore Identity, Gender, and Violence," *International Journal of Narrative Therapy & Community Work* 3(2006), 11-42.

Wolter, John Amadeus and Grimed, Ronald E, ed. *Images of the World: The Atlas through History*, Washington, D.C: Library of Congress, 1997.

Woo-sung, Bae. "Joseon Maps and East Asia." *Korea Journal*, Spring(2008), 46-79.

| 제5부 | 지도, 권력의 언어

Almog, O. *The Sabra: the Creation of the New Jew*, Tel Aviv, 2000. (in Hebrew)

Anderson, B. *Imagined Communities, Reflections on the Origin and Spread of Nationalism*, London and New York, 1983.

Azaryahu, Maoz and Golan, Arnon. "(Re)naming the landscape: The formation of the Hebrew map of Israel 1949-1960," *Journal of Historical Geography* 27-2 (2001), 178-195.

Azaryahu, Maoz and Kook, Rebecca. "Mapping the nation: Street names and Arab-Palestinian identity: three case studies," *Nations and Nationalism* 8(2002), 195-213.

Bar-Ilan, D. "Archeology used to bash Israel," *Jerusalem Post*, 5 April 1996, 9.

Bassett, T. "Cartography and empire building in nineteenth-century west Africa," *Geographical Review* 84(1994), 316-335.

Ben-Arieh, Y. "The geographical exploration of the Holy Land," *Palestine Exploration Quarterly* 104(1972), 81-92.

Benvenisti, M. *Sacred landscape: The buried history of the Holy Land since 1948*, Berkeley: University of California Press, 2000.

Ben-Yehuda, E. *Prolegomena to the Complete Dictionary of Ancient and Modern Hebrew*, Jerusalem, 1940.

Biger, G. *The Encyclopedia of International Boundaries*, Israel, 1995.

Biggs, M. "Putting the state on the map: cartography, territory, and European State formation," *Comparative Studies in Society and History*, 41(1999), 374-411.

Bitan, H. *The Governmental Names Commission*, 369.

Christopher, A. J. *The British Empire at its Zenith*, London, New York and Sydney, 1988.

Cohen, Nir. "From legalism to symbolism: anti-mobility and national identity in Israel, 1948-1958," *Journal of Historical Geography* 36(2010), 19-28.

Cohen S. B. and Kliot, N. "Israel' place-names as reflection of continuity and change in nation-building," *Names* 29(1981), 227-248.

Cohen, S. B. and Kliot, N. "Place-names in Israel' ideological struggle over the administered territories," *Annals of the Association of American Geographers* 84 (1992), 653-680.

Collier, P. and Inkpen, R. J. "Mapping Palestine and Mesopotamia in the First World War," *The Cartographic Journal* 38(2001), 143-154.

Cosgrove, D. and Jackson, P. "New Directions in the Cultural Geography," *Area* 19-2 (1987), 95-101.

Doumani, B. "Palestine versus the Palestinians? The iron laws and ironies of a people denied," *Journal of Palestine Studies* 36(2007). 49-64.

Duncan, J. and Duncan, N. "(Re)reading the landscape," *Environment and Planning D: Society and Space* 6(1988), 117-126.

Elitzur, U. "Point out: Hevron, Schechem and Jerusalem," *Yediot Ahronot*, 30 September 1996, 5.

Elster, J. "The British Palestine Exploration Fund map," in J. Elster, M. Gilead, D. Amiran, N. Rosenan, M. Girdon, M. Zidon and N. Kadmon, eds., *Atlas of Israel*, Jerusalem, Israel, 1956, I/6. (in Hebrew)

Epstein, E. "Bedouin of the Negeb," *Palestine Exploration Quarterly* 71(1939), 59-73.

Falah, Ghazi-Walid. "Dynamics and patterns of the shrinking of Arab lands in Palestine," *Political Geography* 22(2003), 206.

Falah, G. "Israelization of Palestine human geography," *Progress in Human Geography* 13(1989), 535-550.

Fischel, R. S. and Kark, R. "Sultan Abdülhamid II and Palestine: private lands and imperial policy," *New Perspectives on Turkey* 39(2008), 129-166.

Frumin, M. Rubin, R. and Gavish, D. "A Russian Naval Officer's Chart of Haifa Bay (1772)," *Imago Mundi* 54(2002), 125-128.

Gavish, A. *A Survey of Palestine under the British Mandate, 1920-1948*, London, 2005.

Gavish, D. "The Ottoman topographical mapping in Palestine, 1917-1918," in E. Pimentel and E. Schiller, eds., *The First World War in Palestine: the Day After, The Battles Around Beer Sheva in November 1917*, Sde-Boker, 2006, 13-17.

Gavish, D. and Kark, R. "The cadastral mapping of Palestine, 1858-1928," *The Geographical Journal* 159(1993), 70-80.

Gellner, E. *Encounters with Nationalism*, Oxford, 1994.

Goren, H. "Sacred, but not surveyed: nineteenth-century surveys of Palestine," *Imago Mundi* 54(2002), 87-110.

_____. "Scientific organizations as agents of change: the Palestine Exploration Fund, the Deutsche Verein zur Erforschung Palästinas and nineteenth century Palestine," *Journal of Historical Geography* 27(2001), 153-165.

Harley, J. B. "Deconstructing the map," *Cartographica* 26(1989), 1-20.

_____. "Maps, knowledge and power," in D. Cosgrove and S. Daniels, eds., *The Iconography of Landscape*, Cambridge, 1988, 277-312.

Herman, R. "The aloha state: place names and the anti-conquest of Hawai'i," *Annals of the Association of American Geographers* 89(1999), 76-102.

Jones, Y. "British military surveys of Palestine and Syria, 1840-1841," *The Cartographic Journal* 10(1973), 29-41.

Kadmon, N. "Toponymy and geopolitics: the political use- and misuse- of geographical names," *The Cartographic Journal* 41(2004), 85-87.

Kain, R. and Baigent, E. *The Cadastral Map in the Service of the State, A History of Property Mapping*, Chicago and London, 1992.

Kark R. and Gerber, H. "Land registry maps in Palestine during the Ottoman period,"

The Cartographic Journal 21(1984), 30-32.

Kark, R. "Land purchase and mapping in a mid-nineteenth-century Palestinian village," Palestine Exploration Quarterly 129(1977), 150-161.

_____. "Mamluk and Ottoman cadastral surveys and early mapping of landed properties in Palestine," Agricultural History 71(1997), 46-70.

_____. "The lands of the Sultan - newly discovered Ottoman cadastral maps in Palestine," in G. Tolias and D. Loupis, eds., Mediterranean Cartographies, Athens: Institute for Neohellenic Research INR/NHRF 2004, 197-222.

Kark, R. and Goren, H. Pioneering British-Holy Land Exploration: the Palestine Association, The RGS and the PEF, ASTENE(Association for the Study of Travelers to Egypt and the Near East), International Conference, Manchester, UK, July 2005.

Karmon, Y. "An analysis of Jacotin's map of Palestine," Israel Exploration Journal 10 (1960), 155-173.

Katz, Y. "Identity, nationalism, and place names: Zionist efforts to preserve the original local Hebrew names in official publications of the mandate government of Palestine," Names 43(1995), 103-118.

Kliot, N. and Waterman, S. "The political impact on writing the geography of Palestine/Israel," Progress in Human Geography 14(1990), 237-260.

Krakover, S. "Urban settlement program and land dispute resolution: the State of Israel versus the Negev Bedouin," GeoJournal 47(1999), 551-561.

Levin, N. "The Palestine Exploration Fund map (1871-1877) of the Holy Land as a tool for analyzing landscape changes: the coastal dunes of Israel as a case study," The Cartographic Journal 43(2006), 45-67.

Levin, Noam. Kark, Ruth. and Galilee, Emir. "Maps and the settlement of southern Palestine, 1799-1948," Journal of Historical Geography 36(2010), 1-18.

Meir, A. and Marx, E. "Land, Towns and Planning: the Negev Bedouin and the State of Israel," Geography Research Forum 25(2005), 43-62.

Meyer, E. "Die mittelalterichen deutschen Stadtnamen im Bereich der späteren preussischen Provinz Schlesien und ihre heutige polnischen Entsprechungen," Mitteilungen des Beuthener Geschichts- und Museums-vereins 50(1992),

197.

Mogel, L. & Bhaga, A. eds., *An atlas of radical cartography*, Los Angeles: Journal of Aesthetics & Protest Press, 2008.

Moscrop, J. J. *Measuring Jerusalem: The Palestine exploration fund and British interests in the Holy Land*, London; New York: Leicester University Press, 2000.

Newman, David. "From national to post-national territorial identities in Israel-Palestine," *GeoJournal* 53(2001), 235-246.

Newman, D. "The geopolitics of peacemaking in Israel-Palestine," *Political Geography* 21(2002), 629-646.

Nijim, Basheer. "Water Resources in the History of the Palestine-Israel Conflict," *GeoJournal* 21(1990), 317-323.

Palmer, E. H. and Besant, W. eds., *The Survey of Western Palestine, Memoirs of the Topography, Orography, Hydrography and Archaeology*, 3 Vols., London, 1881-1883.

Peled-Elhanan, N. "The denial of Palestinian national and territorial identity in Israeli schoolbooks of history and geography 1996-2003," in R. Dolón, & J. Todolí, eds., *Analysing identities in discourse: Discourse approaches to politics, society and culture*, Philadelphia: J. Benjamins, 2008.

Peteet, Julie. "Words as interventions: naming in the Palestine-Israel conflict," *Third World Quarterly* 26(2005), 153-172.

Pinder, D. "Mapping worlds: cartography and the politics of representation," in A. Blunt, P. Gruffudd, J. May, M. Obgorn and D. Pinder, eds., *Cultural Geography in Practice*, London, 2003, 172-187.

Rivlin, G. and Oren, E. eds., *The War of Independence. Ben-Gurion's Diary* III, Tel Aviv, 1983.

Rose-Redwood, Reuben. Alderman, Derek and Azaryahu, Maoz. "Geographies of toponymic inscription: new directions in critical place-name studies," *Progress in Human Geography* 34(2010), 453-470.

Rosen, B. "Mapping the coastline of Israel by the British navy," *Cathedra* 64(1992), 59-78. (in Hebrew)

Rosmer, Tilde. "Resisting 'Israelization': The Islamic Movement in Israel and the Realization of Islamization, Palestinization and Arabization," *Journal of Islamic Studies* 23(2012), 325-358.

Sa'di, Ahmad H. "Catastrophe, memory and identity: Al-Nakbah as a component of Palestinian identity," *Israel Studies* 7-2(2002), 175-200.

Said, E. *The politics of dispossession: The struggle for Palestinian self-determination*, London: Chatto & Windus, 1994.

Sayigh, Y. Y. *Armed struggle and the search for state: The Palestinian national movement, 1949-1993*, Oxford: Oxford University Press, 1997.

Schweid, E. *The Idea of Judaism as a Culture*, Tel Aviv, 1995.

Shaath, N. A. & Mikdashi, H. *Palestine: Stamps (1865-1981)*, Beirut: Dar al-Fata al-Arabi, 1981.

Sheffy, Y. *British Military Intelligence in the Palestine Campaign 1914-1918*, London, 1998.

Sorek, T. "The orange and the 'cross in the crescent': imagining Palestine in 1929," *Nations and Nationalism* 10(2004), 269-291.

Wallach, Yair. "Trapped in mirror-images: The rhetoric of maps in Israel/Palestine," *Political Geography* 30(2011), 358-369.

Winichakul, T. *Siam mapped: A history of the geo-body of a nation*, Honolulu: University of Hawaii Press, 1994.

Withers, C. "Authorizing landscape: 'authority' naming and the Ordnance Survey's mapping of the Scottish Highlands in the nineteenth century," *Journal of Historical Geography* 26(2000), 532-554.

Wolinetz, H. *Arab Philatelic propaganda against the State of Israel*, Ann Arbor: H. D. Wolinetz, 1975.

Wood, D. *Rethinking the power of maps*, New York: Guilford Press, 2010.

Yahel, H. "Land disputes between the Negev Bedouin and Israel," *Israel Studies* 11(2006), 1-22.

김순배. "비판적-정치적 지명 연구의 형성과 전개 - 1990년대 이후 영미권 인문지리학계를 중심으로,"「地名學」18(2012), 27-73.

일란 파페.『팔레스타인 현대사: 하나의 땅, 두 민족』, 유강은 역, 후마니타스, 2009.

주성재. "유엔의 지명 논의와 지리학적 지명연구에의 시사점,"「대한지리학회지」46-4(2011),

442-464.

최창모. "이스라엘-팔레스타인지도 제작과 지명 바꾸기/지우기 연구," 「한국중동학회논총」 35-3 (2015), 65-97.

_____. "옛 기독교인의 성지 지도에 나타난 예루살렘 연구," 「지중해지역연구」 14(2011), 1-62.

_____. "중세 이슬람 고지도(古地圖)의 발전과정과 세계 이해," 「한국이슬람학회논총」 19-3 (2009), 183-208.

_____. 『이스라엘사』, 대한교과서(주), 2005.

찾아보기